国家社会科学基金一般项目
"自媒体时代网络传言的法律治理研究"
（批准号12BFX002）的研究成果

中央高校基本科研业务费专项资金资助

厦门大学人文社会科学校长基金·创新团队"法理学前沿问题研究"
（项目编号：20720171006）的阶段性成果

自媒体时代网络传言的法律治理研究

郭春镇 著

厦门大学出版社　国家一级出版社

XIAMEN UNIVERSITY PRESS　全国百佳图书出版单位

图书在版编目(CIP)数据

自媒体时代网络传言的法律治理研究 / 郭春镇著.—厦门:厦门大学出版社，2021.4

ISBN 978-7-5615-7501-7

Ⅰ.①自…　Ⅱ.①郭…　Ⅲ.①互联网络－舆论－研究－中国　②互联网络－管理－法律－研究－中国　Ⅳ.①G219.2　②D922.174

中国版本图书馆 CIP 数据核字(2019)第 141380 号

出 版 人	郑文礼
责任编辑	甘世恒
封面设计	蔡炜荣
技术编辑	许克华

出版发行　厦门大学出版社

社　　址	厦门市软件园二期望海路 39 号
邮政编码	361008
总　　机	0592-2181111　0592-2181406(传真)
营销中心	0592-2184458　0592-2181365
网　　址	http://www.xmupress.com
邮　　箱	xmup@xmupress.com
印　　刷	厦门兴立通印刷设计有限公司

开本	720 mm×1 000 mm　1/16
印张	14.5
插页	2
字数	260 千字
版次	2021 年 4 月第 1 版
印次	2021 年 4 月第 1 次印刷
定价	60.00 元

本书如有印装质量问题请直接寄承印厂调换

厦门大学出版社
微信二维码

厦门大学出版社
微博二维码

目　录

绪　论

一、研究动机与目的

在很多文学和非文学作品里，狄更斯《双城记》里的第一段时常出现："这是最好的时代，这是最坏的时代，这是智慧的时代，这是愚蠢的时代；这是信仰的时期，这是怀疑的时期；这是光明的季节，这是黑暗的季节；这是希望之春，这是失望之冬；人们面前有着各样事物，人们面前一无所有；人们正在直登天堂；人们正在直下地狱。"

人们之所以经常引用这段话，可能并不是仅仅因为这段话比较美或者比较"酷"。这段文字确实很美，在一系列对称非比句中雄浑地展示了那个时代的问题；这段文字确实很"酷"，在对称美中深沉地评论了那个时代的机遇。人们经常引用这段话，可能因为它是对的，它或许可以适用于任何一个时代，尤其是自己当前所处的时代。更有可能的是，作为一个批判现实主义作家的狄更斯，他的这段话可以被人们借用表达自己对身处时代的态度：发展上升的社会、纷繁复杂的问题和引用者自身所处的自认超然的地位，以及引用者在引用时就确定好的视角与身位——在日渐繁荣和发展的社会中批判现实。

自媒体时代确实跟这段文字的表述有部分相似之处。"自媒体"，是指鲍曼等所定义的"We Media"，即"普通大众经由数字科技强化、与全球知识体系相连之后，一种开始理解普通大众如何提供与分享他们本身的事实、观点与新闻的途径"[①]，如互联网论坛、博客和微博等。抛开这段文字其他的部分不谈，至少以下几句可以与我们身处的时代相互映衬：这是智慧的时代。不错，这确实是一个智慧的时代，互联网提供了各种机遇和方法，为人们的工作、生活提供了之前难以想象的便利。连学术工作都从中受惠良多，这不仅包括资料收

---

① Bowman S，Willis C. *We media：How audiences are shaping the future of news and information*，2003，pp.53-58.

集的便利，①甚至有些学术活动可以借助互联网和电脑取代人的劳动，②更有甚者，笔者的某位友人认为，在互联网时代，与《管锥编》类似著作的写作周期可以大大缩短，以致不需要太多学问——至少不需要钱锺书先生那样的学问——就能完成。③ 这是愚蠢的时代。不错，自媒体时代所带来的海量信息、碎片化信息、难以纠错的虚假信息充斥着人们的生活，以至于较之以往信息和知识都很匮乏的时代，做出决策，尤其是做出合理决策的难度似乎还提高了。互联网甚至强化了"群体极化"现象，让一些原本基本上理性的个体通过互联网论坛或自媒体通信工具在互相影响、互相强化某一倾向之后，更容易走向极端，达到互联网时代之前难以企及的极端程度。这是信仰的时期，这也是怀疑的时期。确实，在互联网这一光速交流工具的促进下，在"群体极化"的影响下，对某一观念或宗教信仰的人可能更加虔诚了；与此同时，彼此冲突、纷繁复杂、断章取义、"有图无真相"的诸多信息，让人们更难相信很多新闻或事情了，一再"反转"的新闻不仅让某些媒体和媒体从业人员的公信力降低，对于相关行政机关甚至司法机关的信任度也在不断降低。正是在这些因素和问题的影响之下，人们难免也会产生狄更斯式的思考和怀疑，心态和观点在他所说的光明与黑暗、希望与失望、天堂和地狱之间"往返流转"，甚至偶尔会产生"浑然不知身在何处"的疑惑。这就是我们身处的、无法逃避也无法回到过去的自媒体时代。

自媒体时代中的诸多因素让人们对这个时代产生前述的各种心态与情绪，而谣言是其中尤为引人注目且无法回避的问题，从法学的角度来看，它涉及很多传统因素，诸如言论自由、公共人物、隐私权和名誉权、民主、自治、秩序等等。此外，自媒体这一现代信息产生与传播方式，不仅仅为这些传统法律因素提供了一种工具和途径，还与这些传统因素融为一体，甚至产生了某些"化学反应"，使得传统问题不仅进一步凸显，甚至让它们产生了"变异"，成了新问题。比如，在维基百科这样的网站上，对词条进行修改，制造和传播某人的谣

---

① 笔者还记得在攻读博士学位期间听说过的某位学界前辈的故事，他留学归国之时携带了上千张 3.25 寸的软盘，这种软盘的容量为 1.44 Mb，一千张软盘的容量，相当于现在价格为 50 元左右的优盘容量的三十分之一，不到某些网络公司提供的免费云存储空间的千分之一甚至万分之一。

② 唐德刚对于胡适晚年对《水经注》考据所做的工作有些批评，认为通过电脑可以在很短时间内完成这一任务，可以节省十余年的时间做更有价值的学术工作。唐德刚：《胡适杂忆》，吉林文史出版社 1994 年版，第 109 页。

③ 这只是笔者友人非正式场合下的观点，这一观点当然是值得商榷的。

言,是否属于言论自由,是否侵犯了个人名誉权? 如何应对这些问题? 自媒体时代同时也是"眼球经济"时代,关注率和点击率不仅意味着被重视,更意味着财富,那么购买"粉丝"这种符合契约自由原理的行为是否构成了不公平竞争? 如果涉及理论纷争,购买"粉丝"支持自己的观点是否构成了思想市场的不公平竞争? 韩寒和方舟子都是公共人物,虽然粉丝可能存在着数量级的差异,但相对于一般人,两位都有大量的粉丝,他们之间的纷争甚至个人之间的人身攻击,是否应该将实质恶意作为评判侵权与否的标准?[①] 制造和传播"香蕉癌症"的谣言,给农民造成严重损失的行为,是否应该承担法律责任?[②] 这些都是现实、真切和有意思的问题,值得我们思考。对此,国内已经有学者有所关注并进行了探讨,但大都停留在介绍、梳理国外既有理论成果的状态,或者出于宣教式的"问题—对策"研究思路,需要对这些问题进行更深入的理论挖掘,有许多流行性的观点也需要结合真实世界进行深入的实证分析并予以澄清,如对言论自由的理论进行详尽梳理[③],对言论自由边界进行分析[④],面对言论时政府如何节制和媒体如何自律[⑤],如何在中国互联网发展现状的背景下协调隐私权与言论自由[⑥],微博与表达权的关系及如何规制[⑦]等。关于作为言论的谣言,有的文献从集体行为、集体记忆与意识形态等方面进行分析与解释[⑧],还有文献对网络谣言与群体性事件的产生及如何规制进行探索[⑨]。因

---

① 王凌皞:《为什么网络实名制侵犯了言论自由:基于"对称原则"的论证》,厦门大学法学院工作论文(未刊稿)。

② 马应珊、罗昌爱:《香蕉致癌? 无稽之谈!》,载《人民日报》2007 年 4 月 6 日第02 版。

③ 侯健:《表达自由的法理》,上海三联书店 2008 年版;《舆论监督与名誉权问题研究》,北京大学出版社 2002 年版;《诽谤罪、批评权与宪法的民主之约》,《法制与社会发展》2011 年第 4 期。

④ 吴飞:《西方传播法立法的基石——"思想市场"理论评析》,《中国人民大学学报》2003 年第6 期。

⑤ 吴飞、林敏:《政府的节制与媒体的自律——英国传媒管制特色初探》,《浙江大学学报(人文社会科学版)》2005 年第 2 期。

⑥ 刘晗:《隐私权、言论自由与中国网民文化》,《中外法学》2011 年第 4 期。

⑦ 王君超:《微博的表达权及"理想传播情景"的构建》,《中国出版》2011 年第 6 期。

⑧ 李若建:《社会变迁的折射:20 世纪 50 年代的"毛人水怪"谣言初探》,《社会学研究》2005 年第 5 期。

⑨ 巢乃鹏、黄娴:《网络传播中的"谣言"现象研究》,《情报理论与实践》2004 年第6 期。

此，对自媒体时代的网络言论如何进行法律治理，既关涉民生又关涉经济、社会乃至政治稳定，既关乎秩序也关乎公民的言论自由，这类言论的产生与传播的原因为何，如何在学理上对其进行具有说服力的解释，如何协调、引导与治理此类言论，是法律学人无法回避的问题与任务。

但是笔者还是大大低估了这个任务的难度与复杂性。原本我打算在学理上探讨网络言论自由与知情权、隐私权的关系，探究如何对这些相关的权利与自由进行平衡，如何结合当前中国的政治、经济、历史和社会心理等背景，对网络言论的产生与传播机制进行研究。在此基础上，纵向与横向探讨如何治理网络谣言。纵向意味着通过制定法律规则以强制性的方式正面应对，横向意味着通过法制、社会与市场的合理配置组合，在法律的约束下经由协商、试错等柔性方式予以引导，将政府的规范性、市场的积极性、社会的自主性进行有效协调。因此，一开始笔者将更多的精力放在规则的制定层面，考虑如何通过制定不同种类的规则来保护、引导、惩罚人们的不同行为，以保障权利、维护秩序。在知识储备方面，笔者意识到规则的制定不仅意味着利益的分配和国家强制力的实施，还意味着国家力量可以通过"助推"以不那么具有强制性的方式引导人们的行为，将部分"硬实力"转化为"巧实力"，在尊重人们的自由意志和自治的前提下，把人们的行为引导至更好的方向，做出更合理的行为，让个人和社会的利益都增进甚至最大化。此外，由于治理还包括横向的、非强制性的社会力量的运行与实施，笔者还考虑通过"软法"来达成这一目标。为此，笔者还阅读了大量的社会学、社会心理学和行为经济学的文献和资料，试图将这些知识与立法相结合，在尊重权利的前提下为人们做出合理的行为提供智力支持。这些努力，都是基于广义的立法的视角而进行的，在笔者的潜意识中，还是把这一问题仅仅当作一个纯粹的法律问题来对待，试图通过规则的制定来解决问题、治理网络谣言。

但这还不够。在思考和研究的过程中，作者一再发现：我们不能仅仅通过只对谣言着力来治理语言，谣言治理当然需要制定规则，但要想治理好，还要注意到"功夫在诗外"的工作。规则想要达到制定时所欲达到的目的，不仅仅是规则制定本身的问题，更要考虑规则之外的很多问题，尤其是规则实施的制度背景、社会和文化背景。想要治理好网络谣言，难以甚至不可能仅仅通过制定规则来解决，而是要考虑在当前的背景下，如何让规则能够有效实施。这除了要求规则自身符合或基本符合现实需求，还要改善现实，让现实有利于规则的实施。因此这是一个规则与现实的互动问题，在某种意义上，了解并改善这个现实，让它更有利于规则目的的实现，是一个更重要的任务。在法学的表达语境下，就是要让规范与现实能够对接，让规范涵摄现实，让现实有利于规范产生实效，因此眼光需要在规范与现实之间"往返流转"。因此，本课题划分为两大部分的内容，直接治理和间接治理。前者思考和研究如何规制谣言，后者思考和研究如何营造一个让规制谣言的规则能够有效实施的环境。前者从正面探讨如何规制谣言，后者从反面探讨如何建构信任。不同于一些人所说的"谣言止于智者"，也不同于一些人所说的"谣言止于言论自由"，甚至不同于一些人所说的"谣言止于信息公开"，笔者想要表达的是：前述这些因素对于治理谣言都有其积极意义，笔者也基本认同其核心观点，但是笔者更强调，在兼容了前述内容的基础上，谣言更有可能止于信任。我们要做的，是从短期和长期的规划中营造这种信任的氛围。因此，笔者大体上采用了先微观和中观分析，后进行宏观透视的思路。先从微观和中观分析研究谣言产生与传播的机理，然后从建构信任的原理与方式的角度在兼容某些微中观分析的同时，进行部分宏观透视，以求能够对问题进行较为全面和细致的分析。为此，笔者还做了一些经验研究和不甚成功的实验研究。只是限于篇幅和为了避免旁逸斜出，本课题没有对其进行过多的阐述，笔者未来将会对其进行相对详细的分析。整体而言，在课题研究中本人的思路经历了由规范到现实，由立法到实施，由治标到试图治本的历程，并由一开始的从微中观研究规制谣言，发展到从宏观上建构法律信任来进行"综合治理"。因此，本课题的研究过程，是笔者思路逐渐延伸的过程，是从正到反，从单向度"规制"到多向度"治理"的过程，从问题本身到问题所存在的环境进行整体性研究的过程。

二、文献综述

(一)谣言及网络谣言的产生

1.谣言的定义

20世纪40年代，谣言爆发式增长的社会现象引起了社会学家与心理学家的研究兴趣。1944年，纳普首次提出谣言的定义——谣言是旨在使人相信的宣言，它与当前时事相关，在未经官方证实的情况下广泛流传。[①] 在谣言研究方面起到开创性作用的奥尔波特和波斯特曼则认为谣言是一个与当时事件相关联的命题，一般以口耳相传的形式在公众中流传，但缺乏具体资料证实其

[①]　Knapp R，A Psychology of Rumor，*Public Opinion Quarterly*，1944，Vol.8，No.1，pp.22-37.

真实性。① 同时期的彼得森和吉斯特将谣言定义为在私下流传的、引发公众兴趣的事件的未经证实的阐述。② 这三种定义均将谣言界定为一种未经证实的信息,但这类定义没有将谣言与以口传媒介或大众传播媒介传递的信息(如从报纸上获取的信息)区分开来。卡普费雷认为谣言的定义应排除合法地通过口传媒介的方式传播的官方消息的现象,如官方消息或总理演说。③

20世纪60年代中期,希布塔尼为谣言提供了一个突破性定义,即谣言是一群人议论过程中产生的即兴新闻。他设想谣言是一种集体行动,是公众在对一桩重要而扑朔迷离的事件进行讨论的过程中获得的一个满意答案。④ 这个定义的缺陷在于无法将并非产生于一件需要解释的事件的谣言纳入其中。埃·莫兰则提出了与希布塔尼相反的定义,他将谣言的范围限定为没有任何事实根据的故事。他认为谣言是一种社会精神病,是一种仅仅因为有人相信而流传且缺乏存在根据的社会幻觉。⑤ 这种对谣言进行精神病学分析的研究进路忽略了一个关键事实,即虚假消息的传播途径往往和真实信息的方式一样,它的传播并非由于集体癔症,而是遵循着社会生活最基本的信任原则。人们获知的谣言往往来自于熟悉的人,一般而言,人们并不会因为怀疑熟悉的人陷入某种幻觉。

上述定义都无可避免地将谣言与"真实/虚假"这一组价值判断关联起来,但事实上以"真实/虚假"来区分信息与谣言将使二者的界限变得模糊不清。在一些情况中,被视为谣言的信息却被后来发生的相关事实证实所言非虚。

卡普费雷则抛弃了"真实/虚假"这一传统框架,从信息来源的角度提出了一个关于谣言的定义:谣言是在社会中出现并流传的未经官方公开证实或者已经被官方所辟谣的信息。⑥ 我国学者刘建明将谣言定义为"众人无根之言的传播"。他将舆论与谎言作出区分,说谎者是有意识地发布虚假信息,但传谣者并非全部都有意识地传播虚假信息。因此,一个或少数人造谣生事仅仅

---

① Allport G W, Postman L. An Analysis of Rumor, *Public Opinion Quarterly*, 1946, Vol.10, No.4, pp.501-517.

② Peterson W, Gist N. Rumor and Public Opinion, *American Journal of Sociology*, 1951, Vol.57, No.2, pp.159-167.

③ [法]卡普费雷:《谣言》,郑若麟、边芹译,上海人民出版社1991年版,第11页。

④ Shibutani T. Improvised News: A Sociological Study of Rumor, *American Sociological Review*, 1966, Vol.34, No.5, pp.781-782.

⑤ [法]卡普费雷:《谣言》,郑若麟、边芹译,上海人民出版社1991年版,第14页。

⑥ [法]卡普费雷:《谣言》,郑若麟、边芹译,上海人民出版社1991年版,第18页。

是谎言而非谣言,只有当传播虚构事件的人达到一定的舆论量才称为谣言。[①]
胡钰则认为谣言是"一种以公开或非公开渠道传播的对公众感兴趣的事物、事
件或问题的未经证实的阐述或诠释"。[②] 巢乃鹏、黄娴认为胡钰的定义还缺乏
环境因素,他们将谣言定义为"在特定的环境下,以公开或非公开渠道传播的
对公众感兴趣的事物、事件或问题的未经证实的阐述或诠释",并进一步提出
"网络谣言是在网络这一特定的环境下,网络使用实体以特定方式传播的,对
网民感兴趣的事物、事件或问题的未经证实的阐述或诠释"。[③]

整体而言,国外对谣言的定义始于纳普,奥尔波特和波斯特曼等人对谣言
的定义并未超出纳普设定的框架。纳普等人将谣言限定为未经证实的信息,
在后期研究中也出现了试图证明谣言是虚假信息的倾向。事实证明,谣言的
概念应当与"真实/虚假"这组范畴无涉。晚近时期的卡普费雷以信息来源渠
道的二分厘定谣言的概念边界,这种将谣言与其他类型的信息以"官方/非官
方"的符码区分开来的做法较之前者更为恰切。国内对谣言的研究起步较晚,
刘建明、胡钰等人对谣言下定义时仍未脱离"真实/虚假"框架,但巢乃鹏等人
意识到了媒介在谣言产生、传播的过程中起到的重要作用。

2.谣言及网络谣言的产生

在谣言产生的基本条件方面,奥尔波特和波斯特曼率先提出谣言的两个
构成性特征:故事主题对传谣者与听谣者具有某种重要性;真实的事实被某种
模糊性掩盖起来,即谣言的强度由模糊性与重要性两个因素决定,进而给出了
一个谣言强度的表达公式:谣言～重要性×模糊性。[④] 在这个公式中,谣言的
强度与故事的重要性及模糊性呈正相关,即越是重要且不确定的事件,越能形
成强烈的谣言。当重要性与模糊性其中一方的影响力趋近于零时,谣言将不
会产生。克罗斯对奥尔波特等人的公式进行了修正,他将传播者的批判能力
纳入谣言强度的影响因素。克罗斯提出:谣言～重要性×模糊性×批判能
力。[⑤] 在这一公式中,传播者的批判能力越强,则谣言产生的可能性越小。国

① 刘建明:《舆论传播》,清华大学出版社 2000 年版,第 155～161 页。

② 胡钰:《大众传播效果:问题与对策》,新华出版社 2000 年版,第 114～115 页。

③ 巢乃鹏、黄娴:《网络传播中的"谣言"现象研究》,《情报理论与实践》2004 第 6 期。

④ 英文表述为 R(Rumor) ～ I(Importance) × A(Ambiguity),Allport G W,
Postman L. *The Psychology of Rumor*,Oxford,1947,转引自胡钰:《大众传播效果:问题
与对策》,新华出版社 2000 年版,第 130 页。

⑤ 英文表述为 R(Rumor)～I(Importance)×A(Ambiguity)×C(Critical ability),具
体参见胡钰:《大众传播效果:问题与对策》,新华出版社 2000 年版,第 130 页。

内学者胡钰指出,事件的反常程度是谣言产生的主要因素之一,反常性越大的事件越容易滋生谣言。她对公式完成了进一步修正:谣言～关注度×模糊性×反常度。① 也就是说,谣言产生的主要依据应当是相关事件本身以及公众的关注程度。传播者的批判能力只能作用于谣言的传播环节而非产生环节。只有关注度、模糊度、反常度三个要素才能决定谣言是否产生。

在谣言产生的心理动因分析中,传统研究多从传播学的角度进行解释。奥尔波特和波斯特曼认为,谣言的产生是由于传播者的强烈兴趣造成的,这种兴趣可能是因为谣言能提供一种排解紧张情绪的口头发泄途径,也可能来源于其他心理需求的投射如性兴趣、焦虑、渴望以及仇恨。② 陈力丹也指出:"讯息形态的舆论表达了公众借助他人满足自身情感需要的特征。"③胡钰则从心理成因角度将谣言分为牢骚性谣言、攻击性谣言、宣传性谣言、牟利性谣言以及误解性谣言。牢骚性谣言源于造谣者对社会现实的不满,造谣内容一般是夸张、具体的社会问题;攻击性谣言是出于攻击对立的他人或群体的心理动机,造谣内容是个人或群体的不良言行;宣传性谣言是出于宣传政策、表扬先进的动机,造谣内容是政策的积极意义与先进人物事迹;牟利性谣言是出于谋求个人名誉或经济利益的动机,造谣内容一般是离奇的社会或自然现象;误解性谣言源自对社会、自然突发变动的模糊理解,造谣内容一般是社会、自然环境的负面发展。④

20 世纪万维网的出现提供了一个崭新的研究进路,研究者们开始以互联网为载体研究谣言的发生机制。以往被传统研究忽视的媒介因素被重新提出,有学者认为网络具有的交互性功能为谣言提供了产生与迅速滋长的绝佳环境。

博蒂亚和罗斯诺在电脑媒介沟通(computer-mediated communication, CMC)的基础上研究了谣言传播的互动过程。他们提出,谣言是人们在面临焦虑、不确定性、好奇等情绪时为解决问题以获取某种心理满足所进行的交互活动。过去的研究认为谣言传播是一条单向通信链,侧重于在连续重写消息

---

① [美]奥尔波特等:《谣言心理学》,刘水平等译,辽宁教育出版社 2003 年版,第 19 页。

② [美]奥尔波特等:《谣言心理学》,刘水平等译,辽宁教育出版社 2003 年版,第 19 页。

③ 陈力丹:《论舆论的不同信息形态及对舆论的引导》,《当代传播》1998 年第 3 期。

④ 胡钰:《大众传播效果:问题与对策》,新华出版社 2000 年版,第 117～128 页。

中出现的扭曲,但此过程中的群体互动未获得足够重视。博蒂亚和罗斯诺在实证研究的基础上证明,谣言传播是一种交互过程,听谣者会在传谣的过程中进行质疑、求证、传播等交互活动。① 桑斯坦以网络谣言发生机制的心理动因为视角,将谣言制造者分为四种类型:狭义的利己主义者,通过散布谣言来损害他人或群体的利益以谋求一己之利;哗众取宠者,也是广义的利己主义者,通过散布谣言来吸引眼球或者听众;追求政治利益者,也是利他主义者,散布谣言以维护他们心目中的公共利益;恶意中伤者,散布谣言以泄愤,并为自己对他人造成伤害而雀跃。② 黄卫星、康国卿提出,网络谣言的产生很大程度源于公众的同情心理、从众心理、窥私心理、泄愤心理与投射心理,公众借由讨论热议话题来疏解情感,对话题是否真实则在所不问。③

Web 2.0 时代的到来使得社交媒体流行起来,社交媒体的开放性、交互性、广泛的社会影响力等特征极大增加了网络谣言的传播速度。研究者开始注意到影响力大、传播速度快的社交媒体(如 Twitter、Facebook、新浪微博、微信等)对网络谣言的影响作用。

国内研究更多是从传播学、社会学、政治学等层面分析网络谣言的产生机制。巢乃鹏、黄娴试图从网络谣言的源头端、谣言的受众以及环境三方面来解释谣言的产生。"服务器端"也就是谣言的源头端,它应该受三个因素影响,即事件本身的反常性、模糊性和关注性。"客户端"即谣言的受众,它应该受两个因素影响,即受众的批判能力和事件与受众的接近性,如果谣言受众的批判能力越强,则谣言产生的可能性越小,反之就越大。在接近性的层面上,谣言传播的内容和自身的关系越近,谣言产生的可能性就越大,因为和自身利益相关,他就会对此关心,相反与自身利益不太相关的时候他可能就不会关心这些事件。中介也就是环境。网络谣言必须在特定的环境中才能产生和传播。④严励、邱理认为互联网的自媒体化、自媒体平台社会影响力的快速成长、网络

① Bordia P,Rosnow R L. Rumor Rest Stops on the Information Highway Transmission Patterns in a Computer-Mediated Rumor Chain,*Human Communication Research*,1998,Vol.25,No.2,pp.163-179.

② [美]卡斯·R.桑斯坦:《谣言》,张楠迪扬译,中信出版社 2010 年版,第 17~20 页。

③ 黄卫星、康国卿:《受众心理视角下的网络谣言生成与治理——以"艾滋女"事件为例》,《中州学刊》2011 年第 2 期。

④ 巢乃鹏、黄娴:《网络传播中的"谣言"现象研究》,《情报理论与实践》2004 第 6 期。

推手向网络谣言发布者的转变共同构成了网络谣言产生的条件和诱因。① 姜胜洪以我国转型时期的社会特征为切入点，从信息缺位与民众谣言传播心理、外部环境的变化与民众不安全感、谣言披上"科学外衣"与民众科学素养整体偏低、社会公信力危机与民众的不信任感以及媒体失范与谣言绑架真相等五方面阐述网络谣言的产生原因。② 马超同样以我国转型时期面临的社会矛盾为视角，将网络谣言的产生原因分为外部成因和内部成因。外部成因包括环境诱导和事件刺激两方面。内部方面包括人们的心理状态和情绪问题。转型时期的中国存在教育、医疗、征地等各方面社会矛盾，公众表达渠道的阻滞引发了负面社会情绪郁结积压。一旦有事件刺激，公众会选择官方渠道之外的另类媒介（alternative media）发声以引起重视。当谣言所指涉的问题关乎公众切身利益时，公众容易因恐慌、盲从等心理丧失对信息的判断力，为谣言的滋生提供极大的助推力。③

通过梳理以上文献，可以发现：以谣言发生机制为主题展开的传统研究多集中在传播学、心理学等领域，如奥尔波特、波斯特曼及克罗斯等人。后期随着万维网的出现以及各类社交媒体的兴起，研究者意识到谣言的产生与传播是一种人际互动的过程，进而将目光转向社会学、政治学等以人际关系为核心的领域。传统研究认为谣言传播是从造谣者到传谣者的单向模式，这一过程中的信息交互行为被忽视了。博蒂亚和罗斯诺首次以实证研究的方式论证了谣言产生及传播过程中信息流动的交互性。后期在传播学领域展开的研究多以此为基础。就研究方法而言，早期的研究方法多是对过往经验做文本分析，以此为基础提出的谣言产生过程中不同的大众心理类型被后期的研究者以实证研究的方式推翻。目前针对谣言的发生机制展开实证研究的成果仍然不多，行为实验领域则几乎空白。

（二）谣言的传播

"谣言是被广泛传播的、含有极大的不确定性的信息"，④它根植于社会矛盾与民众心理，因其传播性而具有集体行为性质。由于网络和新媒体已成为当代谣言研究的现实背景，即便是不以"网络谣言"为主题的谣言传播文章也

---

① 严励、邱理：《自媒体时代网络谣言的产生与变迁》，《新闻与传播研究》2014 第 1 期。

② 姜胜洪：《网络谣言的形成、传导与舆情引导机制》，《重庆社会科学》2012 第 6 期。

③ 马超：《转型时期网络谣言的产生与防控》，《中国报业》2016 年第 16 期。

④ 雷霞：《"信息拼图"在谣言传播中的作用研究》，《新闻与传播研究》2014 年第 7 期。

几乎都涉及了其无法忽视的网络传播方式,因而本文不对传统谣言与网络谣言进行特别区分。

目前,国内期刊显示学者多从以下五个方面对谣言的传播展开研究。

1.谣言传播研究方法论

有关谣言传播的研究涉及社会学、心理学、传播学、政治学、法学甚至物理学、数学等学科,所运用的研究方法主要是社会学研究方法、心理学研究方法以及数学模型研究方法。笔者在期刊网谣言传播文献中搜集的应用前两种方法的文章总和与应用数学模型研究文章数量相近,但鉴于学科差距,本文主要对使用前两种方法开展研究的资料进行总结。

王琼、刘建明通过梳理国外关于谣言传播的心理学和社会学研究文献,指出基于个人心理因素的心理学研究和强调团体规范、认同和文化的社会学研究都未能足够重视谣言传播的个体交互性,而这一点可以由网络谣言传播研究方法弥补。[①] 自 20 世纪 60 年代起,学者们开始借鉴传染病模型建立宏观数学模型对谣言传播进行研究。张芳等总结,目前谣言传播模型的研究方法主要有三种:使用统计学、物理学方法的定量研究,基于谣言传播信道对网络谣言传播和手机谣言传播进行的传播学、社会学研究,以及利用病毒传播模型在复杂网络上建立平均场方程、研究谣言在不同网络上传播的临界概率。前述方法多属感性认识和定性分析,基本停留在理论分析层面,而缺乏对谣言传播机理的系统深入研究。文章提出谣言模型建模应参照谣言传播的复杂性、心理特征、蝴蝶效应、从无序到有序的演化特点,并借鉴舆论传播模型的研究成果。[②]

2.影响谣言传播的因素研究

谣言的生成与传播的影响因素可谓是谣言研究中最主要的部分,研究角度主要包括社会相关因素,造谣、信谣、传谣者的心理,网络媒介特点,政府态度与作为,以及综合视角等。从现有研究可以发现,虽然网络上形成、传播的谣言带有其独特特征,然而谣言归根结底源自社会矛盾与大众心理。

首先,以谣言传播公式分析现实问题是典型的谣言传播要素研究。谣言传播与产生密不可分,谣言传播公式在前述谣言产生部分已有述及。早期研究始自美国社会心理学家奥尔波特和波斯特曼,他们给出的公式是谣言流通

---

① 王琼、刘建明:《谣言研究的方法论述评》,《当代传播》2011 年第 4 期。

② 张芳、司光亚、罗批:《谣言传播模型研究综述》,《复杂系统与复杂性科学》2009 年第 4 期。

量＝问题的严重性×证据的暧昧性,若严重性或暧昧性任何一方为零,则谣言不会产生。克罗斯对该公式进行了修正,指出谣言＝(事件的)重要性×(事件的)模糊性/公众批判能力。在此基础上,刘勇利用奥尔波特和波斯特曼公式分析了当代中国社会谣言的传播原理,认为切合群众自身利益和缺乏舆论信息疏导是导致社会谣言的生成和传播的关键原因。① 也有学者在前述公式的基础上进行了修改,如巢乃鹏、黄娴认为应在胡珏改造的谣言传播公式(谣言＝事件关注度×事件模糊度×事件反常度)中再加入“环境”因素,理论上环境的宽松度与谣言数量成反比。② 与其类似,王灿发基于克罗斯公式,构造了我国突发性公共事件的谣言传播公式:谣言程度＝事件重要性×事件模糊性×公众判断力×环境指数,其中环境指数由政治刺激指数、政治透明度和传播环境指数构成的复杂公式决定。文章将突发性公共事件分为事件先行类、相互推动类、无中生有类、刻意制造类,结合公式分析了四种事件各自的谣言发生及传播特点,并建构了相应的传播模式和消解策略。③ 郭小安认为谣言传播机制必须考虑社会、政治环境和媒介体制等因素,相应将谣言传播公式修改为谣言＝重要性×敏感性×模糊性/官方权威性×公众理性,并由此将中国的网络谣言传播的动态过程描述为:“通过图文并茂的方式造假,从而引起网民的注意;通过网民强大的复制粘贴重复的力量,让人们相信谎言,企图弄假成真;使用一系列敏感词汇,在网络上形成明显的二元对立格局;通过媒介动员大 V 助推,推动谣言的传播与发酵。”④可见,无论是解读还是修正,中国学者对谣言传播公式的利用均对社会和政治环境因素格外关注。

其次,对较为具体的谣言传播原因的研究也比较丰富。有关于谣言传播社会、文化、政治背景的研究,如李永平认为谣言传播扩散的变量除了重要性、不确定性、相关程度、不能控制的焦虑不安与宗教信仰因素之外,还应包含特定本土历史文化基因这一要素,因而谣言治理应重视研究本土历史文化传统。⑤ 孙嘉卿以 2011 年新浪微博辟谣账号发布的信息为样本,分析发现表达

① 刘勇:《从谣言传播公式看谣言的生成土壤及遏制机制》,《中州学刊》2012 年第 4 期。

② 巢乃鹏、黄娴:《网络传播中的“谣言”现象研究》,《情报理论与实践》2004 年第 6 期。

③ 王灿发:《突发公共事件的谣言传播模式建构及消解》,《现代传播(中国传媒大学学报)》2010 年第 6 期。

④ 郭小安:《网络谣言的传播及治理》,《理论探索》2014 年第 6 期。

⑤ 李永平:《谣言传播的本土语境及风险防控》,《当代传播》2011 年第 5 期。

社会意见为数量最多的一类谣言话题,其根植于社会中存在的不安与愤怒情绪,并因此提出了建立谣言举报制度、强化意见领袖的作用、消除偏见等辟谣建议。① 王亮针对部分国内对谣言的否定性研究持反对性态度,认为谣言是民间的事实认定,产生于政府和民众对于事实认定的分歧,故而应通过恢复官民信任、建立官民共识来防范谣言。② 郭旭魁则指出谣言的传播根植于现代社会的危机之中,因此对谣言的治理也应根据现代性的时空分离、脱域机制、反思性特点采取整体性措施:鼓励理性的公众讨论机制,培养政府、新闻媒体、知识精英的良好信用,建立自下而上的社会舆论监督体系。③

　　此外,还有从其他角度展开的谣言研究。有专门对于传谣者心理因素的研究,如孟鸿、何燕芝从网络受众的泄愤心理、从众心理、窥私心理、投射心理以及选择心理的视角分析了网络谣言的传播原因,并指出这些心理状态的成因在于社会主义民主法制不健全、政府公信力低以及受众理性精神不足,对此提出了有针对性的建议。④ 还有关于传谣媒介的特点对谣言传播的影响的研究,如文远竹对微博谣言传播的原因进行了专门分析:微博提高了个人信息获取和发布能力,"把关人"的缺失,"开放性"传播与用户群基数大,微博的商业价值使商业炒作产业化,社会危机事件发生后传统媒体信息供应不足。⑤

　　最后,有学者对谣言传播的影响因素进行了概括。如赵娜等通过文献梳理,总结指出谣言传播的影响因素包含个体因素(重要性和模糊性)、群体因素(群体认同和信任)、情境因素(情境模糊性、威胁性、可变性以及情境文化)和心理动机(寻求事实、关系提升和自我提升)。⑥

　　3.谣言传播过程研究

　　关于谣言传播过程的研究内容,可大致刘分为传播进程、特点和传播机制三个方面。首先,就谣言传播进程研究而言,陈虹、沈申奕将谣言传播划分为

---

① 孙嘉卿:《微博谣言特征及辟谣策略研究——基于新浪微博的质性研究》,《中国出版》2012 年第 10 期。

② 王亮:《新媒体环境下的谣言传播及防范研究》,《编辑之友》2013 年第 4 期。

③ 郭旭魁:《现代性理论视角下谣言传播解析与应对》,《编辑之友》2015 年第 11 期。

④ 孟鸿、何燕芝:《受众心理分析视角的网络谣言治理》,《重庆社会科学》2012 年第 10 期。

⑤ 文远竹:《试析微博中的谣言传播及其控制》,《电视研究》2011 年第 9 期。

⑥ 赵娜、李永鑫、张建新:《谣言传播的影响因素及动机机制研究述评》,《心理科学》2013 年第 4 期。

形成期、高潮期和衰退期，^①孙燕则将其描述为"萌生—高潮—衰落—拖尾"的传播进程，^②黄文义、王郅强认为其包括最初形成、初次传播、定型和终结四个阶段。^③ 可见在这一方面学者们的观点区别度并不高。其次，关于谣言传播的特点，多数文章在此方面、特别是对于网络环境下谣言传播的新特点有所介绍，对此论述较多的典型文章如：陈红梅指出网络谣言相对于传统谣言更为理性，其原因在于网络文字介质传播的特点和网络信息接受人群的多元化。^④陈虹、沈申奕认为新媒体环境下的谣言传播速度更快，谣言能够在互动中不断完善，传播主体隐蔽性更强，传播内容蛊惑性更大，传播心理因素加剧了谣言传播，传播影响力更强。^⑤ 任一奇等专门研究了微博谣言的传播机制，将其特点总结为"点面面"的核裂变传播、"意见领袖"的合力传播、把关人缺失带来的漏斗效应，又将其失控特点总结为拼图效应失效、辟谣却产生雪崩效果。^⑥ 最后，对于谣言传播机制问题，学者们常常借鉴已有的，尤其是国外的社会科学相关研究成果进行解释。如雷霞基于信息的"自清"功能理论提出了谣言的"信息拼图"传播机制，用以解释谣言在传播过程中与其他已有信息相互拼接、还原"真相"的传播过程，并提出可通过"信息稀释"阻断这一过程。^⑦ 黄文义、王郅强认为在网络谣言的传播过程中，网络谣言受众的行为趋同机制（包含社会流瀑与群体极化）和内容渐变机制（奥尔波特等提出的简化、强化和同化机制）是核心机制。^⑧ 戴佳等借鉴了奥尔波特等提出的谣言歪曲过程，认为其研

---

① 陈虹、沈申奕：《新媒体环境下突发事件中谣言的传播规律和应对策略》，《华东师范大学学报（哲学社会科学版）》2011 年第 3 期。

② 孙燕：《网络谣言的传播学分析——以"日本地震"和"温州动车事故"为例》，《新闻界》2012 年第 2 期。

③ 黄文义、王郅强：《转型期网络谣言传播过程及政府治理机制探析》，《国家行政学院学报》2014 年第 3 期。

④ 陈红梅：《网络谣言传播的特点及其应对》，《编辑学刊》2009 年第 6 期。

⑤ 陈虹、沈申奕：《新媒体环境下突发事件中谣言的传播规律和应对策略》，《华东师范大学学报（哲学社会科学版）》2011 年第 3 期。

⑥ 任一奇、王雅蕾、王国华、冯伟：《微博谣言的演化机理研究》，《情报杂志》2012 年第 5 期。

⑦ 雷霞：《"信息拼图"在谣言传播中的作用研究》，《新闻与传播研究》2014 年第 7 期。

⑧ 黄文义、王郅强：《转型期网络谣言传播过程及政府治理机制探析》，《国家行政学院学报》2014 年第 3 期。

究的案例体现了谣言传播机制的以下阶段：照搬、模糊化、磨平和锐化、添加。① 徐勇将网络谣言的传播过程视为一个完整的群体事件的演变过程，他以社会学的价值累加理论为框架，分析了网络谣言传播的动力机制："结构性诱因和结构性紧张为网络谣言的传播提供了良好的条件；共同信念的形成和偶发因素的出现为网络谣言的传播提供了原动力；行动动员的完成和社会控制的失效将网络谣言推向了高潮。"② 顾金喜认为"微时代"的网络谣言传播结构呈链状、环状、树状，他借鉴了桑斯坦的信息流瀑、群体极化和偏颇吸收三种谣言传播机制，来解释典型案例中的网络谣言的强化机制、社会传染和扩散机制、扭曲机制。③

4.谣言传播与社会公共事件的关系研究

谣言有时会与社会冲突或集体性事件相伴产生，特别是在信息传播速度快、范围广的网络时代，网络谣言常常被认为是社会公共事件的导火索与助燃剂。在此方面，学者们多采用实证研究方法深入观察谣言与社会公共事件的关系，主要研究内容是谣言产生的原因、对公共事件的影响以及解决方案。如常健、金瑞认为谣言在公共冲突中产生了导致认知偏差、激发负面情绪、形成单向度价值判断、强化群体性思维的作用。因为谣言传播的主要原因是信息"饥渴"与有效信息供给不足，因此防控谣言的根本手段便是满足人们的信息需求。④ 戴佳等认为在由环境污染谣言传播引发的群体性事件中，决策不透明、认知局限与信任缺失是谣言产生和传播的原因，谣言成为民众维护自身利益的一种非制度化社会抗议手段。⑤ 王理、谢耘耕基于大数据案例样本对公共事件网络舆情中谣言的传播规律进行了实证研究，发现公共事件中出现网络谣言的比例较小，谣言对舆情持续时间的增长影响有限，但对提升媒体和网民关注范围和关注度作用较大；谣言自身传播周期较短，其持续时间与该谣言文本是否包含佐证信息、谣言的回应时效等有关；并提出经典谣言传播公式

① 戴佳、曾繁旭、黄硕：《环境阴影下的谣言传播：PX 事件的启示》，《中国地质大学学报（社会科学版）》2014 年第 1 期。

② 徐勇：《网络谣言传播的动力机制》，《编辑之友》2015 年第 11 期。

③ 顾金喜：《"微时代"网络谣言的传播机制研究——一种基于典型案例的分析》，《浙江大学学报（人文社会科学版）》2017 年第 3 期。

④ 常健、金瑞：《论公共冲突过程中谣言的作用、传播与防控》，《天津社会科学》2010年第 6 期。

⑤ 戴佳、曾繁旭、黄硕：《环境阴影下的谣言传播：PX 事件的启示》，《中国地质大学学报（社会科学版）》2014 年第 1 期。

（谣言流通量＝严重性×暧昧性）还应考虑事件的趣味性，而信源是否模糊则对谣言传播无决定性影响。[①]

5.谣言传播治理研究

虽然"控制"一词在谣言传播措施中经常使用，然而由于学者们实际上纷纷提出了政府、社会联动治谣的建议，因此"治理"更符合当代倡导的辟谣措施。其建议主要包括但不限于以下几种：加强网络法治建设和监管；[②]建立网络谣言监测预警机制；[③]加强政府信息公开，提高政府信息供给与舆论引导能力；[④]建立包括政府、媒体、意见领袖、当事人、公众在内的信息互动平台，鼓励发展第三方社会监管体系；[⑤]以更加符合遏制谣言的需求为指导设计网络架构。[⑥]而根本措施可能是拓宽公民表达渠道，缓和、解决社会潜在矛盾，提升政府与主流媒体的公信力，以及培养公民理性精神。[⑦]谣言传播治理是几乎所有谣言传播相关文章共同的落脚点，除前文已总结的文章提到的措施外，有启发性的其他论述如下：

有学者特别强调了社会自组织或政府与社会合作的谣言治理，如唐小兵、梁涛提出，网络环境下的谣言核实应从个体行为转向集体行动，具体表现为应依靠、整合民间专业领域力量，搭建谣言核实的社会化精英团队，在社会化组织之间、社会组织与媒体、政府机构之间建立有效的联动沟通机制和信息纠偏

---

① 王理、谢耕耘：《公共事件中网络谣言传播实证分析——基于 2010～2012 年间网络谣言信息的研究》，《上海交通大学学报（哲学社会科学版）》2014 年第 2 期。

② 孟鸿、何燕芝：《受众心理分析视角的网络谣言治理》，《重庆社会科学》2012 年第 10 期。

③ 黄文义、王郅强：《转型期网络谣言传播过程及政府治理机制探析》，《国家行政学院学报》2014 年第 3 期。

④ 刘勇：《从谣言传播公式看谣言的生成土壤及遏制机制》，《中州学刊》2012 年第 4 期。

⑤ 黄文义、王郅强：《转型期网络谣言传播过程及政府治理机制探析》，《国家行政学院学报》2014 年第 3 期；郭旭魁：《现代性理论视角下谣言传播解析与应对》，《编辑之友》2015 年第 11 期。

⑥ 巢乃鹏、黄娴：《网络传播中的"谣言"现象研究》，《情报理论与实践》2004 年第 6 期；黄文义、王郅强：《转型期网络谣言传播过程及政府治理机制探析》，《国家行政学院学报》2014 年第 3 期。

⑦ 孟鸿、何燕芝：《受众心理分析视角的网络谣言治理》，《重庆社会科学》2012 年第 10 期。

网络,从而形成一个开放性、社会化的谣言治理平台。① 刘立刚、王艳蕊指出微博存在一个有效的自我净化机制,微博平台上自发的民间辟谣组织、舆论领袖的强大作用、微博实名制和其他管理制度造成的一定的"寒蝉效应"都能有效遏制谣言。②

在以上体制性建议之外,还有学者对具体采取的措施的技术性要素进行了实证研究,如熊炎研究发现惩罚不是抑制谣言传播的必要或充分条件,其可能抑制也可能助长谣言传播;更为有效的谣言治理方法是降低传谣者可信度、降低谣言讨论热度、减少谣言利己感、降低谣言的民生相关性等。③ 宋之杰等通过建模仿真对突发事件发生后权威信息与谣言同时在微博中传播的作用规律进行了分析,得出的结论是权威信息发布者的权威性和权威信息的公信力对谣言传播的控制效果受权威信息发布时间点的影响较大,权威信息发布越早越能有效地控制谣言传播。④

经由以上总结分析,可以看到当前我国期刊文章有关谣言传播的研究方法和研究内容均较为丰富,理论研究与实证研究、定性分析与定量分析、外国理论借鉴与本土社会文化以及媒介背景均多有涉及。研究多富有时代性,从技术性的干预时机到深入社会矛盾与大众心理的根本性的解决措施。但也可以看到现有研究有一些不足之处。首先能够直观看出的便是研究成果相似程度略高,在国外研究基础上的发展成果的积累还不够丰厚,有待更多创新观点的出现。其次,一定程度上缺乏整合型研究。如顾金喜提到了网络谣言传播中的信息流瀑、从众心理、群体极化和"沉默的螺旋"效应,⑤陈红梅、任一奇等却指出网络环境下因受众多元、表达繁荣而产生了从众心理弱化、极化趋势减弱与"反沉默螺旋"现象。⑥ 又如谣言传播公式和影响因素研究比较丰富,而

---

① 唐小兵、梁涛:《谣言传播中的集体行动逻辑初探——基于新媒体用户谣言核实行为的实证分析》,《暨南学报(哲学社会科学版)》2012 年第 4 期。

② 刘立刚、王艳蕊:《微博中的谣言传播与自我净化》,《新闻与写作》2013 年第 8 期。

③ 熊炎:《惩罚能抑制谣言传播吗?——以"转发超 500 次入刑"为例》,《新闻与传播研究》2014 年第 2 期。

④ 宋之杰、石蕊、王建:《权威信息发布对突发事件微博谣言传播的影响研究》,《情报杂志》2016 年第 12 期。

⑤ 顾金喜:《"微时代"网络谣言的传播机制研究——一种基于典型案例的分析》,《浙江大学学报(人文社会科学版)》2017 年第 3 期。

⑥ 陈红梅:《网络谣言传播的特点及其应对》,《编辑学刊》2009 年第 6 期;任一奇、王雅蕾、王国华、冯伟:《微博谣言的演化机理研究》,《情报杂志》2012 年第 5 期。

整体性的梳理概括性文章较为少见。再次,虽然学者们提出了从技术到制度的诸多谣言治理建议,但是对于如何针对谣言传播规律、在法治前提下利用法律规定的正式制度实现制度化的民意表达,以及其他相关治理体制机制的论述大多较为抽象,还应充实以更多更加具体充分的研究。

(三)网络谣言的法律治理

互联网的兴起和新传播媒介的发展使信息的交流与扩散更加便捷,也为网络谣言的传播提供了便利,与此同时,互联网治理也成为社会治理的重要组成部分。随着互联网技术和产业的快速发展,学界对网络谣言法律治理的认识不断深化,研究也不断推进。目前学界对网络谣言的法律治理问题从民法、宪法、行政法及刑法等各个领域都展开了研究,基于不同的部门法视角也给出了不同的治理策略。还有学者从整体性的角度出发认为网络谣言应综合治理,各方面都应该充分发挥其作用。[1] 具言之,学界主要围绕着网络谣言法律治理的对象与边界、规制现状及其不足、治理策略等主题展开研究,探索网络谣言规制的策略机制,为个人合法利益的实现提供法治保障。

1.网络谣言治理的对象与边界

网络谣言具有相当大的危害性,不仅可能会侵害个人的名誉权和财产权,也可能会给社会秩序造成冲击,甚至还会对政府形象和公信力造成不利影响,因此必须对其进行治理。但是网络谣言的实质仍旧是公民言论自由的一种体现,涉及言论自由这一宪法赋予的基本权利。基于此,网络谣言的法律治理必须处理好网络谣言规制限度与言论自由之间的边界。

张新宇认为,我国网络谣言行政规制的现状之一就是网络谣言打击犯罪过宽……现实生活中不乏行政机关对“虚假”或“未经证实”的互联网信息进行严厉打击的案例。[2] 所以我们在对网络谣言进行治理时应当对网络谣言的内涵和外延进行界定、明确网络谣言与一般网络言论的区别,在治理网络谣言的同时注重对正当言论的保护。[3] 与此同时,在治理网络谣言的过程中,应当斟酌考虑所涉的公共利益、基本权利,包括被限制的言论自由的价值及其实现的需求,使限制言论自由的法律及其操作在保护相关权利或者公共利益的同时,其限制作用本身受到制约,给所限制的言论自由留下充分、合理的空间。[4]

---

① 丁先存、王芃:《外国网络谣言治理及启示》,《中国行政管理》2014 年第 9 期。

② 张新宇:《网络谣言的行政规制及其完善》,《法商研究》2016 年第 3 期。

③ 王海军:《论网络谣言的法律治理》,《中州学刊》2014 年第 7 期。

④ 唐煜枫:《言论自由的刑罚限度》,法律出版社 2010 年版,第 41～42 页。

因此,运用刑罚权来惩罚传播网络谣言的行为人,应该保持审慎而克制的态度,充分考虑刑罚权的正当性问题。网络谣言的传播需要通过法律手段加以治理,刑罚权也不该靠边站,但是刑罚权的出现首先要考虑其正当性的问题。对于遏制网络有害信息要充分考虑与言论自由平衡的问题。针对个体的网络谣言主要应通过民事诉讼予以解决,对于针对社会利益和政府利益的网络有害信息传播行为主要通过治安处罚的方式予以解决。① 因为虽然言论自由是公民的基本政治权利之一,但其行使不该以侵害国家利益、社会公益和他人的合法权益为限度,然而,超过此限度不代表必然要受到刑法规制。只有具有法益侵害性、刑事违法性和应受处罚性三大犯罪特征的严重网络谣言行为,才应受到刑法追责。②

2.部门法视角下的网络谣言规制

从民法角度来看,窦玉前等认为《侵权责任法》有关发生在虚拟网络空间的侵权救济条款之"宣示性多于时效性,指引性多于操作性"。因为网络的虚拟性和匿名性使得侵权人身份信息不明确,除非造谣者被公安机关抓捕归案并承认自己的违法犯罪事实,否则受害人无法寻求权利救济。虽然该条文规定了网络服务提供者在知情后负有"采取删除、屏蔽、断开连接等必要措施"的法定义务否则要承担连带责任。然而根据"过错责任原则",实践中仍旧会出现受害人因举证不能而维权困难的问题。③ 所以黎慈主张,针对网络侵权的权利救济问题必须出台相关的司法解释明确以下事项:明确采取必要的措施规定"及时"与否的判断标准;明确举证责任倒置,网络服务提供者证明自己无过错才能免责;明确"知道"的内涵为"应知"。④

有学者指出虽然刑法相关条文和司法解释为规范网络谣言犯罪提供了法律依据,但是很多网络犯罪的危害程度与其量刑幅度存在不匹配的情形,应适度延长相关罪名的刑期,并限制"其他情节严重的情形""其他危害社会秩序和国家利益的情形"等类似表达、规范"情节较大""数额较大"等法律用语。⑤ 同是以刑法视角切入,李乐就网络谣言的刑事追责法理基础,刑法规制网络谣言

---

① 时延安:《以刑法威吓诽谤、诋毁、谣言?——论刑罚权对网络有害信息传播的干预程度》,《法学论坛》2012年第4期。
② 李乐:《网络谣言刑事式追责问题探讨》,《福建法学》2012年第2期。
③ 窦玉前、郭丹:《网络侵权救济的法律调试》,《学术交流》2011年第3期。
④ 黎慈:《网络谣言的法律规制及完善》,《理论导刊》2014年第1期。
⑤ 黎慈:《网络谣言的法律规制及完善》,《理论导刊》2014年第1期。

的限度,即网络谣言犯罪的构成要件分析和对网络谣言刑事追责的完善等方面提出了建议。认为我国当前可以通过明确的立法加以规制,建议制定系统详细的网络信息管理法,并确定网络言论犯罪的标准、严格对网络谣言犯罪的认定,合理调整刑事追责限度,对于严重过失的网络谣言行为实现通过立法予以规定,对于一般过失或未造成重大损失的,则不应予以刑事追责。[①]

而陈鹏[②]、陶国根[③]、方家平[④]等从宪法行政法的角度讨论了政府在网络谣言泛滥的情况下应如何作为、承担何种责任、采取何种措施。张新宇认为,整体而言,由于行政机关可以在第一时间对网络谣言进行规制,因此,在网络谣言的治理层面,行政机关往往应该承担更多的规制职能。[⑤] 孙万怀等曾对涉及"网络谣言"的 80 起案件进行过统计,发现其中有 58 起案件的当事人被处以行政处罚,占案件总数的 73%。[⑥] 而我国目前网络谣言行政规制存在的主要问题就是网络谣言的打击范围过宽、规制手段合法性存疑、程序性制约不足、第三方的规制行为难救济和倚重制裁性规制手段等。从此角度出发,实现网络谣言法制化治理的关键便是实现网络谣言行政规制的法治化。当前行政权规制网络谣言亟须解决"增强现有法律法规中相关问题的可操作性"和"消除下位法与上位法抵牾的情形"[⑦]的问题。

3.当前网络谣言治理的困境

我国当前缺乏统一的网络谣言规制法律体系。中国对于互联网管理立法相较于国外来说起步较晚,目前对于互联网中存在的谣言问题的治理,只是将现实社会中的法律延伸到网络社会。[⑧] 我国的网络谣言规制主要是散见于各个分散的法律条文中,法律制度的供给不足致使法律的威慑力度欠缺。2013年中华人民共和国最高人民法院和最高人民检察院颁布了《关于办理网络诽

① 李乐:《网络谣言刑事式追责问题探讨》,《福建法学》2012 年第 3 期。
② 陈鹏:《针对网络谣言的政府义务》,《浙江社会科学》2012 年第 2 期。
③ 陶国根:《网络谣言治理与加强政府网络舆论引导能力建设——以湖北石首"6.17"事件为例》,《四川行政学院学报》2012 年第 2 期。
④ 方家平:《网络谣言"考验"政务信息公开》,《信息化建设》2007 年第 3 期。
⑤ 张新宇:《网络谣言的行政规制及其完善》,《法商研究》2016 年第 3 期。
⑥ 孙万怀、卢恒飞:《刑法应当理性应对网络谣言——对网络造谣司法解释的实证评估》,《法学》2013 年第 11 期。
⑦ 黎慈:《网络谣言的法律规制及完善》,《理论导刊》2014 年第 1 期。
⑧ 刘莉、冯君颢:《网络谣言治理路径探究——基于 2007 年以来的数据分析》,《北京科技大学学报(人文社科版)》2017 年第 4 期。

谤等刑事案件的司法解释》,对网络谣言的刑法规制进行了进一步的细化。但是仅仅依据《刑法》及我国最高人民法院和最高人民检察院司法解释显然不够,公安机关仍面临着"无法可依"的局面,随着网络社会的日新月异发展,这种刑事执法的困难会更加突出。①

整体而言,这些法律条文虽然为我国治理网络谣言提供了法律依据,但也存在着诸多问题。首先,从纵向维度来看,我国当前的网络谣言法律规制主要依赖于行政法规和司法解释,尚未形成一个以专门法律、法规为主线以其他部门规章、司法解释为补充的网络谣言法律规制体系。另外,其中一部分文件颁布距今已经 20 年之久,已不能满足时代发展的需求,需要修改以适应现实需要。

其次,从横向维度来看,在治理主体方面,权力监管结构不合理,呈现出多主体职能交叉的现状。在我国,对网络接入规制的部门是工业和信息化部门以及工商部门,而对网络安全规制的部门是公安部门和国家安全部门。此外,国务院新闻办、文化部、公安部和新闻出版总署等将近 20 个部门职能交叉。网络谣言规制的主体过多,导致网络谣言的执法职能部门重叠,便出现多部门在权力配置上的衔接问题,不可避免会出现多部门之间相互推诿的现象。

再次,由于网络技术的限制,使得网络服务提供者的监管缺失,导致网络谣言传播的速度难以遏制。公安机关防控网络谣言的第一步也是最关键的一部就是要运用技术措施进行检测和识别,以提升截谣、控谣、治谣的效率。然而,公安机关在网络执法过程中往往利用追踪技术追查网络谣言的来源,这显示出我国网络谣言检测技术系统目前还不够先进,而专门针对网络谣言的技术设备更是比较匮乏,这是公安机关在防治网络谣言过程中面临困境的重要原因之一。②

4.域外经验与治理策略

对于域外经验与治理策略,学者们进行了较为全面的梳理。首先,国内外相关规范的比较研究全方面展开。时飞比较了中美在网络谣言法律规制上的差异,论证了网络过滤技术和言论自由的关系以及如何通过过滤技术来规制网络言论。③ 刘莉、冯君颢指出美国是世界上互联网技术最为发达的国家,在

---

① 孟卧杰:《防范与治理网络谣言的对策研究》,《云南行政学院学报》2014 年第 1 期。

② 孟卧杰:《防范与治理网络谣言的对策研究》,《云南行政学院学报》2014 年第 1 期。

③ 时飞:《网络过滤技术的正当性批判——对美国网络法学界一个理论论争的观察》,《环球法律评论》2011 年第 1 期。

互联网技术方面世界领先主要是得益于其运用法律法规进行治理,先后出台《联邦禁止利用电脑犯罪法》《电脑犯罪法》等 130 多项法律法规对网络谣言进行规制,且美国政府高度重视信息公开透明,颁布《信息自由法》和《政府阳光法》等遏制网络谣言的传播。① 孟鸿等认为发达国家在网络谣言治理上取得的成就主要取决于他们长期致力于法律和制度建设:一是法律体系比较完善,除了民法刑法中有规定以外,还制定了专门的法律法规。专门法便于广大网民自觉规范上网言行,也便于执法机构依法惩治造谣行为。二是法律条文周全、缜密、具体,可操作性很强。三是认定标准和处罚措施严格,惩罚力度大,威慑力强。② 杨立新也指出我国应当建立以网络基本法为核心,以其他法律为配套,以行政法规为补充,以司法解释为事实说明的完整的网络法律体系。③ 陈东冬亦认为加强和完善相关法律规范建设是治理网络谣言的前提条件。网络谣言治理的首要前提是完善相关法律法规建设,政府首先出台完备的法律规范,给社会、媒体和公众提供法律依据和行为指南,加强对有害网络谣言的治理。④ 笔者从公共人物的网络谣言规制这一特殊视角切入,以变迁的视角揭示了自前互联网时代公众人物隐私权、名誉权与公众知情权和表达权从平衡状态向自媒体时代权利平衡失范的变化,指出在自媒体背景下,对公共人物网络谣言的规制需通过"事先预防:可追索的匿名"、"事后追惩:适度的警示效应"和"全程贯彻:理性网络文化与公平竞争的思想市场"等多种手段进行规制。⑤

其次,网络治理除通过法律法规进行规制以外,还需配套政府规制、监管技术治理、媒介素养培养的体系建设。⑥ 英国除了出台多部规制网络谣言的专门法规外还将网络谣言治理纳入社会危机管理体系中,及时对民众疑惑进行解答和证实。因此,我国的网络谣言治理除了完善相关法律法规、加大网络谣言的处罚力度和加强政府信息公开透明的法制建设外,还可以借鉴英国成立专门的咨询机构形式,变网络谣言的"被动治理模式"为"主动治理模式",政府主动掌握主动权,通过对信息进行疏通与引导,在网络谣言大规模传播并造

---

① 刘莉、冯君颢:《网络谣言治理路径探究——基于 2007 年以来的数据分析》,《北京科技大学学报(人文社科版)》2017 年第 4 期。

② 孟鸿、何燕之:《比较与借鉴:网络谣言治理的路径探索》,《前沿》2012 年第 20 期。

③ 杨立新:《网络立法的现状与思考》,《信息安全与通信保密》2001 年第 6 期。

④ 陈东冬:《网络谣言的治理困境与应对策略》,《云南行政学院学报》2012 年第3期。

⑤ 郭春镇:《公共人物理论视角下网络谣言的规制》,《法学研究》2014 年第 4 期。

⑥ 孟鸿、何燕之:《比较与借鉴:网络谣言治理的路径探索》,《前沿》2012 年第 20 期。

成恶劣现实后果之前就予以扼杀。① 美国是在报纸开辟"谣言诊所"专栏,新加坡是建立"新加坡信息地图"的专门网站辟谣,法国也是成立专门的辟谣网站。具言之,他们的做法都是通过各种途径及时公布真实信息。而我国政府在网络谣言应对中存在着行动迟缓、辟谣方式单一、辟谣内容灰色的问题。②

再次,有学者从一般法律治理的角度总结应对网络谣言的法律措施。他们认为治理网络谣言除了运用法律这种正式的治理手段以外还要结合其他非正式的社会治理手段。比如陈东冬认为除了要完善相关的法律法规使得网络谣言治理有法可依以外,还要"提高信息发布的时效性、透明度、真实性","建立健全政府信用监督约束和惩罚机制","培育公众对于网络谣言的理性判断力""强化对网络谣言监测和引导的技术措施","借助第三方力量,培育成熟的社会组织"。③ 陈英凤认为网络谣言滋生的重要原因:一是公民网络道德意识薄弱;二是网络言论的边界模糊,法律制度的滞后。因此,破解网络谣言需要"自律"与"法律"的结合。④ 赖胜强分析了网络谣言的传播特性、渠道和机制,并在此基础上提出网络谣言的治理策略。网络谣言的规制不仅要依靠"法治"和"自律",多方主体都应该承担相关的社会责任,积极辟谣,并鼓励大众质疑。⑤

最后,在网络技术监督方面,美国、德国、韩国、英国都非常注重技术监控。美国在设立安全监管机构的同时还通过技术手段开发机器人软件对网络谣言进行追踪,韩国是首个推行网络实名制的国家,通过立法手段保证网络实名制的有效实施,英国也成立了网络观察基金会负责网络安全管理。对比之下我国却存在监管手段跟不上,监管成本过高和缺乏把关技术的问题,因此我们应该加强网络审查控制网络传媒、改进技术手段提升监管水平。

此外,还有一些研究强调开展网络媒介素质教育。如英国从 20 世纪 30 年代就开展媒介教育,加拿大、日本、澳大利亚等国也普遍开展了媒介素质教育实践,提升网民对媒介信息的批判意识,该做法值得我国借鉴。⑥

---

① 刘莉、冯君颢:《网络谣言治理路径探究——基于 2007 年以来的数据分析》,《北京科技大学学报(人文社科版)》2017 年第 4 期。

② 王国华等:《基于案例分析的网络谣言事件政府应对研究》,《情报杂志》2011 年第 10 期。

③ 陈东冬:《网络谣言的治理困境与应对策略》,《云南行政学院学报》2012 年第 3 期。

④ 陈英凤:《用"自律"和"法律"破解网络谣言》,《上海人大月刊》2011 年第 10 期。

⑤ 赖胜强:《网络谣言传播渠道与治理》,《重庆社会科学》2016 年第 10 期。

⑥ 孟鸿:《比较与借鉴:网络谣言治理的路径探索》,《前沿》2012 年第 20 期。

总体而言,自 2007 年起,针对网络谣言治理对策的文献总体呈现出上升趋势。其中自 2011 年至今通过单一法治路径进行谣言治理的文献一共有 109 篇,其中 3 篇文章对中外法律法规进行了对比,大多强调加强立法,对法律条文的分析以及对各方行为主体的约束。[①] 既有的研究从不同维度对如何规范网络谣言的治理给出了各自的建议,但是其治理路径的探究多局限于宏观层面,如从立法、网络监督和公民自律等方式入手,但微观可操作的具体措施方面,仍有较大的提升空间。

(四)信任与法律信任的建构

1.法律信任与法律信任的建构

"法律必须被信仰,否则将形同虚设",伯尔曼在《法律与宗教》中的这句格言成为中国法律信仰支持者的经典来源。近年来,中国法学界对于"法律信仰"的命题展开了反思和批判,很多学者据此提出了"法律信任"的命题。他们在分析了"法律信任"的基本内涵和重要意义后,都从自身的角度提出了建构"法律信任"的措施。

房书君等学者强调法律信任的重要性,认为这是全面推进依法治国,建设社会主义法治国家的内在要求。作为一种制度型信任,法律信任构成了法治中国建设的心理基础、精神动力和提高领导素质及依法执政能力的重要途径。建构当代中国法律信任的关键在于通过制定符合公共利益的良法等以适应国情的路径来实现。建构法律信任首先需要制定符合公共利益的良法,维护社会的公平和正义,只有能够维护社会公平正义的法律才能得到最广大人民群众的接受、认同和遵守。其次,需要完善法律的实施环境,树立法律权威。再次,需要加强普法宣传,培育法治文化,提升公民对法律的信任。要树立法律权威,使法治成为人们的一种生活方式,必须加强法律的普及、宣传工作。通过"普法教育"、庭审教育、个案警示等多种有效方式,唤起公民对法律信任的激情,催生对公平正义的向往,逐渐让法治精神在人们心中得以确立,让公民信法守法,只有这样,法治才能成为有源之水。最后,需要铸就法律职业者的法律信任价值观念。[②]

姜述弢认为,社会民众缺乏法律信任是中国当前社会转型期城镇化进程

---

① 刘莉、冯君颢:《网络谣言治理路径探究——基于 2007 年以来的数据分析》,《北京科技大学学报(人文社科版)》2017 年第 4 期。

② 房书君、崔静、王明文:《法律信任及其在当代中国的建构》,《东北师大学报(哲学社会科学版)》2016 年第 1 期。

中社会矛盾多发的重要原因之一,而造成社会民众法律信任缺失的主要症结在于中国当前社会存在着立法不民主不科学、执法不严、司法不公的现象。基于此,他认为要构建中国的法律信任,首先应当从立法环节入手,保证所制定的法律是"良法",提高立法质量,才能从源头上建立起社会民众对法律的信任。① 刘小平认为,当下中国学界的"法律信任"概念实质是一个韦伯式的概念,是韦伯形式主义法律命题的理论映照,存在着理论上和现实上的困难。因此,他主张一种可能的"法律信任"概念必须建立在实质性的法律理论上。② 郭哲、刘琛主张,要树立中国人的法律信任,首先要制定符合人们利益与需求的良法,良法的存在是信任主体内心法律信任的基础。其次需要强化政府信用、实现依法控权。法律信任的形成,需要作为"权力中心"的政府的具体示范作用,需要法律的执行者发挥支柱性的作用。再次是需要完善司法体制、提高司法公信力。实现司法公正和司法公信,需要改革完善司法体制、健全人民法院组织体系、落实公开审判等一系列制度改革措施的推进。最后,法律信任的建立也需要加强法学教育与普法教育,增强民众的权利意识。③

陈新开认为,当前影响我国公民法律信任的因素主要包括理念、制度、司法和守法的层面。具体而言,在理念层面公民对法律的绝对公正性的追求与法律的多重价值取向之间存在着矛盾;在制度层面上是因为公民缺乏对法律具体价值的理解与认同;在司法层面上是因为公民缺乏举证能力及法官解释适用法律的复杂性制约着公民对法律的信任;在守法层面上,则是因为公民守法的观念不强,法律的权威地位未能确立。基于这些原因,陈新开主张构建公民对法的信任也需要从理念、制度、司法和守法四个层面来展开。在理念层面,需要树立法律是公正实现的尝试,溶有一个不断完善的过程的理念;在制度层面上,要加强公民对法律内涵的具体价值的理解与认同;在司法层面上,要提高当事人的举证能力、法官的事实认定能力和适用法律的能力;在守法的层面上,要确保法律普遍有效的施行,从而确立法律的权威。④ 刘国华、公丕潜主张,当前中国根植于熟人社会的人际信任开始解体,而通行于陌生人社会的系统信任还没有建立起来,社会信任模式的变迁使得社会转型期出现了法

---

① 姜述弢:《构建法律信任:中国城镇化进程中社会矛盾之化解》,《学术交流》2013年第 5 期。

② 刘小平:《需要何种法律信任》,《北方法学》2016 年第 3 期。

③ 郭哲、刘琛:《法律信任在中国——以比较的视角》,《学术论坛》2010 年第 1 期。

④ 陈新开:《论公民法律信任的构建》,《前沿》2015 年第 10 期。

律信任危机。此外,法律制度兑现承诺乏力,以及法律职业共同体远未形成,也是当前中国法律信任危机的重要原因。基于这些原因,克服法律信任危机的路径主要包括四个方面:科学立法,完善中国特色社会主义法律体系;严格执法,建设诚信法治政府;公正司法,构建公正高效权威的司法体制;全民守法,积极营造理性平和的法治舆论环境。①

以上学者对法律信任架构的阐述,主要是从法律自身和法律相关活动的角度来培育公民对于法律的信任,学者们所提出的培育路径也无外乎是制定更加良善的法律、限制政府权力滥用和政府带头守法、完善司法体制、保证司法公正以提升司法公信力。这些路径虽然对于培育法律信任至关重要,但是却无法从根本上解决我国法律信任不足的问题,提升公民的法律信任还需在法律制度之外寻求新的着力点,同时利用法学外更多学科关于信任的学术成果。

基于对"制度进路"的反思,黄金兰认为,法律信任的培育是一项极为复杂的系统工程,其不仅取决于法律自身的良善性,还与一个社会的文化传统、物质环境、主体心理和社会体制等密切相关。因此,其主张中国的法律信任培育可以从四种基本路径着手:一是以人格信任取代关系信任的文化进路。关系信任是中国传统的信任模式,这种人际信任模式给法律制度的运作带来诸多消极影响,因此提升人们的法律信任首先是要遏制和瓦解关系主义的人际信任模式。而要做到这一点就要用人格信任替代关系信任,人格信任的基础是信任对象的诚信人格,它有助于我们培育人际普遍信任和制度信任。二是强化和促进经济平等的物质环境进路。人们的信任感还取决于经济的平等,只有不断提升社会的经济平等状况,民众的生活幸福感、主体意识以及对社会的认同感才能不断增强,这种幸福感、主体意识和认同感能够成为培育人们法律信任的强劲动力。三是塑造信任人格的主体心理进路。心理学研究表明,我们在生命的早期就决定了信任与不信任的人格倾向,早期信任人格的塑造,对于普遍信任之社会文化氛围的养成,具有重要的意义。而这种早期信任人格的塑造,可以从温暖的家庭氛围、良好的家庭教育以及乐观主义世界观的养成来着手。一个社会中主体信任人格的塑造越成功,乐观主义的氛围越浓厚,人们越容易信任他人,也越容易形成对法律制度的信任。四是提升司法公信力的体制性进路。法律信任的提升有赖于运行良好的司法体系,而其核心在于

---

① 刘国华、公丕潜:《论法律信任危机及其克服路径》,《理论探讨》2015 年第 2 期。

增强司法的公正性、透明性和公众参与性。①

笔者主张，相较于作为"神话"的法律信仰，法律信任是一种"鸡汤"，虽然它不能治病但富有营养，有助于社会肌体的康复和法律的有效实施。法律信任的建构是一个系统工程，需要从法律内和法律外进行"综合治理"。具体而言，建构法律信任首先应构建程序上公平、公正和正义的法律规范；其次，应在经济的发展和经济成果的分配方面实行"包容性增长"，让所有人都能公平地分享经济成果，让人们感到能够掌控自己的未来、对自己的前途有乐观的情绪，进而能够信任法律和法律的实施者；最后，需要打破规范体系只体现在文本而无法落实的"具文化"现象和信心缺位的恶性循环，而这需要作为道德权威的中国共产党和道德榜样的中共领导干部以身作则，打破法律不能有效实施和不被信任这一恶性循环。②

以上研究突破了在"体制内"建构法律信任的传统思路，将视角延伸到了法律制度存在于其中的政治、经济、文化环境中，从社会信任整体的角度去思考法律信任建构的具体路径，拓展了"法律信任"建构的理论研究。不过，这些研究依然未能系统地从人民群众如何在法律和法治中获得的公平正义等"获得感"的角度来思考"法律信任"的建构，也欠缺"法律信任"培育的更加具体、更具可操作性的措施，这是接下来的研究需要进一步思考的问题。

2.社会信任的建构

法律信任是社会信任的重要组成部分，也是社会信任程度在法律制度领域的体现。因此，提升社会整体的信任，能够为建构法律信任提供一个良好的社会环境和氛围。

罗教讲认为，破解"信任困境"的路径和方法就是要进行信任文化建设和信任制度建设。具体的路径和目标是，通过社会的道德建设和文化建设使社会公众形成正确的价值观、道德心理和文化心理；通过制度建设来形成有效促进和保障人们产生信任行为的制度与规范。③

曹劲松主张，信任关系在社会关系中具有道德与法律的双重属性，是人们

---

① 黄金兰：《我国法律信任培育的基本路径》，《厦门大学学报（哲学社会科学版）》2016 年第 4 期。

② 郭春镇：《从"神话"到"鸡汤"，论转型期中国法律信任的建构》，《法律科学》2014 年第 3 期。

③ 罗教讲：《当下社会"信任困境"的形成与破解》，《中国党政干部论坛》2015 年第 5 期。

社会生活的基本保障。社会信任是一个系统工程,它以法律制度为依托,以社会道德建设为重点,以社会成员的有效践行为落脚点,成为现代社会治理体系中重要方面。社会信任系统的巩固与强化,需要从树立法治威信、打造政府公信、规范组织诚信和激励自我守信四个方面着手。①

陈朋从社会治理的角度阐述信任的建构,主张合作是现代国家治理的内在逻辑,而合作是建立在治理主体彼此互信的基础之上的,因此信任是现代国家治理的基础要件。系统地建构信任,需要多方位的努力,至少包括了培育公共精神、夯实制度基础、规范公共权力、锻造诚信社会等基本方面。②

赵泉民则从建构政府信任的角度来研究信任,它认为信任是信任主体对客体的"内心期待"与"实际认知"相互博弈的结果函数,因此政府的制度供给及其执行效率等"外显行为"及"政府能力"是社会"内心期待"和"实际认知"的关键,是社会给予政府信任与否的"着力点"。因此,以制度信任建设为切入点就成了促进政府信任再造的"必然路径"。具体而言,制度信任建设包括了三个方面。首先,要优化政府制度供给过程,提高政府制度供给能力。其次,要树立制度系统观念,增强制度的有效性。最后,要强化制度意识,塑造制度文化,树立制度权威。③

以上学者的研究代表了对信任和信任建构的主要观点,即信任建构主要通过两个路径来完成:制度建设和道德建设。这种研究思路虽然捕捉到了信任危机后的主要矛盾,对于信任建设具有重要意义,但是这种思路是微观的和静态的,没有将社会信任的建构放在社会文化、历史变迁的大环境中去思考,因而具有一定的局限性。

杨文凤认为当前学界普遍流行的制度建构和道德建设的信任建构路径存在着脆弱之处。一方面,制度具有滞后性,并且其执行成本很高;另一方面,道德约束发挥作用的范围有限,它在熟悉的、封闭的圈子内比在开放圈子内更容易促进信任,但是当今社会流动性的加剧使这种条件不再可能。杨凤仪分析了科曼和格兰诺维特的观点,认为对信任的研究焦点不应该仅关注于人际互动和由互动形成的网络,而应该从网络的"节点"所引起的信息传统作用出发,强调信息传递在信任形成中的作用,这样信任建设才可能突破制度建设和道

---

① 曹劲松:《社会信任关系的重构路径》,《南京社会科学》2015 年第 9 期。
② 陈朋:《信任建构:现代国家治理的重要基础》,《中共中央党校学报》2014 年第 6 期。
③ 赵泉民:《论转型社会中政府信任的重建》,《社会科学》2013 年第 1 期。

德约束的不足。只有这样,信任建设和研究才能完成由特殊向普遍、由微观向宏观的转变。[①]

赵丽涛认为,学界对社会信任的讨论多半从传统道德弱化或制度信任缺失入手,这种讨论进路忽视了信任困境发生的社会转型背景。当前社会,信任困境的各种表现形式都与转型中不确定性的市场交往环境、"资本逻辑"诱导,以及道义型信任模式与制度型信任模式的脱节相关。因此,破解社会信任困境需立足于制度转型实践,提高"社会交往关系"中的失信成本,增强公众信任意识;完善以"信任"为核心的市场运行机制,克服其固有缺陷;夯实信任的道德基础与制度基础,建构中国特色的信任模式。[②]

以上两位学者的研究,分别从网络社会和转型社会的外部因素来分析信任危机的原因,并提出信任建构的方法,大大丰富了信任建构的理论研究。然而,信任的培育是一个非常系统的工程,因此需要将信任建构的制度进路、道德进路、文化进路、经济进路等理论进行整合,吸收多个学科的知识,形成更加整体性的信任建构思路。同时,当下法学以及其他社会科学关于信任建构的建议都略显抽象、一般化,没有形成具体的、分工明确的信任培育结构,这也是接下来研究的主要着力点。

三、本书结构

本书的研究分为两篇共八章。上篇为前四章,主要从正面的角度探索对谣言的规制。第一章为自媒体时代的网络谣言,在梳理了国内外关于谣言的理解与界定的基础上,强调谣言即传言,理解谣言的关键在于其"未经证实性",谣言的内容可真可假,关键在于其真假的不可知性。谣言正是在这亦真亦假之间穿梭前行,谣言传播正是发生在这一信息模糊不清的阶段。自媒体为谣言的产生与传播提供了新的翅膀,这一背景下谣言的传播具有虚拟性、匿名性、广泛性、传播模式的非线性、在迅速互动过程中的自生成性等特征。

第二章是网络谣言的传播与接收。本章中,笔者主要探讨制造和传播谣言者的动机、谣言能够被传播的原因和网络谣言对生活的影响。在对制造和传播谣言的动机进行分析之后,笔者从宏观角度对谣言之所以被传播的原因

[①] 杨义凤:《制度建设还是道德约束——对社会变迁中信任建构的探索》,《兰州学刊》2013 年第 7 期。

[②] 赵丽涛:《我国深度转型中的社会信任困境及其出路》,《东北大学学报(社会科学版)》2015 年第 1 期。

进行解析,指出谣言的存在与社会环境、文化传统和信任缺失有密切的关联;作者也对谣言自身的特征进行了微观分析,指出正是由于对受众的重要性、信息的模糊性和受众的心理状态这些特征,才使得谣言能够被传播、接收甚至信任。但笔者对谣言所持的态度并非"一禁了之",而是强调谣言也有其正面的价值,即便是假的谣言,也可以从中发现某种"真"的社会心理。同时,从社会冲突理论的角度来看,它还具有一定的压力释放功能,有可能降低社会冲突的烈度,同时在有些时候具有进行舆论监督、监督权力和遏制腐败的功能。当然,谣言带来的如妨害公信、损害声誉、影响稳定、引发冲突等问题也不容忽视。谣言之所以能被传播,除了宏观背景和谣言自身的特征之外,跟受众也有密切关联。受众的从众心理、群体极化和偏颇吸收等心理特点都值得我们深入研究与理解。

第三章是网络谣言与言论自由。在本章,笔者简要梳理了保护言论自由的几种理论,包括真理论、民主论、自我实现论等,强调言论自由是宪法基本权利之一,它影响着人民参与社会生活的质量和对于公共权力的监督。言论自由受宪法的保护,但网络谣言所带来的各种问题又不能置之不理,在对言论自由的承认、保护和对网络谣言的规制之间,产生了限度与力度问题。笔者认为,即使最后发现谣言传播的不是真相,也不能因此而放弃对谣言的保护,我们不能因噎废食,不能因为所传播的言论有可能是虚假或者错误的,就让这些言论当然丧失了传播的自由。无论是从形式上还是从内容上,网络谣言都属于言论自由中的"言论"所应包含的内容。在最后没有被证明属于应予限制的范畴之前,在没有法定的限制且面临急迫而重大的危险而有必要限制之前,都应该受到关于言论自由规定的保护。对限制本身也应进行限制,应在坚持合法律性的前提下,对那些明显而即刻的危险,依照成本收益理念对那些损及他人正当且足够重要权利的行为,按照比例原则进行限制。

第四章为网络谣言的规制。面对网络谣言,现有的理论大体上有三种应对思路。第一种是彻底的市场化,即像自由至上主义者(libertarian)所主张的经济自由放任政策那样:最大的市场,最小的干预。第二种是集权主义的路径,类似于经济学中的计划经济或中国传统法律思想中法家的严刑峻法,主张对信息的传播进行严厉的控制,对违反规则的行为进行严厉的制裁。其三是中间路线,即立足于言论的表达者与受众的权利诉求和公共利益,在个人的言论自由、信息的自由流转、个人的名誉与隐私权和公共利益之间寻找一个平衡点。这种思路即为"规制"(regulation),也可以称为"调整"(regulation的另一中文翻译),这意味着它首先是承认相关权利,是在承认、保护和保障权利的前提下进行的调整。规制网络谣言的方式包括事前、事后和贯穿始终三种方式，可以将其结合起来应对网络谣言问题。首先，为了规制网络谣言，应实行可追索的匿名，人们可以基于言论自由而匿名发言，但这种匿名应该是可追索的匿名。其次，对于那些符合被惩治条件的谣言发布者，必须依法进行惩戒，一是为了救济被侵害人的权利，二是警示潜在的侵权者。最后，要全程贯彻培养理性网络文化与"公平竞争"的思想市场。为此，要保障信息的透明和公开，尤其是政府的信息公开工作要做到位；要打击"买粉"这种滥用言论自由、在思想市场不公平竞争的行为，同时培养一种理性的网络文化。

下篇为后四章，主要从侧面的角度通过建构法律信任来培育良好的环境和土壤，在保障言论自由的基础上，让网络谣言不至于泛滥成灾，影响他人权利、危害公共利益。第五章为转型期的"止谣"与信任。我们身处于一个转型期之中，中国的转型社会是以应激式的方式逐渐展开的，应激意味着从起始阶段缺乏推动现代化的主要因素，政府需要通过强制手段来培养或者建立起现代社会所需要的基础性因素，但是并不妨碍它仍然是一种"社会内部的传统性在功能上对现代化的要求不断适应的过程"。① 我国社会转型还具有异质性和过渡性特征。在面对谣言的时候，人们习惯说"谣言止于智者"，认为聪明人或有智慧的人有充分的鉴别力，不会盲信谣言。实际上"智者"是一种理想的道德形象，本身就难以修炼而成，现代科技和文化的发展、知识和学科分工的精细化，使得人们只能精专于某个或某几个学科，难以对外部世界有完整而详尽的认识和理解。即便具有丰富的知识，也并不意味着一个人的判断就是理性的，他可能由于理性的有限性而做出错误的判断，轻信并传播谣言。即便一个人有丰富的知识并能理性地行事，也未必有强烈的社会责任感制止谣言。因此，谣言难以止于"智者"。当前我们身处转型期，转型期形成方式的应激性、社会内容的异质性和公民类型的过渡性，使得人们更难以成为"智者"，更难以判定信息的真伪，同时由于身份确定和角色认同等原因，更缺乏强烈的责任感来制止谣言。因此，谣言原本就难以止于"智者"，转型期的谣言则更难以止于较之以往更少的"智者"，即便止于了"智者"本身，也难以阻滞谣言的传播，而现代传播技术的发展，则进一步让这种传播插上了光速的翅膀。

信任或许不能完全消除谣言，但可以降低谣言的活性。信任源于熟悉，在实践经验基础上积累而成的信任，是个体或者群体言行的名片，我们可以根据

---

① ［美］西里尔·E.布莱克：《比较现代化》，杨豫、陈祖洲译，上海译文出版社1996年版，译者前言第19页。

这些个人或者群体来预测自身的行为及后果,也会相信他们的所做所言,这在很大程度上降低了谣言传播的活性。在转型期的中国,多种价值观念的相互碰撞使社会信用受到严重挑战,助长了谣言的传播,因此需要加强社会信用体系的建设。但是,在内容不变的情况下,谣言对于不同群体的重要性大相径庭,加上民众信息识别能力的差异,这导致了谣言在不同群体内传播的可能性有着很大差异,因此仅靠解决信任问题仍难以完全消除谣言的传播,我们还必须从源头上去分析谣言的成因,才能达到标本兼治的目的。

第六章为法律信任的理论基础与价值。信任是抑制谣言产生和传播的重要因素,法律信任则是抑制谣言产生和传播的制度性载体和心理基础。在我国,有不少学者主张法律信仰,其中有曾经笃信法律信仰的学者在经历了长期的思考研究之后对此有所反思,坦承自己对伯尔曼的解读或许只是一种误读,与伯尔曼的初衷与文本意境相去甚远,在此基础上他认为对法律信仰的崇拜是一个被过分解读的"神话"。相对于信仰,信任具有浓厚的"祛魅"色彩,它去掉了"神性"而增加了"人性"和"理性",不再进行"仰望"而是进行"平视"。信任像鸡汤一样对我们的健康很有助益,虽然它们确实不能治愈所有疾病,解决所有难题,但是,它们都可以使我们的心里感觉更好。对法律的信任归根结底需要回到对人的信任和人的行为的预期这两个事物上来。我国应该建构法律信任,因为法律信任是树立法律权威的关键因素,法律信任是强化法律实效的重要方面,法律信任是促进社会交往的可靠保证。

第七章为法律信任的结构与表征分析。法律信任不是一个单向度的一方对另一方的态度或心理上的认知问题,而是一个信任主体和对象之间相互作用、相互影响的双向互动,进而有可能产生螺旋式上升或下降的过程。因此,有必要分析法律信任的结构,以及在这个结构框架内,双方的互动问题。同时,对法律信任的表征进行分析,了解影响这些表征的因素是哪些,为把这种互动纳入良性轨道,即螺旋式上升轨道奠定基础。

法律信任的主体只能是公民,法律信任的客体则较为复杂。它既体现为法律制度,也体现为法律在观念和思想层面的对象化的成果,即法律价值和法律意识。此外,它还包括法律的动态运行,也就是法律的实施过程,即立法、执法、司法的各个环节。因此,法律信任和托付的对象是多层面的,表现为不同的结构样式。通过对近些年来的案件与数据的分析,可以发现我国法律信任的现状是:民众对法律人的信任度较低,舆论审判、上访投诉等"类司法形式"逐渐消解法律权威,公众对于法律公平公正的价值追求日益强烈。影响我国法律信任的原因有法律的现代化转型、法律职业方面的专业化转型以及法律意识方面需实现自主化转型等因素。

第八章为法律信任的建构。法律信任的系统工程以时间长短为着手点，通过近期和远期两个层面的划分，循序渐进地进行完善，应当是一种较为理想同时具有较强可行性的逻辑结构。法律信任的近期目标是以需求与功能为导向建构有操作性、可预期性的制度，法律信任的远期目标是以意识与观念为目标，培养适于法律信任的法律意识与观念。

为了达到法律信任的短期目标，首先，应以程序公正作为制度建构的出发点，建立让各方均有表达机会、官方的中立性、充分交流、信息公开的程序性规则。其次，以监督机制作为制度建构的生长点，通过不信任防范机制的设计，规范权力行使的边界，建立起周全自洽的权力运行框架，使现代政治社会能够在制度的保障下平稳运行。最后，以职业规范作为制度建构的关键点，实现专业的独立性、道德的独立性以及政治的独立性，逐渐树立法律人的权威感。为了达到法律信任的长期目标，首先要将公民精神作为意识培养的前置性环节。通过不同的方式进一步开放公共领域，积极引导公民参与政治活动和社会活动，让人们在自我治理的过程中，在参与公共治理的过程中，逐渐增强规则意识和公共意识，进而养成对法律的信任。其次，建构法律信任要把法律意识培养作为重要实践方向，而这不能靠短期集训来达成，需要建立一种长效机制，在长期的接触、学习、教育过程中逐步培养。

除此之外，要做好法律信任的建构工作，还有做好"在诗外"的很多"功夫"。首先，可以将反腐作为提高政府公信力，带动信任领域提升的切入点。打破对法律信心缺失和法律不能有效施行这一恶性循环的突破点在于道德权威和道德榜样对规则和法律的严格遵守。在当前中国，毫无疑问就是中国共产党和中国共产党的干部应该成为打破恶性循环的突破点。依法治好"权"和"官"，公众自然就会产生对法律和法律实施者的信任。其次，以包容性发展保障利益机制的均衡。普遍信任来自乐观主义的世界观，乐观主义有两个核心的要素，其一是认为未来比现在好，其二是相信可以控制自己的环境，使它越来越好，进而增加个人的幸福感和对他人与社会的信任。① 就当前中国而言，营造这种乐观主义的现实可行的方式是改变经济增长方式，将原有的经济增长方式转变为"包容性增长"。② 包容性增长意味着让更多的人更好地享受到

---

① Uslaner E M. *The Moral Foundations of Trust*，Cambridge University Press，2002，pp.74-86.

② 蔡荣鑫：《从"增长"到"对穷人友善的增长"》，《经济学家》2007 年第 6 期。

经济增长的果实,意味着对社会财富进行更加公平的分配,这有助于形成乐观主义的态度并塑造对他人、社会、法律与法律人的信任。因此,法律信任的培养是一项系统性工程,需要我们借助法律内与法律外的多方资源,通过划分不同阶段循序渐进地达到目标,这是解决法律信任问题的较为可行的途径。

四、研究方法

本书将采用规范分析与实证研究相结合、具体案例的微观分析和理论提升的宏观透视相结合的研究思路,利用多层次、多来源的案例与数据,以求理论上能够对问题给出具有说服力的解释,对原有理论能够进行整体性和实质性的推进,实践上能够通过完善规范解决具体问题。具体而言,本书的研究方法如下:

(一)比较研究

比较研究是本书重要的研究方法之一。本书将全面详尽地收集和整理域外涉及网络谣言的知识与案例,在坚持中国问题意识、立足中国现状与实际的基础上,探索域外相关制度与理论发挥作用的条件,并将这些条件与中国自身所具备和可能具备的条件进行功能性比较和文化性比较,把简单的移植转化为比较之后的对接。

(二)规范研究

法学研究中最基本和最重要的方法是规范研究,这是法学学科区别于其他学科的根本性内在标准,这是法律人安身立命之本,因此即便是提出一些立法或修法的意见与建议,也应该在法秩序的基本框架内展开,符合基本的法学立场与价值观。无论是对网络典型案例进行探讨,还是对司法与行政权力运行的体制与机制进行完善甚至建构,都需要基于精致的规范分析展开。因此,本书将立足于基础规范和基本的法秩序,探索其学理依据、适用特点、运作范围及利弊得失,并在此基础上探究典型案例的深层结构,以及具体规范的完善方式。

(三)跨学科研究

网络谣言的治理问题,既涉及法学知识、也涉及传播学、社会学、社会心理学、经济学乃至认知科学的知识,因此,跨学科研究对于深度挖掘网络表达权的原理、运用多种知识和技能进行综合治理,具有直接和有效的作用。具体而言,本研究涉及的跨学科研究方法有法经济学的方法和法社会学的方法。

权利的配置,牵涉公平和效率等诸多因素。网络的规制问题,涉及不同权利和权力的配置问题。因此,研究者除给出价值判断之外,还应进行利益衡量,这就需要借助法经济学的研究方法,在法律规范体系的框架内,在保障基本公平的前提下,通过研究如何对资源(权利及由此而来的利益)进行合理有效的配置来让整体效益最大化。这里的"效益"不同于古典经济学所说的"收益",而是一个兼容了经济利益和其他各方面价值的评价标准。

法律是一种社会现象,法律规范也必然"嵌入"在特定的历史社会背景下。法律要有一定的前瞻性,但又必须立足于它所存在的社会背景,离开了这一背景,缺乏研究的"地气",研究成果就将沦为闭门造车或空中楼阁。因此,有必要在深刻理解中国社会的前提下,尤其是在理解法律规范在真实世界中的运行现状这一前提下,了解谣言在产生和行使过程中的真实样态,才有可能对其进行有效的类型化,进而进行有针对性和可行性的界定、支持、约束和规制。如同经济学不能成为黑板上的经济学,而要成为真实世界的经济学那样,法学也要避免仅仅研究"白纸黑字"上的法律,而是要注意研究真实世界中的"活法"。因此本课题将重视法社会学的研究方法。

第一章　自媒体时代的网络谣言

　　随着互联网技术的发展、互联网服务样态的多样化，我们已经进入了自媒体时代。所谓"自媒体"，是指鲍曼等所定义的"We Media"，即"普通大众经由数字科技强化、与全球知识体系相连之后，一种开始理解普通大众如何提供与分享他们本身的事实、观点与新闻的途径"[①]，如互联网论坛、博客、微博和微信等。在这些领域内，传播者的特点体现为私人化、平民化、自主化与普泛化，传播方式的特点则体现为网络化和即时化。这跟以往图书、报刊充当信息制造和传播媒介的模式完全不同，每个在网络论坛、博客、微博和微信上发布信息的人，都是信息的制造者和传播者，都能成为媒体或媒体中的一员。于是，我们进入了一个"人人皆为记者""人人皆为评论员"的时代。成为"记者"和"评论员"的准入资格，降到了只需要有一部智能手机就可以担当的程度。

　　自媒体时代并不是只有自媒体的时代。在这个时代，传统的纸质媒体、音像媒体仍然存在，甚至在很多时候被认为传递了"主流"的声音。但是，相对于它们，自媒体自身的特点使其成为最常见、最盛行、最便捷的信息制造、传播、获取途径。因此，自媒体时代具有"向下兼容性"，它兼容其他时代的信息传播方式，但自媒体无疑由于其低门槛和广泛传播的特性成为了人们最常见、最便利、获取信息成本最低（至少是之一）的媒介。

　　自媒体中充斥着各种各样的信息，这些琳琅满目、纷繁复杂的信息给人们的生活提供了便利，也给人们带来了很多困扰，其代表之一就是网络谣言。网络谣言可以被称为网络传言，是经由网络制造和传播的未经证实的信息。谣言古已有之，作为信息传播的一种方式，卡普费雷称谣言是"世界上最古老的传媒"。[②] 谣言的发展几乎与人类历史同龄，可以说有了人类的历史，就有谣

　　[①]　Bowman S，Willis C. *We Media：How Audiences are Shaping the Future of News and Information*. *The Media Center at the American Press Institute*，2003，pp.53-58.

　　[②]　［法］让·诺埃尔·卡普费雷：《谣言：世界最古老的传媒》，郑若麟译，上海人民出版社 2008 年版，第 5 页。

言的踪影，①谣言伴随着人类历史的发展从未消退。从陈胜吴广起义之初鱼肚子里出现的那条印有"陈胜王"的布条，到刘邦为"赤龙之子"的传说，再到陈桥兵变之前赵匡胤"点检作天子"的流言，每逢重大社会变革，谣言总是先行并对之后的事件产生了重大影响。不仅仅是在中国，西方世界也处处可见谣言的影子。古罗马诗人维吉尔对谣言女神法玛有细致的描述，②中世纪欧洲巫蛊之术的谣言也在当地造成了严重的后果。

谣言并不仅仅意味着传播虚假信息或用于蛊惑人心。事实上，谣言是信息传播的一种方式，谣言中可能存在着一些真实的、有用的信息，只是这些信息隐藏或淹没在更多的具有迷惑性和蛊惑性的信息中。因此，如果善于梳理与整合，有可能从谣言中发现或发掘出有价值的信息。同时，如果一则谣言一看就是无稽之谈，就不会迅速传播，而公众迅速传播谣言的行为本身，也内在蕴含着一些值得关注的、有价值的信息，这一点同样也值得重视。总之，谣言在任何社会、任何时代都是存在的，只是在科技高速发展的今天，谣言的传播有愈演愈烈之势。伴随着互联网的高速发展，网络已经成为谣言传播的重要渠道，有些谣言可以在几天之内到达数以亿计的受众，这也对人民的生活和社会的稳定造成了一定的影响，看似微不足道的谣言在关键时候却能产生出极大的能量。

有些人或有些部门，千方百计想要制止谣言。但纵观数千年人类发展史，加之对谣言传播及其本质的分析研究，我们发现谣言是难以绝对制止的，要想完全消灭谣言几乎不可能。比如，在"道路以目"③的年代，对言论的约束和限制达到登峰造极的程度，但谣言仍然可以产生、传播甚至流行。因此，谣言不可能禁绝，但可以在了解其产生和传播规律的基础上进行规制，将其负面效果降至最低。因此，我们需要通过对谣言，尤其是网络谣言的传播的机理与规律，以及人们对此的态度进行深入的分析研究，这样才能有的放矢地采取适当的对策，让谣言这把双刃剑消极的一面产生的损害减小到最低。然而，与谣言传播的飞速进展相比，相关研究却并没有如雨后春笋般适时出现，对谣言的研究大多还停留在传统媒体时代，对网络谣言的研究及对策分析也没有及时跟上谣言传播的脚步，还有较大的提升空间。网络谣言作为谣言的一种特殊形式，与传统谣言有共通之处，也有其自身的特点。笔者以网络谣言的治理为主

---

① 周裕琼：《当代中国社会的网络谣言研究》，商务印书馆 2012 版，第 7 页。

② 刘绪义：《谣言是一种意识形态》，《文史博览》2005 年第 14 期。

③ 《史记·周本纪》："三十四年，王益严，国人莫敢言，道路以目。"

要研究对象,通过对国内外相关文献分析研究,结合对现时网络谣言案例的实证观察,运用社会心理学和法学的相关知识和理论,主要从两个维度研究网络谣言及其相关问题。第一个维度是从谣言自身出发,探索谣言是如何产生、人们为什么会相信网络谣言、网络谣言与言论自由及相关的公共人物等理论之间的关系等问题,在此基础上探索如何从正面对网络谣言进行直接治理。第二个维度是从谣言的对立面信任出发,从建构法律信任、社会信任的角度来探索在当前转型期的中国如何理解信任、建构信任,从相反的方向间接探索和研究网络谣言的治理。在此基础上,立足于现有的相关规范与学理,提出具有一定实用性、可行性的建议,以期能够对如何面对、理解和规制谣言有所助益,能够为如何理解、建构法律信任和社会信任提供思路。

第一节　谣言与网络谣言

谣言无处不在,与人们的生活密切相关,但若要说起对谣言概念的准确界定,却很少有人能说得上来。在大多数的印象中,造谣即是胡编乱造某些事情,谣言就是假话。而实际上,谣言的含义绝不是这么简单。在对谣言的传播进行研究之前,厘清谣言的含义至关重要。尽管谣言与人类社会相伴而生,历经千百年,但谣言的含义却并不是一成不变的。随着时代的发展和社会的变迁,谣言的含义也发生着变化。

一、谣言的古义

在现代人的观念中,谣言似乎是个贬义词,但是在古汉语中,谣言则是个中性词。"谣"带有是民歌、歌谣的含义,《说文解字》曰:"谣,徒歌也。"《尔雅》曰:"徒歌谓之谣"。这些歌谣的内容包罗万象,是当时人民生活的真实写照,含有大量的信息,反映了人们生活的方方面面,古代也有从民间谣谚了解人民对政治的态度的传统,当政者可以通过这些民谣来考察人民对政策的态度以衡量利弊。

尽管中国古代对谣言的含义与现代不同,但谣言的传播却是屡见不鲜。

古籍中常有记载,著名的曾参杀人①的故事便是谣言传播的典型范例。先秦《吕氏春秋·慎行论·察传》则生动地描绘了谣言传播的壮观景象:"数传而白为黑,黑为白。故狗似玃,玃似母猴,母猴似人,人之与狗则远矣。"这些都深刻地反映出谣言的传播对人心产生的影响。从这些例子中也可以看出,当时的人们对谣言几乎没有免疫力,一则谣言很容易为人们所相信,人云亦云是当时的常态。

在我们的祖先对谣言亦褒亦贬、模棱两可之际,古代西方对谣言的态度则大不相同。古希腊人和古罗马人视谣言为"神谕",认为谣言女神具有无所不在的权威。古罗马诗人维吉尔在《埃涅阿斯纪》中这样描绘谣言女神法玛:"……她一心要造成幻觉、颠倒是非,扮成传播事实的信使,让流言和飞语在人民耳中回荡,高兴地告诉人们发生了什么,又捏造从未见过的事。"②除此之外,还有《谣言女神》的版画流传于世,西方文化对谣言的敬畏之心可见一斑。

二、现代国外学者对谣言概念的界定

西方学者对谣言较为集中的研究出现于 20 世纪的 40 年代。美国社会学家纳普(Robert Knapp)、奥尔波特(Gordon Allport)、波斯特曼(Leo Postman)受命研究谣言对军队士气的影响。随后,在摆脱了战争的阴影之后,学者们对谣言的研究转向一般问题,更多地关注谣言的产生、传播以及对人们心理的影响,其中以美籍日裔社会学家涩谷保(Tamotsu Shibutani)、法国学者卡普费雷(Jean-Noel Kapferer)等为代表。

最早对谣言一词赋予明确的意义的是美国学者纳普,他认为,谣言是"旨在使人相信的说法,它与当前时事有关,在未经官方证实的情况下广泛流传",③而迪方佐和波迪亚指出:"谣言是在模糊或危险的情境下产生的未经证实却正在流传的工具性说法。"④每个研究者对谣言都有自己独到的理解和思

---

① 《战国策·秦策二》:人告曾子母曰:"曾参杀人!"曾子之母曰:"吾子不杀人。"织自若。有顷焉,人又曰:"曾参杀人!"其母尚织自若也。顷之,一人又告之曰:"曾参杀人!"其母惧,投杼逾墙而走。夫以曾参之贤与母之信也,而三人疑之,则慈母不能信也。

② [德]汉斯·约阿希姆·诺伊鲍尔:《谣言女神》,顾牧译,中信出版社 2004 年版,第46 页。

③ Knapp R H. *A psychology of rumor*, *Public opinion quarterly*, 1944, Vol.8, No.1, pp.22-37.

④ Nicholas DiFonzo & Prashant Bordia. *Rumor psychology*: *Social and organizational approaches*. *American Psychological Association*, 2006, p.13.

考(详见表 1-1)。从这些不同的定义可以看出,尽管不同时期谣言有不同定义,但是在早期西方学者中,"谣言未经实证却广为流传"这一基础性观点几乎获得了一致认同。然而,卡普费雷却对这样的定义有所保留,他认为,所谓的"未经证实"带有很大的主观色彩,每个人对证实的理解不同,这里的证实究竟是所谓的"目击证人"或是仅依靠消息来源者,抑或是更加可靠的机构,每个人心中都有不同的判断,就像一千个读者心中有一千个哈姆雷特,对于"未经证实"的不同解释影响着对谣言的理解。卡普费雷在梳理和整合了前人对谣言界定的基础上,将谣言界定为:"在社会中出现并流传的未经官方公开证实或者已经被官方所辟谣的信息。"[①]可能是为了强调"证实"的权威性,他特意在定义中加上"官方"二字,这样就在很大程度上避免了主观性,谣言定义的准确性有所提高。可以看出,西方学者都注意到了谣言本质性的特点——信息。同时将谣言视为一种信息高效传播的方式,倾向于把谣言看成是一种通过非官方渠道传播的社会新闻。在此基础上,他们还关注和强调这些被传播信息的真实性并未得到确认,因此不遗余力地强调谣言未经官方证实这一特点。

三、现代国内学者对谣言概念的界定

将谣言一词作为学术概念来研究,国内最早的研究始于近代。1939 年,陈雪屏先生的《谣言的心理》一书问世,由此拉开了国内对谣言研究的帷幕,这比西方学者相关著作的出版早了几年。在该书中,陈雪屏指出"我们要想为谣言下一个确切的定义实非容易。所谓'无根之言'或'传闻之未实者',在新闻、供词、传说、宣传与历史中无不存在,与谣言相比较,仅有程度上的差别,并没有性质上的差别",因此,"不可靠或不真实并不是谣言所有的特点"。[②] 在此陈先生指出谣言"无根"或"未实"的特点,也反驳了谣言虚假论的肤浅观点,但遗憾的是,书中却并未对谣言一词下一个明确的定义。

随后,对谣言的探索进入停滞阶段,一直到 20 世纪末。随着谣言对人们生活的困扰日益加深,对谣言的研究也日渐兴起。《现代汉语词典》对谣言的定义是:没有事实根据的消息。国内对谣言的研究集中在传播学和社会学领域,其中具有代表性的学者有郭庆光、陈力丹、胡珏、刘建明、蔡静以及台湾地区学者张葆华等,他们通过自己的研究,给谣言下了较为客观的定义。例如,

---

① ［法]让·诺埃尔·卡普费雷:《谣言:世界最古老的传媒》,郑若麟译,上海人民出版社 2008 年版,第 15 页。

② 陈雪屏:《谣言的心理》,艺文丛书编辑部 1939 年版,第 13 页。

青年学者蔡静认为,"谣言是经非正式渠道广为流传的未经证实的信息,某个传播系统中经历若干发展阶段而未加证实的信息"。[①] 周裕琼综合西方学者对谣言定义的精髓,在其专著《当代中国社会网络谣言研究》一书中给谣言下了一个"杂糅"式的定义:谣言是未经官方证实却在民间广为流传的对现实世界的假设,或人们在议论中产生的即兴新闻,它可以作为一种工具性说法,帮助人们解读当前模糊而重要的情境。[②] 周晓虹在其《社会心理学》一书中将谣言定义为:某些人或团体、组织、国家,根据特定的动机和意愿,散布的一种内容没有得到确认的,缺乏事实根据的,通过自然发生的,在非组织性传播通路中所流传的信息。[③] (其余学者的定义见表1-1)。从这些概念可以看出,学者们对谣言的态度不再含有贬义色彩,更为客观和中立,而在信息的真假上也不再加以限定,也更多地强调谣言的未经证实性。同时,与前期国内外学者对谣言的定义强调"口耳相传"相比,现在对谣言传播渠道则没有限制,随着新媒体的出现,谣言的传播渠道更显得多样化,这样的改变也可谓与时俱进。

表 1-1　其他国内外部分主流学者对谣言概念的界定

学者	定义
Knappn 纳普(1944)[④]	旨在使人相信的说法,它与当前时事有关,在未经官方证实的情况下广泛流传。
Allport & Postman 奥尔波特和波斯特曼(1947)[⑤]	谣言是借由人际间口语传播的一种陈述或信念,且是没有公开证据支持以证实其确切性。
Peterson & Gist 彼得森和吉斯特(1951)[⑥]	谣言是在群众间针对各对象、事件或是符合大众兴趣的问题,而流传开来的一种说明或未经证实的解释。

①　蔡静:《流言:阴影中的社会传播》,中国广播电视出版社2008年版,第10页。

②　周裕琼:《当代中国社会的网络谣言研究》,商务印书馆2012年版,第14页。

③　周晓虹:《社会心理学》,高等教育出版社2008年版,第236页。

④　Knapp R H. A Psychology of Rumor, *Public Opinion Quarterly*, 1944, Vol.8, No.1, pp.22-37.

⑤　[美]奥尔波特等:《谣言心理学》,刘水平等译,辽宁教育出版社2003年版,第6页。

⑥　Peterson W A, Gist N P. Rumor and public opinion, *American Journal of Sociology*, 1951, Vol.57, No.2, pp.159-167.

续表

学者	定义
Shibutani 涩谷保（1966）①	谣言是一群人议论过程中产生的即兴新闻。
Rasnow（1988）②	谣言是一种公共的信息交流，反映了个人对于某一社会现象的假说。
Kapferer 卡普费雷（1990）③	我们称之为谣言的，是在社会中出现并流传的未经官方公开证实或者已经被官方所辟谣的信息。
Fisher 费希尔（1998）④	谣言是一种集体行为，为了某一目的而在人际间产生与传播的信息。
张华葆（1994）⑤	谣言是指对社会上已经发生或假想的一件事，经口耳相传，而又缺乏证据的解释或理论。
郭庆光（1999）⑥	流言是一种信源不明、无法得到确认的消息或言论，有自发产生的，有人为制造的，但大多与一定的事实背景相联系；而谣言则是有意凭空捏造的消息或信息。

① Shibutani T. Improvised News：A Sociological Study of Rumor，*Ardent Media*，1966，Vol.34，No.5，pp.9-10.

② Rasnow R. Rumor As Communication：A Contextual Approach，*Journal of Communication*，1988，Vol.38，No.1，pp.1-17.

③ ［法］让·诺埃尔·卡普费雷：《谣言：世界最古老的传媒》，郑若麟译，上海人民出版社 2008 年版，第 15 页。

④ Fisher D R. Rumoring Theory and the Internet a Framework for Analyzing the Grass Roots，*Social Science Computer Review*，1998，Vol.16，No.2，pp.158-168.

⑤ 张华葆：《社会心理学》，转引自巢乃鹏、黄娴：《网络传播中的"谣言"现象研究》，《情报理论与实践》2004 年第 6 期。

⑥ 郭庆光：《传播学教程》，中国人民大学出版社 1999 年版，第 99 页。

续表

学者	定义
陈力丹(2011)①	没有确切来源的在公众中流传的消息。应将其视为公众在特殊的社会状况下表达的意见或情绪倾向。
胡钰(2000)②	谣言是一种以公开或非公开渠道传播的对公众感兴趣的事物、事件或问题的未经证实的阐述或诠释。
刘建明(2001)③	一个或少数人造谣生事仅仅是谎言，而不是谣言。只有传播虚构事件的人鱼贯而动，达到舆论量，才称为谣言。谣言是指众人无根之言的传播，又称谣诼、谣言、谣传等。

　　谣言的定义可谓五花八门，可谓"横看成岭侧成峰，远近高低各不同"。虽然各种定义之间有所差异，但大多是研究观察的角度不同所引起，并无对错之分，不能武断地肯定或否定。这也可以看出看似简单的谣言一词却具有极为丰富的内涵，谣言的范围也不可谓不宽广。若对所有类型的谣言都加以研究难免挂一漏万，为了使研究能够有的放矢，具有明确的针对性，本文在此只研究对社会稳定及人们日常生活造成一定影响的谣言。

　　从谣言的定义中，我们注意到谣言的一个重要特征，即谣言的关键在于其"未经证实性"。虚假并非界定谣言的主要特点，谣言的内容可真可假，关键在于其真假的不可知性。这里的真假是客观意义上信息的真假，而非人们主观的想法或判断。一些疯狂传播的谣言，到最后有可能被证实的假的，此时民众不再相信，谣言的传播也就无从下手，寿终正寝；而另一种情况，就是这些谣言被官方证明是真实的，只要这为人们所相信，不明不白的谣言也就成了确凿的信息，在这个意义上，可以说"谣言止于真相"。谣言正是在这亦真亦假之间穿梭前行，也就是说只有在信息模糊不清的这一阶段才可称得上是谣言的传播。

---

　　①　陈力丹：《畸形的舆论形态——流言的传播》，《记者摇篮》2011年第5期。
　　②　胡钰：《大众传播效果》，转引自巢乃鹏、黄娴：《网络传播中的"谣言"现象研究》，《情报理论与实践》2004年第6期。
　　③　刘建明：《舆论传播》，清华大学出版社2001年版，第291页。

模棱两可为谣言的传播留足了空间,成为谣言滋生的温床,一旦信息得以确认并被接受,无论是真是假,谣言便失去了被传播的价值。

第二节　网络谣言含义与特征

从日常生活或实践的角度来看,顾名思义,网络谣言即是指通过网络传播的谣言。从概念上可以看出,网络谣言其实只是谣言的一种特殊形式,强调了在传播过程中互联网的作用。传播学者江晓奕认为,网络谣言是在网络这一特定的环境下,网络使用者以特定方式传播的对网民感兴趣的事件、人物或问题的未经证实的阐述或诠释。[①] 巢乃鹏、黄娴认为,网络谣言是指在网络这一特定的环境下,网络实体以特定方式传播的,对网民感兴趣的事物、事件或问题的未经证实的阐述或诠释。[②] 可见,与传统谣言的定义相比,在对网络谣言进行界定的时候,人们认为谣言的本质内核并没有改变,所改变的仅是其媒介载体。但是在这样遍地网络的社会,若深究起来,几乎所有的谣言都可以与网络沾上边,本文中的网络谣言特指以网络为主要传播方式的谣言。

与传统谣言口耳相传的传播方式不同,网络谣言往往是以文字的形式出现在大众面前。这一介质的特性使得网络谣言看起来更具理性,同时有文字作为载体,使其更容易被保存,因而对谣言的内容可以有比较完整的记录。作为谣言的一种子类,网络谣言兼具谣言所具有的一切特点,但在其传播媒介——互联网的影响下,又具有自己独有的特征。此外,网络在迅速改变人们的生活方式、消费方式乃至生存方式的同时,还引发了一些新事物。在互联网的引领下,知识现在已经具有了社交性、流动性和开放性。这不禁也让人思考和怀疑,互联网上的谣言,是否也如同知识自身的转化那样,具有了社交性、流动性、开放性,以及在前述特征之上的强自生成性。

一、不同步性(虚拟性)

与传统谣言注重传播者之间的交互性不同,网络谣言的传播则不具有这种同步性。一方面,口耳相传的传统谣言的发出和接受几乎是同时的,而网络

---

① 江晓奕:《网络谣言传播现象探究》,《东南传播》2009 年第 4 期。

② 巢乃鹏、黄娴:《网络传播中的"谣言"现象研究》,《情报理论与实践》2004 年第 6 期。

上信息的发出和接收常常不在同一个时间点。而另一方面,接收的不同步性也导致了信息接收者反应的不同步,即使同步接收,但受限于网络传播的方式,接受者的反应也往往是不同步的。

而这种不同步性导致了网络世界带有一定的虚拟性,在这样的虚拟世界中人们善于伪装自己,身份上的伪装造成了网络谣言匿名性的特点(下一点将具体阐述)。在面对面的传统交流中,人们可以通过肢体语言、说话的口气、眼神等等来观察对方听到消息时或者说话时的反应,以判断其心理影响。而网络交往主要通过文字进行,人们的心态无从得知,坐在电脑前的人们不用互相面对面,这就失去了在获知信息当下的第一反应这一最原始的信息,人们的反应也不如直接交流来得迅速和真实。但从另一个层面上看,对于接收到的信息可以不用立即做出反应,而往往会经过理智的思考和判断才给出回复,因一时情绪造成激情反应或错误表达的概率也相应降低,这样也使得人们对于信息的态度相对理性。

二、匿名性

网络谣言的匿名性这一特点是由互联网的虚拟性所决定的,网络世界中人们对彼此的身份信息无法确认,也更善于在网络中伪装自己,造成了网络中的信息龙蛇混杂,真假难辨,网络谣言的出现及泛滥也在情理之中。一方面,网络信息的传播没有真实身份的确认,在网络环境中人们有机会展示出自己不为人知的一面,也有可能有多种性格的表现。同时,相较于日常交往中人们会重视周围亲朋好友对自己的看法,社会评价和个人名誉都制约着人们的言谈举止,互联网中这种影响则大大降低,虚拟世界中人们彼此并不熟悉,性别身份都可能是假的,没有身份的约束,也就在一定程度上失去了社会道德与价值观的约束。这样内心真实需要的展示当然对于个性的发展和压力的释放是有一定的好处,但是若少了这一层束缚,人们的言行也就少了一道门槛,这也使得网络上的恶意行为大大增多,道德败坏现象时有出现。另一方面,网络真实身份难以确定,冒充其他人或亲友,甚至知名人士的现象也时有发生,网络诈骗案层出不穷可能也正是基于此。这些都为网络谣言的大肆传播提供了充分的空间。另外,网络世界的匿名性对确定网络谣言的来源造成很大困扰,在需要确定和承担相关责任时更是有如"网海捞针",这些都不利于对网络谣言的监控。

三、传播的广泛性

互联网的出现缩小了世界的距离,在互联网的帮助下人们足不出户就可以了解到世界各地的时政要闻、娱乐体育等各种信息。而谣言也沾了网络的光,传播的范围也变得更加广泛。

第一,广泛的跨地域性。传统谣言的传播大多是通过现实世界中人们之间的交往来实现,这也就决定了谣言的传播范围受限于一个人的社交关系圈,最明显的体现就是地域上的限制。而网络则很好地解决了这个问题,人们可以在家知天下,更不用说消息的传播了。在互联网上,天南海北的人可以共同看到某一个网络媒体上的信息,也可以在一个论坛或贴吧上讨论同一件事,完全不会受到现实中地域的限制,其传播的范围得到了极大的扩展。

第二,受众的多元化。前已提及,传统谣言传播范围受限于一个人的人际关系网,那么受众的范围就受到了限制。而网络谣言的受众则具有不特定性,较之传统谣言有了很大扩张,任何人都有可能成为受众。受众的多元化也使得网络谣言的接受者涵盖面广,涉及社会的各个群体,上至国家领导,下至平头百姓,每一个人都有可能成为网络谣言的接受者。这些人群彼此之间不具有同质性,可以站在不同的角度以不同的思维模式对网络谣言进行分析判断,也有利于观点的探讨和全面的思考,得出的观点更加客观和理性。

第三,传播方式多样性。网络上的应用多种多样,但其传播方式却并不都一致。有的媒体网站主要通过发表新闻性的报道来传播消息,这种方式在形式上显得更为正式,被接受和被信任的程度也更高,尤其是较为权威的网站。而论坛或者微博则是由版主或博主发表信息而引发评论或者转载,这种情况下对谣言的描述以及发布者的身份信用等对于网友的接受程度来说都显得至关重要。而 E-mail 则是将我们认为对他人有需要的信息通过邮件的形式发送给他人来传播谣言,这种情况下信息往往是在熟人之间传递,而这样的方式也与传统口传谣言最为接近,还有 QQ 群的信息传播也与此类似。

第四,传播速度快。互联网使得网络谣言传播的速度较之传统谣言有了质的飞跃。网络谣言的传播不需要复杂的讲述,而只要在网上轻点鼠标,动动手指头,几分钟之间,一传十、十传百,很快就人尽皆知。例如 2008 年 5 月 12 日 14 时 28 分 04 秒发生的汶川大地震,短短几分钟之内消息就传遍了全国,各大网站上铺天盖地都是有关地震的信息,虽然这不是谣言而是真实事件,但是关于网络信息传播的速度却是有目共睹,网络谣言的传播速度也同理可证。

四、传播模式的非线性

传统谣言的传播形式较为单一,对其传播模式进行归纳,可以发现其传播路径大体上有链状传播、树状传播、放射状传播[①]等多种方式,在传统谣言中链状与树状传播更为常见,但是在网络中往往呈现出放射状传播,同时也有这几种传播方式的综合。网络谣言的这种放射状传播的传播路径基本无章可循,呈现出一种无规律性,其所造成的影响也难以预测。如果说传统谣言的传播像"多米诺骨牌"一样,那么网络谣言在新媒体上的传播则像"乱石投水"一样,后者因为"蝴蝶效应"所产生的能量叠加远远高于前者。[②]

由于网络谣言的特殊成长地点是互联网,而互联网是一个虚拟的、匿名的交流场所,它的变化不能以某种方法来推理,它的影响具有不可知性而无法计算。谁也不知道下一秒钟,哪个事件又将成为热点,也没人能预料事件的过程、发展的方向等一系列问题。国内学者高红玲引入函数中的概念,将其称之为非线性传播,因为其具有非线性函数的突显性、不稳定性、不确定性、不可预测性等特征。[③]

五、互动过程中的自生成性

传统模式下的谣言,在传播过程中也会发生变化。一则谣言在流转的过程中,会被传播者结合自己的立场、身份、环境和人生经历添加自己的语句、理解乃至价值观。网络谣言与之有相似之处,但网络谣言的光速传播,使得谣言的传播过程和方式与以往有了很大的不同,甚至可以说发生了质变。这一变化主要体现为谣言传播过程中谣言制造者、传播者以及制造者之间、传播者之间有迅速的互动性,而这一迅速的互动过程使得谣言能够迅速进行自我完善,因而使得谣言更像是真的,更容易被误认为是真相。

"钓鱼"式谣言非常鲜明地体现了谣言的这一特点。"钓鱼"这一说法是近十几年产生的新型网络概念,用日常用语来说,就是"挖坑""设套",但其起源却与法律有密切的关联性。在法学中,有"钓鱼执法"之说,即"执法机关故意向当事人提供违法活动实施条件或创造特定环境,以引诱当事人实施违法行

---

① 高红玲:《网络舆情与社会稳定》,新华出版社 2011 年版,第 28 页。
② 周裕琼:《当代中国社会的网络谣言研究》,商务印书馆 2012 年版,第 257 页。
③ 高红玲:《网络舆情与社会稳定》,新华出版社 2011 年版,第 36 页。

为的一种自身违法的行为"。① 网络谣言的制造者制造谣言的动机与之类似，但其目的却与之不同，其目的更多的是通过诱导使相信谣言的人在一定范围内传播谣言之后揭露事实，进而对相信和传播谣言的人进行批评乃至侮辱，体现自己的"智力优越感"，其中有一部分谣言制造者还在此基础上宣传事实，将对谣言、谣言传播者的否定和批判，作为还原真实、坚持真相的方法。

迄今为止最著名的"钓鱼"式谣言源自一位名为"穆好古"的成都网民，出于对网络谣言的厌恶，他自己制造了"三亿五千万金卢布"谣言。有位华裔历史爱好者，在其所著的一本书中，引用了一张收据的图片。这张收据被认为"制作拙劣"，但却"屡屡被某些别有用心以及不明真相的群众引用"。"穆好古"就是这样别有用心的人，"穆好古"在网络上找到了毛体字的字库，用扫描仪、打印机等简单的工具，制作了一张"三亿五千万金卢布收据"，将其作为"境外敌对势力资助毛三亿五千万金卢布对抗政府"的证据。为了便于"钓鱼"之后有充分的证据"打脸"，还故意在内容方面留下许多破绽。② 确实，这一刻意制造的谣言引起了很多人的关注并成为其批判、否定现政权的证据，"钓鱼党"也在不断的"打脸"过程中享受了充分的智力优越感。

值得玩味的是，"金卢布谣言"之后，"钓鱼党"不断宣传这一事件，并逐渐引发了新的谣言：

某党史专业研究生 C 同学，在她的毕业论文《共产国际对中国革命的援助》中，竟将这张假图作为主要证据使用。由于 C 同学的导师出差，所以论文由校长审读，看到这个"证据"后，校长给了十六字批语："学术不端，道德低下，素质堪忧，立场不正。"此位女研究生认为自己是惨被潜规则的受害者，被邪恶的校长蓄意打压。"……被开除以后，她一直扬言要将我告上法庭。当然，我并没有收到期待中的传票。"③

后续的事实证明，这个女研究生的案例，也是一个谣言，而"穆好古"自己却对这出闹剧信以为真，他在写给《江淮晨报》的文章中串讲了这个故事。④

---

① 姚天宇、王勇：《"钓鱼执法"的行政违法性及其规制》，《政治与法律》2012 年第 6 期。

② 穆好古：《"三亿五千万金卢布"钓鱼始末》，http://blog.sina.com.cn/s/blog_c00b0f230102v27n.html，最后浏览日期 2016 年 6 月 30 日。

③ 穆好古：《"三亿五千万金卢布"钓鱼始末》，http://blog.sina.com.cn/s/blog_c00b0f230102v27n.html，最后浏览日期 2016 年 6 月 30 日。

④ 施爱东：《从"钓鱼谣言"现象看谣言如何产生》，http://www.21ccom.net/articles/china/gqmq/20150329122845_7.html，最后浏览日期 2016 年 6 月 30 日。

　　而后续的事实表明,这不过是穆好古的粉丝们在宣传被这个谣言钓起的鱼有多么傻的时候,在不断转发和传播的过程中,你一言我一语拼凑起来的一个新的谣言。这样,一个资深的"钓鱼党",在"钓鱼"过程中,反而被自己的粉丝在传播的过程中增加了"鱼饵",自己反而被"钓鱼"了。

　　这里,笔者想要表达的是:一个谣言,不管是谣言的制造者和传播者出于何种目的,往往会在传播的过程中以一种"不自觉"的方式添油加醋,增加新的内容,并最终形成一个或一系列新的谣言,甚至始作俑者都有可能被自己所制造的谣言产品的"升级版"或后续产品所蒙蔽。这意味着,谣言在传播过程中具有自生成性,会基于一个谣言产生更新、更逼真、更容易被相信的谣言,以至于最初的谣言制造者都可能相信。而网络的光速传递,使得网民之间可以进行迅速互动,这种互动的过程就是一个新谣言自生成的过程,使得新谣言可以在极短的时间内,在一种集体无意识的情况下迅速产生。与此同时,自生成的过程也是谣言自我完善的过程,它有可能在传播过程中被不同的网民不断修改其内容,使得"钓鱼"的内容不断变少,同时被添加更多的、或真或假的非钓鱼内容,使得谣言更具有吸引力和真实的表象,因而被更多的人信任。

第二章　网络谣言的传播与接收

　　治理意味着运用横向的市场力量和纵向的国家权力来对某一行为进行全方位的疏浚、引导、调整和管治。治理网络谣言,要在承认人们有言论自由的基础上对其进行治理。想要治理好谣言,就不能仅仅考虑动用国家权力"一禁了之"。而应该在探索、理解谣言产生、传播和接收原因与机理的基础上,针对其特点"有的放矢""对症下药",才有可能将其治理好,进而接近和达致"善治"。

　　因此,有必要思考和追问谣言产生与传播的动机问题,动机涉及复杂的内心活动,涉及个人对某一行为的理解和认知,是复杂的心理学和认知科学问题。在现有的科技条件下,对于一个人所思所想进行神经科学的研究虽然已经有了很大的进步,对法律与认知神经科学的研究也有了一定的进展,但仍然缺乏具有足够说服力的研究成果。因此,本章将主要立足于大众心理学和社会心理学来分析谣言产生与传播的动机问题,也就是说,从人们的外在行为来推定人们的所思所想,并将此作为谣言研究的前置性知识。就谣言产生与传播的动机而言,其核心原因就是——需要,需要是人的一切行为的源泉,也正是需要推动了网络谣言的产生和传播。日常生活中,人的任何有意识的行为都由特定动机所支配,而需求是将动机转化为行为的直接动力,网络谣言不是平白无故地产生,而是发布者某种意图的体现,是为了满足他的某种需求。

第一节　谣言传播的动机

一、政治或军事目的

　　出于政治或军事目的而传播谣言十分常见,这种情况下的谣言生成与传播通常都具有明确的目的性。最初谣言的研究就是从二战期间开始的,战争谣言对军队士气造成了一定的影响,或许这就是恶意传播者所期望达到的目的。在抗美援朝时期,一些在新中国成立和建设过程中利益受到冲击和损害的群体,主要是各地残存的匪特和地主乘机加紧活动,散布各种引发社会不稳定甚至动荡的谣言,如在中南地区,朝鲜战争爆发后,世界大战的谣言广为流传,甚至个别地区由此引发了暴乱。① 时至今日,政治上的谣言传播更是司空见惯,在选举中尤其常见,其目的是给竞争对手造成威胁。如 2006 年底我国台湾地区高雄市长选举中,民进党捏造"走路工事件",致使国民党候选人黄俊英竞选失败。② 在此之前,1998 年,国民党的吴敦义在选举中败在伪造的"绯闻录音带"上。③ 这种通过制造谣言诋毁对手,以求赢得选举的方法,被称为"奥步",闽南语中,"奥"意为"不好""差","步"是"想法""招数","奥步"就是违反公平竞争,非正义或者非法的手段、阴招、损招。④ 为此,国民党在 2007 年 10 月成立了"民进党选举奥步研究所",研究应变之策。⑤ 甚至在 2011 年底的台湾竞争力论坛上,台湾竞争力论坛的执行长专门以"2012 总统大选之'奥步与危机'防制分析"为题专门研究该话题。

---

① 侯松涛:《试析朝鲜战争爆发后中国政府对相关谣言的应对与处理》,《中共党史研究》2008 年第 4 期。

② 走路工,源于闽南语"行路工",代劳报酬的文雅说辞,选举中指小额买票行为,候选人为吸引选民支持,制造人气,通过桩脚或者辅选系统,以现金(一般以车马费、茶水费为名)或礼物动员选民。12 月 9 日凌晨,距离高雄市长选举投票还有几小时的时候,民进党籍候选人陈菊阵营突然召开记者会,由三男两女等 5 名证人出面,指控当天参加黄俊英阵营的晚会夜间回程时,搭乘的游览车上有人发给"走路工"新台币 1000 元,并当场播放了相关录影带。当天陈水扁也放话称,高雄传出有候选人发放"走路工"。投票当晚,高雄市长选举揭晓,黄俊英以微弱差距落选。参见任海明:《民进党自导自演?"走路工事件"疑云重重》,http://news.xinhuanet.com/tai_gang_ao/2006-12/13/content_5477765.htm,最后浏览日期 2016 年 6 月 30 日。

③ 民进党主席谢长廷 10 年前与国民党民意代表吴敦义竞选高雄市长,选举投票前,吴敦义被爆料有绯闻录音带,这盘选前突然出现的绯闻录音带,让吴敦义的形象大打折扣,也帮助谢长廷以 4000 多票的微小差距胜选。参见邱梦颖:《吴敦义绯闻录音案侦结 谢长廷:迟来的正义》,http://www.huaxia.com/jjtw/rdrw/2015/06/4433719.html,最后浏览日期 2016 年 6 月 30 日。

④ 苏永通等:《解读台湾选举词典:"奥步"即代表阴招》,http://news.sina.com.cn/c/2008-03-06/102515088890.shtml,最后浏览日期 2016 年 6 月 30 日。

⑤ 蔡子强:《台湾选举中的子弹和"奥步"》,http://star.news.sohu.com/20120116/n332288394.shtml,最后浏览日期 2016 年 6 月 30 日。

二、谋求经济利益

为了自身经济利益而制造和传播谣言是常见的现象。这可以分为两种情况,一种是在市场竞争中通过诋毁竞争对手而获得更大的市场份额,进而获得更大的收益。在通过谣言争夺市场的过程中,可能还存在着精细化的工作分工。著名的网文《金龙鱼,一条祸国殃民的鱼》就颇具有代表性。该文借助了"阴谋论"思维,讲述了欧美一些前国家领导人与"金融大鳄"索罗斯等人召开了一个汇集全球精英的会议,会议的结论就是如果要保持这些精英领导下的世界经济繁荣,地球上就只能保持 10 亿人口,其余 40 多亿的人口则被视为"垃圾人口",而让这些人吃转基因食品则是消灭他们成本最低、收效最大的办法,然后将生产和销售转基因食品视为一种可以与纳粹集中营用生化武器大屠杀相提并论的行为,继而强调金龙鱼食用油是转基因油,其不仅通过低成本摧毁了中国的大豆产业,还用化学浸出法产生铅汞残留和反式脂肪酸这两种"强致癌物",进而摧毁中国人的身体健康,对中国人进行种族灭绝。[①] 经查证和审理表明,该网文是北京赞伯营销管理咨询有限公司咨询部策划总监郭成林所发。2010 年 8 月,赞伯公司与山东鲁花集团有限公司签订了《营销策划咨询协议》,约定鲁花集团提供 180 万元人民币的服务费,赞伯公司提供营销整合服务,其中包括撰写四篇软文。最后,深圳市南山区法院判决郭成林犯损害商品声誉罪,判处有期徒刑一年,并处罚金一万元。[②]

与直接或间接参与市场竞争,作为一方的竞争助手收取服务费来传播谣言获利不同,另一种通过制造和传播谣言获取利益的方式是利用"眼球经济"。"眼球经济"意味着只要吸引了人们的眼球,得到人们哪怕非常短时间的关注,就有可能通过广告收入为当事人带来极高的收益,它在一定程度上成为媒体在最短时间内获得最大收益的重要盈利方式。在这种利益诱惑下,媒体自觉或不自觉地向"标题党"靠拢,通过耸人听闻的标题来吸引公众的关注,并将这种短暂的关注转化为收益。在网络时代和自媒体时代,电脑和智能手机的广泛使用,使得人们原有的阅读方式发生极大的转变,阅读日渐变得"碎片化",这为"标题党"和"眼球经济"的迅速发展带来极大的便利,也催生了大量不同

---

① 郭成林:《金龙鱼,一条祸国殃民的鱼》,http://www.xici.net/d137995121.htm ,最后浏览日期 2016 年 6 月 30 日。

② 游春亮:《网上发表文章攻击金龙鱼不具公益目的》,载《法制日报》2011 年 07 月 15 日第 08 版。

种类和性质的谣言,以吸引眼球,获得收益。如网络大 V"民生哥"吴某经营多个微博和微信平台,多次制造谣言并利用这些平台传播,如发布"泉州地区 KTV 小姐中 56 位患有艾滋病,并且某大酒店 KTV 就有七八位……"等吸引眼球和关注的谣言,通过谣言吸引注意之后再通过发布广告盈利,每月收入达到 20 余万元,为此曾被警方三次拘留。① 值得注意的是,基于吴某在网络上的影响力,当地政府为了推广旅游业,聘请其担任旅游宣传员,在被网友指出并批评之后,当地政府又以接受网友批评、虚心改过的姿态撤销了吴某的宣传员身份,让该政府短时间内在网络上备受关注,也成功地借助网络谣言的生产者提高自身的关注度,"巧妙"地借助"标题党"和"眼球经济"给当地政府及其旅游业进行了一次营销。②

与"眼球经济"密切相关的是"粉丝经济","粉丝"一词来自英文 fans,意思是指某类群体、运动或行为方式的"爱好者",现在已经成为表示爱好或追随某种行为或某个明星的痴迷者和追随者的代称,由此而产生了"××粉"的称呼,而吸引众多"粉丝"的人、群体或组织,则被称为网络大 V,即他们在网络上非常活跃或非常具有影响力,有众多粉丝。在任何时代,追随者人数的增加,都意味着影响力和话语权的增加和强化,而互联网则提供了一个迅速增加"粉丝"同时让"粉丝"迅速互动的平台,进而使得某一个体或群体、行为或行为方式的"粉丝"可以在短时间内几何级增加。这种激剧增加的"粉丝"数量,带来了"粉丝经济"。"粉丝经济"意味着,通过某个明星或网络大 V 发布广告,可以获得大笔收益。比如,笔者有一友人为网络大 V,虽然粉丝只有几十万,但他自称每发一条新浪微博以"软文"方式推销某种产品或服务,就可以获得千余元的广告费。

"眼球经济"和"粉丝经济"为谣言的传播提供了动力与途径。这是因为,谣言的传播靠的是重复的力量,一己之力无法成事,因此,雇佣传播的情况就出现了。此时,谣言的制造者或传播者与谣言的内容没有直接的联系,甚至可以说他们只是传谣的工具,这在网络上尤其常见——近年来网络上大肆横行的"水军"便是如此。他们只要按照要求对某些言论进行评论,或者转发,就可以获得一定的利益,他们的行为也使得谣言的传播更加水到渠成。

————————

① 陈强:《三度造谣被拘的大 V 竟成旅游宣传员》,http://tech. ifeng. com/a/20160202/41547718_0.shtml ,最后浏览日期 2016 年 6 月 30 日。

② 陈强:《"民生哥"成漳州旅游局宣传员遭质疑 曾三次造谣被拘》,http://www.qzcns.com/qznews/2016/0201/431008.html ,最后浏览日期 2016 年 6 月 30 日。

三、满足心理需求

人生存于世上,有着各种各样的需求。人们的各种行动,也都直接或间接地服务于个人不同的需求。如果说前述两类制造和传播谣言的动因是政治、军事和个人利益的话,那么还有一些谣言的产生与传播与前述利益无关,而是源自某些人的心理需求。马斯洛将人类的各类需求划分为五种,按层次逐级递升分别为:生理上的需求,安全上的需求,情感和归属的需求,尊重的需求,自我实现的需求。[①]

有的谣言产生与传播的原因是当事人"求关注"的心理。时至今日,虽然中国依旧是世界上最大的发展中国家,仍有一些人生活在温饱线上,但对于大多数人来说,基本的生存需求已经不再是其面临的首要问题,精神需求在人们的生活中日渐获得更大的权重,当有些人的精神需求在正常的生活状态下和现实的社会生活中无法满足的时候,他们便将眼光转向了网络。通过传播谣言能够获取他人的关注或尊重,满足其精神需要。有心理学家认为,当这种需要得到满足时,能增加一个人的安全感,[②]因此,为了获得他人关注的快感而传播谣言便不足为奇了。有些人为了使自己更多地被别人关注,往往会发布一些吸引人眼球的信息,很多情况下谣言便混杂其中,他们对于自己发布或转载的信息获得其他人的回应和点击率的追求远远超过了对信息本身的了解及关注,他们渴望得到他人关注自身的需要盖过了对信息的识别。比如,"专修楼房漏水"的面包车是抢孩子的作案工具,香皂一闻就能让人昏迷,[③]"昨夜凌晨,在学生街某酒吧楼下发生打架事件,造成一死两伤"[④]等谣言。当面对警方询问时,谣言的制造者或主要传播者的答案通常是为了"求关注"或寻找刺激。

有些谣言的制造与传播源自当事人的报复心理。如果说这类谣言的产生与传播是针对不特定多数人的话,还有一种谣言是为了恶意中伤他人,通过实施给他人声誉和生活带来的贬损这样"损人不利己"的行为给自己带来心理上的快感或满足感,这些人可能因为自己受到了某种伤害而想要报复社会,也有

---

① [美]马斯洛:《动机与人格》,许金声等译,中国人民大学出版社 2007 年版,第 40~54 页。

② 江万秀等:《谣言透视》,群众出版社 1991 年版,第 108 页。

③ 苏宫新、陈月飞:《2015 江苏十大网络谣言发布 警方提醒:别让谣言骗了你》,载《新华日报》2016 年 1 月 31 日第 02 版。

④ 吴亚东:《学生为求关注根据网友猜测撰写散布谣言被查》,http://china.findlaw.cn/info/xingzheng/zhianchufafa/anli/1154702.html,最后浏览日期 2016 年 6 月 30 日。

可能是出于嫉妒或者愤怒的心理而传播谣言,这些谣言的生命力一般都很强,且针对个人的居多,易于扰乱视听,引发质疑,会使人们的名誉信用受到严重的伤害。比如"艾滋女"闫德利事件,该女士的前男友为了报复她,在博客上以闫德利名义发布了"279名曾与自己发生过性关系的男性手机号码,并称自己身染艾滋病",而这些所谓"性接触者"的手机号码,一夜之间传遍了全国各大论坛。事后查明闫德利并未患有艾滋病,其前男友杨某由于涉嫌传播淫秽物品罪和危害公共安全罪被刑事拘留。[①] 之所以会有大量这样的现象,有学者认为人性中的恶是谣言滋生的土壤和温床,[②]或许这是谣言产生和传播的重要原因之一,但这一简洁明了的判断或许遮蔽了问题自身的复杂性。

有些谣言的传播源自传谣人的兴趣。有的人不一定制造谣言,但是谣言的积极传播者,而他们之所以这样做,完全出于对谣言的内容感兴趣。人们常用"兴趣是最好的老师"来表示兴趣在人们学习、生活过程中的重要作用,在谣言的传播中也是如此。当然他们的兴趣本身在主观上可能并不是传播谣言,而只是喜爱对事情进行讨论或者重复选择,他们一般缺乏高度的社会责任感,仅仅认为这很有趣而宣扬却不去考虑这样可能造成什么后果,因为这都比不上"有趣"来得要紧,这也在客观上促进了谣言的传播。另一方面,对谣言内容的兴趣也是传播谣言的动因之一。奥尔波特曾说过,"谣言的产生并在同源社会媒介中流传是由于传播者的强烈兴趣造成的。有时候兴趣与谣言之间的关系是如此密切,我们可以把谣言简单地概括为一种完全的主观情绪状态的投射"。[③] 我们也要认识到,谣言的种类千奇百怪,任何谣言的传播都不是平等地传给社会上的每一个人,而往往是传给那些对谣言内容密切关注的人,传给那些对谣言内容有浓厚兴趣的人,传给那些与谣言内容有牵连关系的人。不论是对"传播"的兴趣还是对"谣言"(内容)的兴趣,都是谣言传播的巨大推动力。

还有的人传播谣言,是为了满足好奇或猎奇的心理。在这种心态的驱动下,越是别人不让自己或不希望自己去做的事,越想要去做,要看个究竟。人们在自己的工作和生活中,会对自己认为新奇的东西表现出很大的兴趣和热情,既愿意打听,也愿意传播,在这过程中人们可以获得快感。谣言,尽管未经

---

① 王卿:《三次检测证实:艾滋女事件主角闫德利未患艾滋》,http://news.enorth. cn/system/2009/10/20/004240626.shtml,最后浏览日期2016年6月30日。

② 夏明钊:《谣言这东西》,海天出版社1999年版,第110~112页。

③ [美]奥尔波特等:《谣言心理学》,刘水平等,辽宁教育出版社2003年版,第24页。

证实真假不明,但一般不乏适时新奇的特点,对人们的吸引力不言而喻。人们遇到新奇事物总是免不了要品评一番,这种心态和行为方式,为谣言的传播插上了翅膀。可见,谣言内容上的新鲜感对于谣言的传播也起着一定的作用。

还有一些人,出于对真相或真实的追求而传播谣言。作为社会成员,没有一个人愿意与世隔绝,而人与社会联系的重要媒介就是各种信息。人需要信息,这是人类的社会本性所决定的,在现在这个信息比什么都宝贵的年代更是如此。但是如果在某种特殊的环境中,在正常的信息渠道遭到破坏,信息严重缺乏的情况下,谣言就有可能代之而起并迅速传播,因为它在一定程度上满足了人们对信息的心理需求与渴望。越是在信息缺乏的时候,人们就越会不假思索地、贸然地接受各种谣言,并且乐于传播,这也是为什么在动荡的战争年代或者有大灾难发生之后谣言更容易传播的原因。这时,谣言的传播不仅仅是人们对信息极度渴求的自然反应,也可以在一定程度上为信息的获知提供帮助。当谣言越传越广,影响了社会稳定,惊动了官方或者相关权威机构,使得他们不得不出来澄清事实的时候,人们也就达到了获取信息的目的。这就是所谓的"谣言倒逼真相"①。

第二节　谣言能够被传播的原因

不是所有的信息都能称作"谣言",也不是所有的谣言都能被广泛地传播,有些谣言能够在很长一段时间过后仍然经久不衰,而有些谣言只是在产生之初昙花一现之后便销声匿迹;有些谣言能够沸沸扬扬传播全国,有些谣言却只能在小范围的群体中小打小闹地传播。从因果关系的角度来看,某一事物之所以存在,是因为有其存在的原因。这些因果之间的关系可能非常曲折复杂,甚至超出人们特定时间与范围内的认知能力,就像"蝴蝶效应"所说的那样,亚马逊丛林中一只蝴蝶偶尔扇动翅膀,或许会在几周之后引发美国西部的龙卷风。一件十分微小的事件或变动经过种种自然或社会因素的偏移、扭曲、放大,会对未来的状态产生极大的影响。但任何事物的产生与发展,即便受"蝴蝶效应"的影响,事物发展的过程中也会留下一定的痕迹,不是"羚羊挂角、无迹可寻"。一般而言,若要了解事物产生与变迁,都有必要了解其所存在的宏观与微观因素。谣言的产生与传播也是如此。

---

① 叶铁桥:《"谣言倒逼真相"说多可怕》,载《中国青年报》2011年11月16日第07版。

一、宏观透视

真实世界中的谣言源于社会并传播于社会。网络谣言则源于网络,传播于网络和真实世界,真实世界中的人们从中吸取自己相信的信息,然后继续在网络和真实世界中传播。这种真实世界与虚拟世界中谣言的往返流转,使得谣言如同科幻小说中的怪物蠕虫,吸取来自不同世界的信息使自己不断强大,并经由虚拟世界影响真实世界中人们的思想和行为。与科幻小说不同,在我们所身处的世界,虚拟世界虽然在某种意义上与真实世界并行,却依附于真实世界,对于网络与网络谣言的所有研究,都无法脱离真实世界这一土壤和载体。因此,理解并研究谣言,从宏观的社会背景切入,是我们前置性和启动性的工作。

(一)社会环境

纵观谣言的历史可以发现,能够载入史册的谣言必然伴有大事件的发生,正如奥尔波特所言"从未有一场骚乱的发生不带有谣言的鼓动",每一次政权更替的背后都有谣言推波助澜,每一次大灾大难发生之际都是谣言肆虐之时。上文也曾提及,社会的急剧变迁和社会环境剧烈变化是助长谣言的一个重要因素,网络谣言的兴起也是如此,其内在动力便是对相关信息的需求与信息匮乏之间的矛盾。社会产生激剧的变迁乃至动乱之时,人们的生活具有非常大的不确定性,对未来的生活变化缺乏掌控力,此时,人们渴求真实或正确的信息,而这种需求在这一场景下又难以满足,在这种情况下,人们以及整个社会就有了盲目接受或传播谣言的心理基础。在这一心理的驱使或影响下,谣言的传播就变得相当顺利甚至自然而然了。

同时,我国目前正处于急剧的社会转型时期,尽管对社会转型有不同的理解,但从整个社会来看,主要包括以下方面的转型:首先,是经济方面的转型。我国经济的发展经历了从严格控制到部分放开再到全面放开这一过程。其对应的经济与生产方式分别是计划经济、"鸟笼经济"(有计划的商品经济)和市场经济。经济方面的转型不仅意味着由市场对资源配置起到基础性作用,还意味着经济增长方式的改变,强调经济发展的可持续性、集约性、低碳性、技术创新性和"共同富裕"。其次,是社会的转型。随着工业化的进行,我国在工业发展、融入全球经济的同时,也紧随全球化的步伐,步入了风险社会的时代。在风险社会中,人们面临超出自身感知能力的不测风险,包括放射性污染、空气污染、水污染、食品安全等可能引发的危险和动植物与人类行为所引发的各种类型的风险。由于人们的社会地位和经济地位的不同,人们处于不同的风险地位,但只要处在人类文明社会中,总有一些风险是无法排除和必须面对的。①

无论是经济转型还是社会转型,都给人们的生活带来较之以往更多和更大的风险,这些来自社会、国家乃至国际范围的外源性风险,容易给人带来"失控"的感觉,会让人感到相对于变幻莫测的外部环境和不测的风险,自己难以掌控自身的命运。进而将社会变迁中的某些现象和问题视为对社会道德根基的破坏,而陷入"集体道德恐慌"②,即公众被错误或夸张的信息所影响乃至支配,由此而集体性地产生过分夸大风险或带有恐惧心理的反应,这种恐慌最终通过谣言宣泄而出。在这种"失控"与道德恐慌的状态下,人们的理智会受到影响,行为也会较日常行为有所不同,而谣言的内容似乎更迎合这种"恐慌"心态,这种心态和前述诸多因素汇聚一起并产生"化学反应",因而使得谣言有机可乘,被人们相信并进而形成病毒性传播。

（二）文化传统

每一个谣言的产生与传播都带有时代与社会的烙印,与社会的文化传统密切相关,受到特定文化背景影响。"文化"一词,本身具有非常丰富乃至过于宽泛的外延,有着诸多不确定的影响因素,甚至本尼迪克特将其称为神秘莫测的力量与疯狂混乱的个性的结合物③,因此很多时候需要对其限定才能避免变成空空洞洞的名词进而毫无意义④。但它也有一些较为通约和固定的内涵,苏亦工教授梳理了诸多文献,指出文化概念至少有以下一些内容:它源自社会,是社会的遗产而非个人生理遗传;它是群体共同认可的道德标准和价值观念,不是简单的个人行为或个人行为的叠加;它是一种生活方式,涉及某一群体生活的各个方面。⑤ 此外,它不是一朝一夕之间产生的,而是一个国家的人民经过千百年的积累而形成的传统。在这个意义上,人们对谣言的反应毫无意外地会受到传统文化的影响,谣言传播中公众的心理和行为也不可避免地带有文化色彩。无论是传统谣言还是网络谣言都逃不开这文化结成的网,

① ［德］乌尔里希·贝克:《风险社会》,何博闻译,译林出版社 2004 年版,第 20～23 页。

② 景军:《艾滋病谣言的社会渊源:道德恐慌与信任危机》,《社会科学》2006 年第 8 期。

③ ［美］马文·哈里斯:《母牛·猪·战争·妖巫——人类文化之谜》,王艺译,上海文艺出版社 1990 年版,第 114 页。

④ 梁漱溟:《东西文化及其哲学》,《梁漱溟全集》第 1 卷,山东人民出版社 1994 年版,第 330～331 页。

⑤ 苏亦工:《文化与法——也谈贺麟先生文化体用观》,《中国高校社会科学》2014 年第 3 期。

也可以称作谣言的"文化心理"①。

因此,如果想要有效地规制谣言,就要对谣言所产生与传播的机理有很好的解释,而要了解这一机理,首先要对谣言产生与传播的文化背景有深刻的理解,也就是说,不能简单地就谣言谈谣言,要在整个大的文化背景下、在结构主义的视野中对谣言进行理解和分析。结构主义不仅是一种理论、一种活动,更是一种理解事物及其内在逻辑的方法。② 在结构主义的视野中,整体不是部分的累积或叠加,社会也不是原子化个人的简单相加或组合,整体是部分的有机结合,社会是每个个体的思想、行为、活动进行了"化学反应"之后形成的一个有机体。它是一个新的观察视野和研究框架。正是基于此,同样是关于巫蛊的谣言,中外的巫蛊事件背后却有不同的运行机理,即便是在中国,不同的历史时期的巫蛊谣言,也有不同的原因或影响因素。

比如,在中国汉代的"戾太子"事件中,产生了大量的巫蛊谣言,说是太子对汉武帝施行了"巫蛊之术",即用桐木制作木偶,将其作为自己的仇人或其他想要诅咒的人的替代,并将其埋入地下,这意味着将被诅咒的人埋葬,然后念咒表达自己的意愿,同时通过祭祀祈求鬼神帮忙保佑自己的法术能够成功,被诅咒的人得重疾或死亡。汉武帝相信江充等人的谗言,认为太子对自己实施了巫蛊,在江充搜查太子家宅的时候,也"的确""找到"了桐木的小人,于是引发了父子之争,进而引发了大规模的战斗,最终太子全家几乎被杀戮殆尽,武帝也追悔莫及。太子对皇帝实施巫蛊的谣言,看似"风起青蘋之末",静悄悄地发生,其实在当时的文化政治背景下,有其产生的必然性。这里面涉及皇后卫子夫背后的卫青、霍去病外戚家族的权势对政局的影响、涉及汉武帝和太子刘据之间皇权的移转及移转过程中其他皇子及其家族外戚势力的影响、涉及分别依附于皇帝和太子的不同权臣之间的利益和权势冲突、涉及西汉时期巫蛊之术的流行等因素。正是这些因素起了充分的"化学反应"之后,引发了太子对皇帝实施巫蛊的谣言并导致了最后的悲剧。与之类似,在 1800 年之后的清朝乾隆年间,也发生了所谓"叫魂"案件,有各种"小道消息"四处传播妖人通过剪发辫、衣服等手段来"叫魂",摄取了别人的魂魄之后为非作歹,这个谣言从

---

① 文化心理是指人在一定的语境中具有的对一定的文化刺激所做出的该文化所规定的反应,即特定文化中的人内在固有的对刺激的解释和以此为基础表现出的行为模式或方式。摘自石慧敏:《传统文化心理与谣言传播中的公众态度和行为》,《中北大学学报(社会科学版)》2011 年第 3 期。

② 王向峰:《结构主义遭遇到了怎样的德里达》,《社会科学》2010 年第 10 期。

江南不断扩散,遍及全国,搞得老百姓和一般官员都人心惶惶、疲于奔命,甚至让乾隆皇帝头疼不已。虽然这不过是一场"庸人自扰"的闹剧,但一定程度上反映了当时背景下皇朝的合法性危机,国家处在灾难局势的爆发点。①

值得一提的是,无论是汉朝的"戾太子"事件,还是清朝的"叫魂"事件,无论是巫蛊还是叫魂的谣传,这种"妖术"都跟中国的传统文化有关,都与道家学说和民间传说有不可分割的关系。或者说,无论哪一种巫术的谣言,在中国这个背景下才有影响力和杀伤力,甚至引发帝国最高统治者的关注,而这都立足并产生于中国传统民间宗教和道家理论之上,与中国的鬼神文化密不可分。

尽管人们对世界的认知越来越深入,越来越广泛,但总有一些事物是超出某个时代的人们所能理解和认知的范围,因此才有了对超自然力量的信任、尊崇乃至膜拜,才有了各种鬼神文化和宗教信仰。在这个意义上,四处皆然,世界各地都有类似的现象,相信有超自然的力量是一种普遍的现象。与中国不同朝代的巫蛊事件相似,在西方也广泛存在着传播巫术而烧死妖巫的现象。有学者认为,在 15 到 16 世纪期间,欧洲有五十万人因为被判传播巫术的罪行而被处死。② 一开始,教会坚持认为妖巫飞行是魔鬼制造出来的幻觉,500 年后,教会强调这是有幻觉的人与魔鬼串通一气,再后来,教会又强调妖巫飞行是既能存在于精神中也能存在于现实中的行为,并将否认这一观点的说法视为异端邪说。这些巫术造成了包括丢失牲畜、婴儿死亡、疾病伤残、精神残疾等等各种灾祸。③ 因此,欧洲在中世纪兴起了追捕妖巫的热潮。这一荒谬的行为当然与十三、十四世纪欧洲的军事弥赛亚起义此起彼伏和宗教改革这一政治环境密切相关,与宗教和世俗力量的纷争有关,是教会与世俗当权者把中世纪末期的社会危机从自己身上转嫁到想象中的魔鬼身上以转移人们的关注点。④

中国与欧洲都存在着关于超自然力量的谣言,且在一个时期内广泛传播,并对政治、军事、社会都产生了重大而深远的影响。不过,对于中国人而言,很难相信妖巫都爱骑着扫帚柄满天飞行——中国人似乎更相信腾云驾雾而不是骑着一个实体化、具形化的扫帚,但是欧洲人就相信,而且在 16～17 世纪还广

---

① 陈谦虚、刘昶:《叫魂案和乾隆的"合法性焦虑"》,《读书》2013 年第 4 期。

② [美]马文・哈里斯:《母牛・猪・战争・妖巫——人类文化之谜》,王艺译,上海文艺出版社 1990 年版,第 139 页。

③ [美]马文・哈里斯:《母牛・猪・战争・妖巫——人类文化之谜》,王艺译,上海文艺出版社 1990 年版,第 151 页。

④ [美]马文・哈里斯:《母牛・猪・战争・妖巫——人类文化之谜》,王艺译,上海文艺出版社 1990 年版,第 155～173 页。

为传播,甚至脍炙人口。① 这说明谣言的传播,与它所存在的文化背景有关。在佛教和道教盛行的中国,基督教女巫骑扫帚飞行的谣言就很难被人们相信,人们甚至难以对上帝这种异质文化中最权威神圣的形象聊表敬意。与之类似,在基督教文化居于主导地位的中世纪欧洲,在无法理解"身体发肤受之父母,不敢毁伤,孝之始也"的欧洲,恐怕也无法理解和接受通过收集头发叫魂的谣言。因此,伊拉克人民可能接受一则在加拿大或美国人看来完全没有吸引力的谣言,西藏人民也可能相信一则在北京人民看来荒唐可笑的谣言。

即便在当前社会,在文化交流乃至融通的现代化国家,仍然有不少基于当地的文化而产生的"地方性"谣言。比如,宝洁公司使用了一百多年的商标因为弯月形和众多星星勾画出的数字"666"(图 2-1)而饱受诟病,业绩和声誉都受到影响,最后不得不放弃。② 对于一个没有宗教基础的中国人可能觉得无法理解,而在美国人眼中,"666"是魔鬼撒旦的象征,是他们特有的宗教文化与传统造就了这样的谣言。或许这是只属于美国人或者基督教国家的谣言,在没有这样基础的国家是无法流传的。

有关魔鬼谣言的攻击对象:
宝洁公司的商标

商标　　　　　　　　　破译后的商标

图 2-1

---

① [美]马文·哈里斯:《母牛·猪·战争·妖巫——人类文化之谜》,王艺译,上海文艺出版社 1990 年版,第 139～140 页。

② 宝洁公司,这个世界上最大的日常生活用品公司,其商标曾经受到过谣言的袭击。宝洁公司的徽号上,绘有一个罗马神话中的主神朱庇特式的老人侧像,目光直视他前方的十三颗星星(意为向当时美国的十三个州致敬)。谣言首先瞄准弯月形,说它是明显地暗指月亮教派及其创始人的反基督教化身,这也就罢了,然而,谣言又转向这个标志的其他更具有启示性的方面:图案上众多星星"勾画出"数字 666,根据《启示录》的解释,666 是撒旦的数字,这个数字还出现在老人胡须的褶皱之中(见图 2-1)。这个谣言使得宝洁公司不堪其扰,业绩和声誉都受到了严重的影响,最后,宝洁公司不得不改变这个自创建起就出现并且已使用了一百多年的标志。案例来自:[法]让·诺埃尔·卡普费雷:《谣言:世界最古老的传媒》,郑若麟译,上海人民出版社 2008 年版,第 31 页。

(三)信任缺失

信任的缺失与道德恐慌相应,也是网络谣言得以传播的因素之一。信任是一种心理机制,它是在互惠与合作中不可缺少的要素,所以阿罗强调信任是经济交换的润滑剂,是控制契约的最有效的机制,是含蓄的契约,是不容易买到的独特的商品。① 社会学家科尔曼认为,信任是一种社会资本,可减少监督与惩罚的成本;信任少感情,多计算,信任的双方——托主与受托人都是理性的,信任是制约搭便车的冷酷工具;群体中的团结是有意识的产物,产生于共同利益的直接交流。② 这种基于理性选择理论对信任的解释有一定道理,但在信任、团结与合作的产生上过于强调理性的因素,忽视了传统与习俗的作用;在信任的社会功能上过于强调个体的功利层面,忽视了信任与群体凝聚和社会秩序的关系。尽管如此,无论在何种社会,信任都是一种稀缺资源。它通过在人与人之间营造一种可以信赖的氛围,降低人与人之间交流的成本,进而降低政策、法律实施的成本,让国家和社会更有效地顺畅运行。从结果的角度来看,信任增加了确定性和预期,从过程的角度来看,信任增强了言说者的话语和观点的可接受性,降低了论证的环节、过程和成本从而把节省下来的资源用于其他领域,在总体上提升全体福祉。

信任所指涉的内容与范围很广泛,既存在于平等主体的朋友之间,也可以将范围扩大至社会与政治范围内。《论语》中对父母曰孝,对兄长曰悌,对君王曰忠,对朋友曰信。为什么只有对朋友的道德才称信?郑也夫认为,或许因为父母有血缘的凝聚力,君王有霸权的威慑力,朋友的关系中才最包含风险,这之中的道德才堪称"信"。孔子时期,谈我们当前称之为信任的那个"信"时,或指君子,或指做人的道理,较少直指社会和政治。但也有个别语句反映了孔子对信任和社会关系的看法,如民无信不立。③

谣言的产生与传播,与信任有密切的关联,但并非必然此消彼长的逆向关系,而是存在着信任能够促进谣言的传播,也能遏制和阻碍谣言传播的关系。在中国,人与人之间的关系,很大程度上符合费孝通所言的"差序格局",依照血缘和地缘的亲疏程度来产生不同程度的私人联系,人们之间的对道德标准和行为标准的要求,也随着这种亲疏程度的不同有着不同的关联度。在这个意义上,人与人之间的信任很大程度上与这种"差序格局"有密切的关联。这

---

① 郑也夫:《信任论》,中国广播出版社 2006 年版,第 60 页。
② 郑也夫:《信任论》,中国广播出版社 2006 年版,第 60 页。
③ 郑也夫:《信任论》,中国广播出版社 2006 年版,第 10~11 页。

是一种情感上的关联,也是一种人的理性的体现。这是因为,从情感方面来说,相对于一个陌生人或关系疏远的人,一个和自己有亲密情感交流的人,更容易关心自己的各项事务,自己也更容易基于这种情感对其产生更高强度的信任。从理性的角度来看,经过反复合作和多轮博弈的,相信与自己关系亲近的人无疑是成本最低、对自己最为便利的行为方式,而且这种模式也基本能够接受实践的检验。这种亲疏程度可以在正向、也可以在反向上影响人与人之间的信任。对于一个普通人而言,当自己的家人或关系密切的朋友和一个陌生人在告诉自己相反信息的时候,相信哪一方几乎是不言而喻的事情。

如果说,人与人之间由于个体的情感和理性更容易产生信任,那么这种信任可能会遏制或阻碍谣言的传播,但也有可能会让谣言传播得更加迅速、范围更广。这是因为,正是特定主体之间的信任关系,让他们更容易相信具有亲密关系的人制造或传播的谣言。因此,仅仅基于个体之间的情感或理性,不足以充分解释谣言的传播,也不能有效规制谣言。也就是说,谣言得以产生和传播,未必是个体之间缺乏信任的结果,而更有可能是缺乏一种社会信任的结果,这种社会信任,指的是社会范围内整体意义上的信任,它不是个体之间信任的简单叠加,而是个体之间信任在整合或发生了"化学反应"之后形成的一种集体性的、可以被称为"文化"的信任。在这个意义上,谣言未必会止于智者,即便此时智者可能是具有理性和情感的完美个体,但谣言会止于理性的社会信任、止于即便人们没有紧密的血缘或地缘关系但仍乐于对他人信任的氛围中。正是这种信任的缺失撼动了人们的心理,使谣言的入侵变得轻而易举。国家和社会"无信而不立",缺乏血缘和地缘紧密关联的人们之间信任缺失或不足,这样的社会将成为谣言任意驰骋的舞台。

二、微观透视

对问题进行富有说服力和解释力的研究需要宏观透视,也需要微观分析。从宏观层面来看,特定的政治经济和文化背景是特定谣言产生和传播的条件和基础,离开了这些背景,谣言就失去产生和传播的温床。但是,一则谣言被广泛流传,除了这些前置性和基础性的条件,还与受众自身也有密切的关联。

(一)对受众的重要性

奥尔波特在其专著中为谣言提供了一个著名的公式:谣言的流传=重要性(importance)*模糊性(ambiguity),即谣言传播的范围大小与以下两个因素呈正相关关系,其一是该谣言对于它所涉及人员的重要性,其二是谣言本身的模糊性。越重要、越模糊,谣言也就越具有流传的价值和广度。① 这两者之间的关系是乘法而不是加法,只要两者之中有一个为零,便没有谣言了。网络谣言之所以能够广泛传播,重要原因之一是有些谣言的内容与人们的生活息息相关,从而才引起了人们的关注。网络上的信息多得可以用"泛滥"二字来形容,我们每天浏览的消息也多如牛毛,但能让我们想要去转发或者告之其他人的信息,除了我们对这个信息本身具有一定的信赖之外,另外一个原因便是我们觉得这个信息对我们是重要的,会对我们的生活有所影响,而谣言正是利用了人们的这种心理"热点"②。已经退休的人会比还在读书的学生更加关注退休政策与社会保险的情况,购买股票的人会比其他人更加关注某个公司或者股市上的传闻,因为这与他们自己的切身利益密切相关,奥尔波特的实验也证明,人们对于与自己有关系的事情总是会记得更清楚,你觉得这个信息对你来说越重要,你传播它的欲望就会越强烈。当然,这样的重要性带有很强烈的主观色彩,因人而异,每个人认为"重要"的标准都是不同的,但只要达到一个人脑海中所谓的标准,那么谣言的传播就可以启动了。

(二)信息的模糊性

除了谣言对于受众的重要性以外,信息自身的模糊性,是让那些未经证实或虚假的信息广为流传的另一个必备要素。信息的重要性和模糊性,两者缺一不可。③ 谣言的一大重要特征就是"未经证实",真假不明,这其中的模糊性不言而喻。这种模糊性产生的原因有很多,可能是由于人们想要知道的某些事件缺少相关新闻或相关新闻只是蜻蜓点水地粗略一提而没有办法满足人们的要求,也可能是新闻中对同一事件的报道出现了矛盾让人们不知所措;可能是人们对官方渠道发布的信息不信任,也可能是某些紧张的情绪使个人不能或不愿接受新闻中所述的事实。不可否认的一点是:没有模糊性,也就没有谣言。

在这个意义上,谣言即便会止于智者,除了要求这个"智者"有充分的理性,在特定信息背景下能够做出理性的判断之外,还要求这个信息清晰明确。因为即便是经济学中所预设的"理性人",也不是全知全能的人,他不可能知道或掌控所有信息,因此他的理性行为都是在给定信息的背景下做出的,是有限

---

① 〔美〕奥尔波特等:《谣言心理学》,刘水平等译,辽宁教育出版社 2003 年版,第 17 页。
② 心理热点指人们投以最热切的关注的心理,最容易传播的谣言都是与人们的生活息息相关的话题。
③ 〔美〕奥尔波特等:《谣言心理学》,刘水平等译,辽宁教育出版社 2003 年版,第 17 页。

信息下的理性行为。在信息非常模糊的情况下，即便不考虑真实世界中的人与经济学中预设的理性人之间的差异，假定人们都像经济学中的理性人那样行事，在信息模糊不清的情况下，理性人也仍然会做出错误的判断，相信并传播谣言。况且在真实世界中，获取真实信息的成本可能很高，人们也并不像经济学所预设的那样理性，会受到立场、心态、情感等各种因素的影响。

（三）受众的心理状态

或许，仅仅有以上两点还是不够的，第三个因素"个体在心理上的焦虑与担忧"(anxiety)也应纳入考量范围，[1]这个因素在某种意义上是前两个因素的演进。如果说前两个因素是客观条件的话，这个因素来自当事人本身，跟当事人的心理状态密不可分。对于社会中的个体来说，当他们感觉到与自己有关的事情存在不确定性，且通过正常的途径无法得到自己亟须的信息时，就会产生不同程度的焦虑和担忧之感，这种心理状态会让他们在接触到谣言时降低防范心理，这也是认知不协调[2]的一个体现，也与道德恐惧有些类似。当焦虑的情绪占据了头脑的大部分之时，人们的感性思维会超过理智，对事物的判断力也会下降，尽管有些信息未经证实，但它却可以帮助人们在一定程度上摆脱这种得不到信息而产生的焦虑感，从而实现心理平衡，而这样就很容易接受和传播谣言。关心则乱，就像没有人能在自己的挚爱亲人处于生死关头之时还能对一切事物保持理智一样，谣言也正是利用了人们的这种焦躁不安心理而乘虚而入。在这种心理的驱使下，公众借谣言表达了内心的焦虑与恐惧，因此即使有时确定性很高的信息仍然会引起轩然大波，正是民众主观上的担忧与质疑心理为谣言的产生与传播预留了空间。

这种心理上的焦虑与对受众的重要性及对信息模糊性的判断一样，都属于谣言接受者的主观方面的因素，与客观的事实并非完全等同。有些事情，尽管从客观上来看并不是很重大的事件，但是如果人们认为这对于他们来说具有重大意义，主观上感知到的不确定性程度很高，并且主体为之很焦虑的话，那也很有可能催生谣言，由此可见，接受者在谣言的传播过程中起着重要的能动作用，在一定程度上决定着谣言的传播与发展。

总之，当事情自身对当事人非常重要，但事关此事的信息又极为模糊之时，这些外在的因素很有可能引发、导致相关主体产生焦虑感，身处一种认知

---

[1]　Rasnow R. Rumor As Communication：A Contextual Approach，*Journal of Communication*，1988，Vol.38，No.1，pp.1-17.

[2]　认知不协调理论在后文会有介绍，此处先不详述。

不协调的状态之中。在这些主客观因素相结合的时候,谣言往往乘虚而入,让人们不由自主甚至自然而然就相信了。此外,从产生到评价再到传播,谣言的生命周期并非单向的,而是循环往复的,并且经传播后其内容会产生变异,使人再次评价其是否可信,并决定是否对其进行再次传播。互联网时代信息的光速传递,造就了谣言的数量和传播范围、传播速度以几何级的速率扩大和提高。同时谣言对于当事人和社会秩序的影响与伤害程度也大大超过以往。

第三节　网络谣言对生活的影响

南美亚马逊丛林一只蝴蝶扇动翅膀,有可能在一个月后在得克萨斯州引发一场飓风。在当下,可以用蝴蝶效应[①]来形容网络谣言在新媒体平台上形成的"龙卷风"现象。《中国青年报》社会调查中心曾经进行过在线调查,有83.2%的受访者认为现在社会谣言很多,其中34.4%的人表示"非常多"。[②] 谣言已经像柴米油盐一样成为人们生活中非常常见的一部分,潜移默化地影响着我们的生活。我们也应该看到谣言是把双刃剑,尽管有时候会给社会带来一些危害,但也有其积极的一面,我们必须全面地看待谣言对社会的多方面影响。

一、积极面向

(一)展示"真实"社会心态

无论是传统谣言还是网络谣言,民众在谣言的产生与传播过程中都起着决定性的作用,而谣言之所以如此"深得民心",其中的一个重要原因就是某些谣言的内容反映出了民众心底的声音。作为生活在基层社会的普通老百姓,人们无法掌握社会大多数的丰富的资源,当他们对信息资源的需求与所得到的信息无法协调时,谣言就开始充斥社会之中。在真相大白于天下并获得民众认同之前,"谣言"作为符合需要的"真相"而广为流传。

---

①　蝴蝶效应本是指在一个动力系统中,初始条件下微小的变化能带动整个系统的长期的巨大的连锁反应,具体见刘河元:《网络谣言对大学生伦理道德的影响及应对策略》,《世纪桥》2012 年第 19 期。

②　向南:《83%受访者确认现在社会谣言很多》,载《中国青年报》2011 年 9 月 8 日第 07 版。

不仅如此,谣言还可以充当真相公开的"催化剂"。不了解真实情况的民众可以通过谣言这个"武器"向官方争取信息公开,当谣言的传播牵扯到权威机构甚至威胁到政府时,他们只能通过公布真相的方法来制止谣言的继续横行。当然,此时政府也有另一种选项,即利用各种资源来打压谣言,但效果未必佳,且执行成本难以预料,甚至高出政府的承受力。在官民势力悬殊的情况下,网络谣言是民众自发寻求问题解决对策的方式之一,正如涩谷保所言,谣言是通过"一群人的智慧……以求对事件得出一个满意的答案",谣言已然成为弱势民众与强势政企话语博弈的一个手段,成为抗争性政治中的一个重要筹码。①

有的公共知识分子这样强调谣言的积极作用:"……谣言其实就是存在于人心深处的真相,是群体表达意愿的一种方式,是大众对抗官方宣传和谎言的有力武器。它不是事实,但远比事实更真;它经不起推敲,但总比真理令人信服;它漏洞百出,但挡不住大众深信不疑。目前谣言已无法止于智者,只能止于言论自由。"②如果我们以公正客观的态度审视这段文字,会发现它当然有需要批判的地方,但也颇值得深思。尽管谣言是反事实的,但有时候也确实能反映出某些真实的东西,比如某种"真实的"心理与情绪。很多时候,谣言并非无懈可击,甚至稍加审慎地思考就能发现破绽。耐人寻味的是,很多人愿意相信、传播谣言并且乐在其中。桑斯坦对这种现象解释如下:首先,每个人都是有限理性人,没有人全知全能。总有一些真相是人们所不了解的,因此,所有的人都可能相信那些看起来似乎合理的谣言。③ 比如,前段时间在论坛、微博和微信上曾盛传耶鲁大学前校长施密特严厉批评中国的学术风气和学术群体的品格,虽然事实证明这是谣言,④但这些言论确实符合人们的某些印象和观点,受众的认同感相当高。⑤ 其次,每个人都有受自己的情绪、情感所影响乃

① 于建嵘:《抗争性政治:中国政治社会学基本问题》,人民出版社 2010 年版,第 170～172 页。

② 杜建国:《国富民穷还是资富劳穷? ——兼论谣言盛行的时代背景》,http://blog.sina.com.cn/s/blog_53b3e89f01014cpa.html,最后浏览日期 2016 年 6 月 30 日。

③ [美]卡斯·R.桑斯坦:《谣言》,张楠迪扬译,中信出版社 2010 年版,第 72～73 页。

④ 耶鲁大学官网,http://news.yale.edu/2009/09/29/yale-university-statement-regarding-alleged-remarks-made-former-yale-president,最后浏览日期 2016 年 6 月 30 日。

⑤ 本人的微信"朋友圈"里,分属不同职业及人际圈子的朋友大多转发了这一新闻。而辟谣之后的网友则纷纷表示即便新闻是假的,新闻中所批评的学术丑恶现象也确实值得我们深思。

至控制的时候。在接触不确定的信息时,人们受主观心理影响的可能性更大,而这些主观因素会大大提高人们相信与传播谣言的概率。也就是说,客观公正都是相对的,人们不可能在任何时候都保持客观中立,总是有或多或少的偏好与偏私。在面对相互矛盾甚至冲突的信息时,这些偏好、偏私甚至偏见都有可能或明或暗地影响人们的决定,因为人们更愿意相信与自己立场接近的信息——哪怕这些信息是谣言。同理,前述因素也使得人们更愿意质疑与自己立场不一致的言论与信息。① 因此,与其说谣言反映的是真相,毋宁说谣言在某种程度上反映了人们的真实情感与心理感受。从学理上认识、分析谣言,可以发现谣言在某种意义上是社会心理的暗示。它表达了谣言制造者、传播者和相信谣言者的类似于抗议的情绪,可以为社会制度的改进与完善提供方向指引。此外,谣言在制造混乱的同时,也具有缓解冲突和释放压力的功能。通过这种缓解与释放,可以避免社会冲突达到不可控制的阈值。可见,执政者或研究者从积极方面来审视谣言,并采取适当方式加以引导,可以避免一些社会和法律问题发展到不可控的程度。

(二)降低社会冲突烈度

现代社会生活节奏日益加快,网络的迅速发展则进一步提高了"加速度",各种压力和无奈纷至沓来且如影随形。当人们面临的问题没有得到相关部门应有的关注,没有获得妥善的处理的时候,这些问题本身就具有了很大的想象空间,成为可以放大、扭曲、变形和进一步发挥的题材,再经过某些人有意无意地引导,然后借助虚拟空间发酵,就很有可能成为网络谣言。

因此,谣言的形成与传播,其背后往往隐藏着一定的社会群体情绪,而这种情绪也通常并不是积极向上的。这个时候网络谣言的内容是虚假的,但谣言本身则是"真实"的,反映了相关群体某种负面的心态。当这样的负面情绪影响到整个群体的时候,如果找不到合适的途径来释放,往往会产生骚乱,甚至演变成暴力事件。作为反映民众心声的一项工具,谣言的传播便是这种压力或情绪释放的一个重要途径,它将积郁在群体中已久的想法宣之于口,这种原本充盈于封闭之中的情绪就像找到一个突破之处,好比是一个"安全阀",通过谣言这个出口缓缓排出,其威力自然小了很多,而不至于产生极端化的结果。尽管谣言本身也具有相当的危害性,但比起瞬间迸发出直接转换为现实行动的巨大力量,比起其原本可能造成的灾难性冲突所产生的不堪设想的严重后果,其付出的代价不可同日而语。利弊权衡之下,谣言是一个能够比较缓

---

① [美]卡斯·R.桑斯坦:《谣言》,张楠迪扬译,中信出版社 2010 年版,第 72～73 页。

和地使各种社会紧张情绪得以释放,缓解紧张甚至敌对等社会负面情绪,使社会系统保持均衡状态的有效途径。也就是说,谣言能够通过释放、宣泄部分压力,使得过于紧绷的情绪得以缓解,即便某些时候引发一些冲突,也能把这些冲突限定在一定范围和程度内,通过多次的缓释,把潜在的重大冲突演化成多次的小型冲突,避免冲突发展成为重大的、不可控的公共危机。

(三)开启网络舆论监督

网络时代最常见的现象,就是可以比以往更频繁地看到官员"日记门"之类的新闻,[①]掌握公权力的官员或者其他公共人物经常会面临自己不愿他人知晓的私密信息被置于网络之上的尴尬。其中部分信息确有侵犯他人隐私权、名誉权之嫌,但从另一个角度来看,也有其正面意义。在缺乏相关信息,缺乏公职人员财产公开制度,申请公开某些与公众有密切关系的权力运行相关信息却未必得到满足的情况下,公众常常将这些信息作为了解公共事务,监督公共权力及公共权力的掌控者和实施者的方式。舆论监督是公民享有的宪法权利,[②]政府的权力来自公众的授予,它和它的公职人员有义务以负责与自省的态度、克制对待权力,积极对待公民权利的保护和保障,若他们黑箱运作、甚至滥用权力以权谋私,舆论监督在某种意义上就成为公民自力实现自己监督权的重要手段。

网络谣言往往会成为舆论监督的前奏,有时还有可能为某些有重大影响的案件提供线索。首先,网络谣言中存在大量的非事实内容,甚至含有某些恶意编造内容。不过人们根据自己日常生活经验,通常会认同"无风不起浪",虽然常常有很多的事例与这一说辞不符,但的确有些谣言的产生和传播符合这一生活逻辑。部分吸引眼球、影响广泛的网络谣言足以引起纪检部门或其他监督部门对这些官员或部门的注意,顺藤摸瓜往下调查常会有所收获,且有些

---

① 2010 年 2 月 28 日,一部被认为是广西某市烟草局局长的日记在网上引起极大轰动,被各大网站疯传。日记的主人,查实系原广西来宾市烟草专卖局局长韩峰,2008 年调任广西壮族自治区烟草专卖局法规处处长,事发前已转任广西烟草专卖局销售处处长。经此一事,有关部门调查韩峰的生活作风问题和经济问题,后经查证发现其贪污受贿等事实并被判处刑罚。参见凤凰网 http://news.ifeng.com:8080/society/special/juzhangriji/,最后浏览日期 2016 年 6 月 30 日。

② 《中华人民共和国宪法》第 41 条第 1 款规定:中华人民共和国公民对于任何国家机关和国家工作人员,有提出批评和建议的权利;对于任何国家机关和国家工作人员的违法失职行为,有向有关国家机关提出申诉、控告或者检举的权利,但是不得捏造或者歪曲事实进行诬告陷害。

谣言中所罗列的证据也是调查的关键。其次,一些官员不仅有较大的权力,而且有很强的操控能力和反侦查能力,有时有关部门有心查处但囿于线索不充分或来自方方面面的压力而难以查处。网络谣言横行造成的舆论使得这些人为障碍所造成的难度大大降低,其造成的来自民众的舆论压力使得相关部门不仅有了较多的线索,还协助他们抵销了外界的不当干预,使得侦查、起诉等法律程序或其他纪检程序能够正常进行。最后,此类谣言也有一定的警示效果。在目睹了类似案例一再发生的情况下,部分公职人员可能会意识到或随时"被提醒"自己是人民公仆,自己的一举一动都有可能被千万双雪亮的群众的眼睛所注视,因此告诫着自己要秉公办事恪尽职守不能为所欲为,无论是在公职领域还是私人生活之中都要谨言慎行。这对于政府的清廉和百姓的信赖一定程度上都有所裨益。

二、消极面向

虽然我们在积极的面向上能够从谣言中观察、审视、挖掘出某些重要信息,尽量从中发现社会真实心态、预防甚至缓解社会冲突,在某些情况下可以监督公权力及其行使者,但它所带来的负面影响很多时候远远超过了正面意义,因此更值得我们审视、关注,并在需要的时候进行规制。

(一)混淆视听,妨害公信

现在网络上遍布各种各样的信息,真假不明的谣言掺杂其中,这对接受信息的人们而言是一项很大的考验。此外,网络谣言描述越来越细致,情节越来越逼真,再加之一系列"证据",让人眼花缭乱,信以为真。"劣币驱逐良币"是经济学中的一个著名理论,如果把该理论引申至信息传播领域,可以得出"谣言驱逐真相"的结论。非但如此,在某些情况下,谣言有可能通过"自我实现"把虚假的事物变为现实。比如,假设有谣言说某种商品要涨价,人们就会鱼贯而入将超市一抢而空,为自己和亲友囤积此商品。反过来,被抢空的货架又证实了该种商品匮乏的谣言,一旦商品到货又会很快被抢空。这种情况也使得谣言在真假之间徘徊,好像信与不信都是正确的,又都是不正确的。谣言的肆虐就像一剂迷魂汤,使人们对很多信息无法辨明真伪,不知道如何判断,逻辑思维能力也会有所下降。这种过度的怀疑如果演变成草木皆兵的状态,让信任逐渐流失,那么这个社会赖以存在的信任也就岌岌可危了。而信任是一种非常重要的社会资源,也是一种降低交流信息获取成本的重要方式,给人们的交流带来便利,有利于社会和谐、顺畅地运行。相应地,缺乏信任,会大大增加人们的交流成本,给社会有效运行增加成本,带来诸多社会问题。

此时需要一个公信力强大的政府来解决这个问题。而现在网络上谣言的横行,很大程度上就是由于执政的政府在民众心中的公信力逐渐下降,才使得各式谣言有机可乘。而谣言的内容若涉及政府部门或官员的不当作为(事实上很多谣言都涉及),那么又会导致政府公信力的进一步下降,可以说是一个恶性循环。谣言混淆视听,如果此时政府的公信力无法解决这个问题,那么真与假的界限就真的永远无法说清了。对政府而言,谣言会恶化政府和执政党在民众中的形象,制造社会动荡,煽动叛乱,甚至引发战争和冲突,使一些严重的社会问题恶化,这也是政府总是视谣言为洪水猛兽的一个重要原因。因此,中国共产党十八届三中全会公报中强调,要增强政府公信力。可见,执政党对此已经非常关注,在未来相当长的一段时间里,将会把政府公信力建设纳入重要日程,而这与有效规制网络谣言有密切关联。

(二)众口铄金,损害声誉

古语有云,人言可畏,如果说言语是一把杀人不见血的刀,谣言则是最锋利的刀刃。早在《诗经》中,《将仲子》[①]一文便将这种心态描述得淋漓尽致,近现代也不乏谣言杀人的例子[②]。网络谣言的杀伤力是巨大的,它能败坏个人名誉,给受害人造成极大的精神困扰,而这和滚雪球式的重复,更让人无法忽视它的存在。所以古语说"众口铄金,积毁锉骨"——如果大众异口同声,金子也能融化,毁谤多了,一个人的骨头也能变成粉末,可见谣言的强大力量。

不仅对于人,对于企业或社会组织来说,谣言也同样显现出其威力,其对于企业的危害主要表现为它会破坏一个组织的声誉和形象。在现代市场经济的背景下,声誉和形象都属于企业的无形资产,良好的商誉对于一个企业的发展来说至关重要。例如曾经风靡一时的三株口服液,因为一条"八瓶三株口服液喝死一条老汉"的新闻,而走向了破产的道路。尽管此前该公司已有经营不善的情况存在,但这则谣言的问世对该公司无疑是致命的一击。可见,谣言无论对于个人的声誉还是企业的商誉都有着巨大的影响力。

---

① 《国风·郑风·将仲子》原文:"将仲子兮,无逾我里,无折我树杞。岂敢爱之?畏我父母。仲可怀也,父母之言,亦可畏也。将仲子兮,无逾我墙,无折我树桑。岂敢爱之?畏我诸兄。仲可怀也,诸兄之言,亦可畏也。将仲子兮,无逾我园,无折我树檀。岂敢爱之?畏人之多言。仲可怀也,人之多言,亦可畏也。"

② 如民国时期的名媛阮玲玉因不堪谣言之扰,在遗书上写满"人言可畏"后服安眠药自尽;鲁迅先生在日本学医期间也因作弊谣言而痛苦不堪,弃医从文之后也因各种诽谤的谣言纷至沓来,最终郁郁而终;2008年韩国影星崔真实也因承受不了高利贷谣言而在家中自杀。

尤为值得注意的是,网络时代谣言对个人或企业声誉的侵害跟以往时代还有所不同,原来谣言多是口口相传,影响力大的谣言最多是在纸质媒体上传播,这使得它很容易湮灭,或者随着人们关注力的下降而湮灭,或者随着当事人的消失或公众兴趣的淡化而湮灭,甚至随着纸媒载体的散失、生尘而湮灭,这些媒介自身的特点使其容易成为易于消失的"口述史"或灰尘满布的"断代史"。网络时代极大地改变了这一点,使得这些谣言转化为影响恒久的"编年史",而网络和自媒体就宛若严谨冷酷的历史学家,只要有搜索引擎,就会很容易从海量的信息中将其挖掘出来。因此,索洛夫将这种现象比喻为新时代的"红字"①,互联网则将"红字"以数字化的形式带入新时代,一些谣言可以随时被人们捡拾起来,并根据时代特点和个人需求进行"再创造",然后展开新一轮的传播。②

(三)影响稳定,引发冲突

传播广泛的谣言能够对社会稳定产生影响,尤其在通信发达的今天,如果再加上社会环境动荡不安以及那些能让人们轻易信之的因素,谣言引起的人人自危几乎是理所当然的结果。谣言并非事实,但却有足够的力量改变人的社会态度。2012年度十大网络谣言事件③中,"柑橘生蛆事件"的谣言引起了人们的恐慌,造成了全国各地柑橘严重滞销,贱价也卖不出去,果农欲哭无泪;在山西一则"地震谣言"造成了数百万人上街头"避难"的情景;日本地震造成福岛核电站核泄漏事故发生之后,食盐中的碘可以防核辐射的谣言引发国内"抢盐风波"的现象,可谓是名副其实的"谣盐"。

不仅如此,虚拟网络世界的谣言还可以引发现实中的群体性事件,对社会

---

① 在《红字》这部小说中,海丝特·白兰被新英格兰的村民强迫穿着带有 A 字母的衣服昭示她通奸的罪恶。参见[美]纳撒尼尔·霍桑:《红字》,姚乃强译,译林出版社 1998 年版,第 33～38 页。

② Solove D J. *The future of reputation*: *Gossip*, *rumor*, *and privacy on the Internet*, *Yale University Press*, 2007, p.11.

③ 《人民日报盘点十大网络谣言 蛆橘事件、山西地震上榜》,http://scitech.people.com.cn/GB/17663916.html,最后浏览日期 2016 年 6 月 30 日。

的稳定造成严重的威胁。瓮安事件①就是最好的例证,当关于受害女生死因的谣言出现在网络上,民众认为官方给出的说法无法令人信服时,便引起了官民之间激烈的冲突,后引发了规模不小的骚乱。网络谣言的肆意传播影响正常社会生活,破坏公共秩序,引发社会恐慌,威胁社会稳定,同时对我国互联网的健康发展造成直接危害。

由此可见,谣言,尤其是经由互联网制造和传播的谣言,有时会对经济和社会的发展产生灾难性的影响,而且有些影响所造成的危害是不可逆的,并有可能经过前已述及的"蝴蝶效应"对未来产生更为复杂的影响。

第四节　谣言受众心理分析

在分析了网络谣言得以传播的背景因素以及网络谣言的影响之后,还有一个很重要的方面还没有谈及,那便是受众的反应,没有人相信的谣言就像一台独角戏,是唱不了多久的。以下着重分析谣言受众的心理,即人们为什么会相信谣言。

一、网络谣言中影响人们态度的因素

同一个人对待不同的谣言会有不同的反应,甚至同一个人在不同时间段遇上同一谣言也会有不同的反应。在研究网络谣言影响人们态度的因素时,我们首先要了解人们对于谣言的态度的大致种类。按照人们对谣言的信赖从相信到不相信可以分为以下六种:相信(believe)、验证(authentic)、谨慎(prudent)、担忧、质疑(interrogatory)、不相信(disbelief)。在一般情况下人们对网络谣言的信任度与传播谣言的意愿成正比,谣言的可信度就像是谣言生命中的血液,支撑着谣言生生不息地流传着。

尽管人们对待谣言的态度带有非常强烈的主观色彩,但还是存在一些能够影响人们态度的因素。除了前文提到过的传播过程中的宏观与微观层面的

---

① 瓮安事件:其事发缘由是一名中学女生非正常死亡和当地警方涉嫌不公正暴力执法引起群众的不满,但实际上之前政府强制征地、拆迁已经引起民众的不满,官民关系异常紧张。因此当死者家属对尸检结果提出不服之后,各种关于女生死因的谣言出现在网络上,民众认为官方给出的说法无法令人信服,打着伸冤或正义的旗号要求政府妥善处理,引起了官民之间激烈的冲突,后引发了规模不小的骚乱。

各种因素之外,谣言本身还需具有一些特质,具有某些特质的网络谣言更容易使人们相信。

（一）传播背景

如果我们转换视角,从谣言的制造者或有意传播者的角度来观察和思考。会发现如果想要制造、传播一个让人信服的网络谣言,首先要抓住时机,在这个背景下,谣言显得更为合情合理,这样的传播效果往往事半功倍。如前所述,网络谣言的传播背景涵盖面很广,既包括了当下的时事环境,也包括了整个社会的文化传统等因素。

（二）传播者的"声望"

古希腊学者亚里士多德指出,与其他人比较,人们更容易和坚定地相信完美的人,无论在什么问题上都是这样。世界上没有完美的人,但是总有一些人讲的话比起其他的人来说更容易让人信服。这些个体或机构的代表通常会具有很高的信誉或者权威。相应地,人们更愿意相信著名网站上所发布的信息,他们所具有的正派的形象为他们传播谣言大开方便之门。而谣言的传播者也经常利用人们相信完美者的心理进行十分巧妙的伪装,扮成可信之人来获取人们的信任,谣言贴上了"真相"的标签,谣言在这种标签效应的影响下也更容易为人们所相信。这一点在网络谣言中表现得更为明显,传统谣言尽管也标榜自己有可靠的信息来源,但通常是不确定的暗示,但是网络谣言在引用消息来源时一般都比较具体,比如某某部门或者人士,过于模糊的消息通常不会被认可。

（三）描述细致程度

平淡无奇的语言与粗糙的情节难以引起人们的兴趣与关注,更难达到使受众产生强烈刺激从而加强他们的内心确信的目的。互联网时代,是否"有图有真相"是不少网民在决定是否接受一条网络信息的基本依据。当人们所看到的信息里包含事件的详细细节之时,基于常理,人们更倾向于相信这些事件是真实发生的而不是虚构出来的,从而更容易相信这些信息。在带有说明性质的谣言中,现代人们受教育程度较之以前有了很大的提高,让他们相信某一事物的难度也相应加大,然而人们对知识的了解无法做到面面俱到,谣言的传播者也深谙此理,他们往往通过看似严谨的表述或者抽丝剥茧般细致的分析,甚至用上很多专业的术语以显示其内容的专业性和权威性。

不仅如此,网络谣言的传播者对证据也十分看重,不论这些证据是真是假,但人们出于"眼见为实"的心理总是会对有证据的表述情有独钟,网络谣言的特殊传播方式也为证据的展示提供了方便,传播者愿意通过一系列证据以示其真实性难以撼动。无论是传统谣言还是网络谣言,经验都告诉我们,谣言描述得越细致,提供的证据越充分,人们相信的概率就越高。

二、受众相信谣言的原因

一般而言,人们对于听到的信息都会加以一定的思考,对谣言也都具有不同程度的免疫力,但网络谣言作为一种攻心之术,还是会使许多人信以为真,在某些特殊心理的配合下,人们往往可能会相信谣言。

(一)从众心理

1.从众心理的产生

"从众"是指在社会环境的影响下,个人选择与其他大多数人相一致的态度和行为。从众心理是一种最为普遍的社会心理现象,无论是在现实世界还是网络世界中,只要有群体的存在,从众心理就会影响人们的判断。

美国社会心理学家所罗门·阿希的经典线段实验,是关于这种从众心理的一个非常典型的验证。[①] 阿希的实验向我们表明:有些人情愿追随群体的意见,即使这种意见与他们从自身感觉得来的信息相互抵触。巨大群体压力造成了人云亦云,即便这一群体只是偶然形成,群体中的人以前从未彼此见过,群体成员也会在整体压力下自觉或不自觉地跟随群体中大多数成员的观点,对于那些经常接触相熟认识之人所组成的群体,自不待言。

从众心理产生的第一个原因便是人的社会性。每个人都是社会中的人,没有人能脱离社会而独立生活存在,因为人们都希望能融入他所在的群体之中,当我们做出某一行为的时候,也会自然或不自然地考虑到他人给予的评

---

① 实验内容如下:他让被试者坐在一张有七到九个人的桌子旁,真正的被试只有一个,其他的几个人都是为配合实验而故意安排的助手。阿希首先让他们看一张卡片,卡片上有一条直线,之后再看第二张卡片,卡片上有三条不同长度的直线,其中有一条很明显的是和第一张卡片上的直线长度相同,而这群人被要求轮流回答第二张卡片上哪一条直线的长度是和第一张卡片的长度相等,此时这名被试者将作为倒数第二个来回答。这个答案是显而易见的,在大部分的试验中每个人会给予相同的答案,但在另外一些被操纵的试验中,阿希的"助手"被指示要给一个错误的答案,而阿希则在观察这样的情况会引发受试者怎样的从众行为。实验的结果令人震惊,有很多人在"助手"们的影响下而选择了错误的答案,实验结果表明,大多数人至少有一次会屈从与大多数人的选择,当不给他们看别人的判断而让他们自己作出判断时,人们犯错的概率低于1%,但是当面临支持错误答案的群体压力时,人们的出错概率为36.8%。在一系列的十二个问题中,70%以上的人至少有一次会屈从群体看法而忽视自己的感觉来判断。

价。因此,当我们自己的判断可能与其他人不同时,我们也会考虑到其他人的想法,不希望因为自己的特立独行而对自己的社会关系造成影响。从众流瀑中,人们追随群体意见的目的在于获取他人好感,不管他们私下的想法和怀疑之处是什么,社会性产生的压力不可避免地影响着人们的判断。

从众心理产生的第二个原因与群体的特征有关。当人们融入群体中,个人的意志会减弱,而群体的力量却是强大的,跟随着大多数人组成的群体的思维,人会产生一种安全感,"法不责众"就是这样一个道理。群体意味着约束的解除,因为数量就是正义,数量就是真理①。一个人融入这个群体的时候,就会感到自己的天然正确与合法,并意识到这种绝对数量赋予他的力量。同时,数量还会赋予人一种正义的错觉,使其认为自己是正确的。因此,为了能享受群体带来的安全感,为了能融入群体,人们往往不惜改变自己的想法,从众心理也就这样产生了。

2.从众心理对信谣的影响

从众心理无时无刻不影响着人们对网络谣言的信任度。这里分为两种情况。第一种情况是当人们对网络上看到的谣言没有独立的判断,也就是说处于"担忧"的状态时,此时他无法辨别信息的真假,其他人的意见便会对其产生一些影响。根据社会比较理论,当遇到情境不确定的时候,人们会认为其他人的行为具有参考价值,此时人们对于多数人的行为会尤为信任,在常识上,人们会自然地假定,那么多人的出现自有他们的理由。② 个人离开了他人提供的信息,总有一种不安全感,相反,在自己的态度、行为与其他大多数人意志保持一致时,不管是对是错,都有一种心理上的安全感与正确。当群体中多数人都认为这则谣言可信,这些观点便会不知不觉地潜入你的脑海中,于是你也开始相信了。

第二种情况是,当一个人对某个信息有自己的粗略判断的时候,也许此时他倾向于不相信这则谣言。然而,每个人都会有这样的体会,当自己身处在群体之中,他似乎总是不愿意忤逆大众的意见,网络谣言传播的情况也是如此,当大家纷纷评论或者转载某一则消息的时候,当大家都表明对这一信息持肯定态度的时候,他心里的天平就开始摇摆,开始怀疑是不是自己的判断出现了

①　[法]古斯塔夫·勒庞:《乌合之众:大众心理研究》,冯克利译,中央编译出版社2004年版,第9页。

②　刘得明、龙立荣:《国外社会比较理论新进展及其启示》,《华中科技大学学报(社会科学版)》2008年第5期。

错误。即使他对自己的判断非常有信心,也会为群体的压力所左右。其实这就是网络谣言重复的力量的体现,刚开始对待谣言的态度与听到多次重复之后的态度往往是不同的,当一个人身边的所有人都与你持相反的态度时,只有你一个形影相吊时,你或许就不再愿意坚持了,曾母投杼的故事便是典型的例证。

此外,还要注意到网络谣言中意见领袖的作用。团体中往往有这样一个人或一部分人,对某一信息(包括谣言)的看法处于优势的地位,这些人就成为所谓的"意见领袖",[①]这些意见领袖对于所在群体中的个体是否接受某一信息有十分明显的影响,这也是从众心理的另一种体现。

(二)群体极化

1.群体极化的原因

社会学上有一个名词叫"群体极化现象",意思是在集体环境中,一个人的某种情绪或思维倾向在传递的过程中会被放大。[②] 群体极化的另一种说法就是偏见同化,在经过群体的讨论过后具有相同思想的人们的想法会更加同化。由此产生的一种结果是:对于人们怀有强烈情感的某个观点或主题,当存在支持或反对它的观点时,并不能让人们从正方两方面辩证地对待它。此时,这些多样化的证据不仅不能缓和人们的信仰,反而往往使他们更极端。[③]

康奈尔大学的拉克林斯基(Jeffrey J. Rachlinski)教授在一篇文章中提到一个实验,研究人们对待死刑的看法,这个实验很好地证明了群体极化现象的

---

① 江万秀等:《谣言透视》,群众出版社 1991 年版,第 149 页。
② 高红玲:《网络舆情与社会稳定》,新华出版社 2011 年版,第 82 页。
③ Lord C G, Ross L, Lepper M R. *Biased Assimilation and Attitude Polarization: The Dffects of Prior Theories on Subsequently Considered Evidence*, *Journal of Personality and Social Psychology*, 1979, Vol.37, No.11, p.2098.

存在。① 另外一个著名的科罗拉多实验也是群体极化的一个典型案例,主要讨论的是关于美国是否应该签署防止全球气候变暖的条约,结果也与上一个例子如出一辙。可见,当想法类似的人聚在一起讨论时,他们那边通常会产生一个比讨论前的倾向更为极端的立场。②

在群体极化的作用下,谣言变得更加坚不可摧。群体极化现象的出现也有其原因:第一,群体成员的肯定增强了信心。当一个人将自己对某个问题的判断置于群体内讨论时,每个人由于所处的地位、环境、受到的教育程度不同,因此即使对同样的问题持同样的态度,也会有不同的理由,而其他人的这些不同理由往往容易被群体成员所接受。可见,信息交换会强化已经存在的看法,当群体内其他成员都十分坚定时,人们就会对自己的看法更加有信心,当人们对自己的看法更加有信心时,人们就会变得更加极端。因此,思维模式相似的人更容易走向同一极端。

同样值得注意的是,当人们结合在一起形成群体之后,其自身的思考与判断能力会有所下降。作为群众中的一员,"有意识人格的消失,无意识人格的得势,思想和情感因暗示和相互传染而转向一个共同的方向,把暗示的观念转化为行动的倾向"③,在这种群体无意识的作用之下,人们会对群体中其他人的意见更为依赖,这也是造成群体极化的另一个原因。

第二,群体极化中也有从众心理的存在。当人们在网络上看到一则消息并共同对此发表意见或评价的时候,人们就形成了一个临时性的群体。在这个临时性的群体中,也会产生从众心理。一方面,当群体中的人都与你一致地

---

① 实验案例出自针对死刑态度的心理学原文。死刑的支持者通常都相信死刑对于震慑犯罪的有效性;而反对死刑的人一般认为死刑的有效性是不能制止犯罪的。研究人员给这些支持和反对者以下研究任务,一个是研究支持死刑能制止犯罪的理论,另一个是研究反对死刑能制止犯罪的理论,并且相互批评。总之,在这项研究中研究者遇到的证据表明了死刑的效果是不确定的,这本应该有趋于缓和研究者们对于死刑的威慑价值的观点。然而,在阅读所有的材料后,这些研究者们都有了更加极端的立场。死刑的支持者们发现在这项研究中他们观点的支撑点表明了死刑可以震慑犯罪,也没有发现有特别说服力的批评,同时他们也发现这项研究中表明死刑不能震慑犯罪具有方法论上的缺陷,因此不具说服力。反对死刑者的发现则相反。在结束研究后,死刑的支持者和反对者的信念的分歧甚至比他们在研究开始的时候更大。

② [美]卡斯·R.桑斯坦:《谣言》,张楠迪扬译,中信出版社 2010 年版,第 56 页。

③ [法]古斯塔夫·勒庞:《乌合之众:大众心理研究》,冯克利译,中央编译出版社 2004 年版,第 22 页。

看待某个问题的时候,你对这个问题的正确性的把握会增加,这与"法不责众"的心理基础一样,有了他人的支持你会对自己更加信赖。另一方面,我们大多希望得到别人的认同,人们都希望获得群体内其他成员的认同,即使是临时性的群体也不例外。于是,当群体成员都对某一事件表示愤怒的时候,你往往也会倾向于表示出同样甚至程度更加深的愤怒,这不一定是因为你真的愤怒,而是你想显示自己与所在群体的看法是一致的。

2.群体极化对信谣的影响

网络谣言的传播有着其自身的优势,群体的讨论在网络谣言的传播中十分常见,尽管有时候这种讨论并不同步,但这对意见的交流并没有影响。在群体极化现象的影响下,当群体成员带着对一则谣言的最初意见开始讨论时,群体的意见会强化个人对这则谣言的看法。美国学者桑斯坦还提出,社会网络可以"极化"和"放大"谣言。社会网络可以充当"极化机器",因为社会网络能确定并放大人们已有的看法。[①] 在与外界或者群体的交流之中,我们在吸收他人观点的同时也要反复地表达自己的观点,在多次的重复之下,我们也会产生一种自我心理暗示。"谎话说了一千遍也就成了真理"这个观点,非常适于解释网络谣言的传播现象,群体使人们的交流更加密切,而我们在不断交流的过程中又潜移默化地强化了自己的看法。或许这是群体极化的另一个方面,也可以说是群体中的"自我极化"。

(三)偏颇吸收

1.偏颇吸收的介绍

偏颇吸收就是指,人们愿意按照自己的偏好来处理信息。当信息与人们主观偏好相符合时,接受的过程会更加顺利,反之则可能会被人们所排斥,尽管这种排斥也许只是在潜意识中进行,但这确确实实影响了人们对信息的吸收和判断。

偏颇吸收是群体极化的基础,前文提到的关于死刑讨论的实验,也正是由于偏颇吸收的作用。实验中所给的材料是不带有任何倾向性的,但是支持死刑的人会着眼于那些支持自己观点的数据而忽略掉那些资料中反对自己观点的数据,从而使自己的立场变得更加坚定,而那些反对死刑的人却只看到了相反的数据,从而产生了极化效应。可以说,群体极化是一种现象而偏颇吸收才是根本原因。因此,当我们对某种信息产生坚定的信念时,很难轻易改变,甚至对某些根深蒂固的错误的观点的纠正反而也会强化我们对错误观念的坚

---

① [美]卡斯·R.桑斯坦:《谣言》,张楠迪扬译,中信出版社2010年版,第62页。

持,从而使纠正产生适得其反的效果。

偏颇吸收来源于认知不协调理论。认知不协调理论由美国社会心理学家费斯廷格提出,在他看来,当个体所具有的认知因素之间出现不一致、不协调时,个体将体验到心理上的不愉快和紧张。[①] 在谣言传播的因素中提到的受众的担忧焦虑的心理的因素,也是由于认知不协调所产生。要消除内心的认知不协调一般有两条途径,其一是改变原先的态度或行为使之与已发生的行为一致,其二是通过寻求外部理由来解释行为。在某些情况下,当改变无法实现之时,寻找理由就成了唯一的出路,而这些外部理由又必须是与自己之前的主观认知态度相一致才能达成这种效果,消除这种不协调的感觉,这些自己原有的认知因素形成了所谓的偏好,偏颇吸收也就由此产生。为了达到认知的和谐稳定,我们会更愿意去接受那些使我们感到愉悦的消息,而避开那些让我们不快的信息。

2.偏颇吸收对信谣的影响

在网络谣言的传播过程中,偏颇吸收的影响主要体现在两个方面,首先体现在对信息的筛选上,即选择性注意,它是指个体会让自己接触与自己原有的态度相吻合的信息,而避开那些与自己不合、无关的信息的倾向。[②] 网络世界的信息琳琅满目,那些与我们的态度不符的信息在最初就被我们过滤掉了,这就是选择性注意筛选的结果,也许人们未必有意为之,但在潜意识里却一定是这样做的。人们对谣言的接受有选择性,这种选择性便是受到了偏颇吸收的影响,我们选择接受的正是能消除认知不协调的、符合我们长久以来形成的价值观的消息,而每个人的偏好不同,因此任何一种谣言都不可能平均地影响每一个人。

其次是选择性理解,在选择性注意筛选过的信息下,人们的理解有偏好,理解的倾向性受主体的要求、需要、态度和其他心理因素的影响。[③] 同样的一则谣言为什么有人对它深信不疑有人却嗤之以鼻?伽达默尔的哲学解释学认为解释受到前见的影响,这些前见也就是我们偏好的体现,谣言也是如此。奥

---

① 吴江霖:《社会心理学》,广东高等教育出版社 2007 年版,第 273 页。
② 江万秀等:《谣言透视》,群众出版社 1991 年版,第 131~132 页。
③ 江万秀等:《谣言透视》,群众出版社 1991 年版,第 131~132 页。

尔波特的实验也表明,谣言传播的过程中谣言的内容往往会产生变异,①而这些变异也正是由于接受者的不同解释所造成的,其最终目的是实现谣言与我们认知框架直接的同化,使之符合我们过去的经验、语言习惯、思维的文化模式和个人的动机情感。而接受者所接受到的谣言有可能并非传播者、造谣者所希望的全部内容。

人们是否相信谣言除了一些客观的因素之外,很大程度上取决于受传者原本的态度,或者说这则谣言是否符合接受者的预期。一般情况下,与受传者协调一致的态度(即认知、情感、意志)没有矛盾的内容不会轻易为谣言所改变。我们发现谣言的接收者经过长期生活所形成的对社会的态度不易为谣言所左右,而依赖某个简单的事实所建立起来的态度,容易被谣言所动摇。与谣言的接收者价值观联系越紧密的态度,越不容易被谣言所改变,而一些无关痛痒鸡毛蒜皮的小事则容易受到影响。对谣言理解的倾向性深受主体态度的影响,可见偏颇吸收主导着人们对谣言相信与否。

---

① 变异主要有以下几种:(1)平化(leveling):大量的细节被忽略,谣言会变得更短、更简洁、更容易被理解和叙述;(2)锐化(sharpening):谣言中的细节部分被突出甚至夸大,更令人印象深刻;(3)添加(adding):经过添油加醋,谣言中增加了新的细节,越滚越多参与者不断创造或描摹,使谣言变得更加丰满,具体参见[美]奥尔波特等:《谣言心理学》,刘水平等译,辽宁教育出版社2003年版,第94～114页。

第三章　网络谣言与言论自由

在一般人看来，"谣言"似乎是个贬义词。人们理解这个词语的时候，往往把"谣"和"谣诼"关联在一起，并自然而然地联想到毁谤。因此，人们也习惯性地更关注它所带来的消极影响，有意无意地忽视从积极面向观察和理解它。在实践中，有关部门总是想要制止谣言，但真正执行起来却发现这是一个非常棘手的问题，因为谣言的产生与传播事关重要的宪法问题——言论自由。时至今日，人权不仅是一种话语、一种政治正确，更重要的是，在某种意义上已经成为政权正当性的理由。因此作为人权基本内容的言论自由，在任何国家和地区都被置于一种标杆性地位，所以才有这样的观点："从某种意义上讲，一个国家言论自由的程度从一个侧面反映了这个国家的民主化程度。"①言论自由是宪法基本权利之一，它影响着人民参与社会生活的质量和对于公共权力的监督，较之以往，对言论自由的保护也上升到了一个前所未有的新高度。然而网络谣言所带来的各种问题又不能置之不理，在对言论自由的承认、保护和对网络谣言规制之间，就产生了限度与力度问题。

第一节　网络谣言与言论自由的关系

一、作为宪法权利的言论自由

言论自由的文义解释是指公民对于政治和社会生活中的各种问题，有权通过口头、书面或者音响设备等方式自由地表达自己的思想和意见。② 从语义学的角度来看，这个术语在内容上首先包括"言论"。通过对近年来出版和发表的文献进行梳理，可以发现由于种种原因，言论自由一词近年来已经较少

① 周叶中主编：《宪法》，高等教育出版社、北京大学出版社 2002 年版，第 263 页。
② 李怀德：《论表达自由》，《当代法学》1998 年第 6 期。

被使用,而更多地被另一个概念——表达自由——所取代。关于这两个概念之间的关系,有学者将二者画上等号,①使用时并不加以区分;但更多的人则认为这两个概念虽有交叉之处但不能等同,表达自由是言论、出版、著作、新闻等自由的合称。如沈宗灵教授就认为表达自由既有表达的自由,又有接受意见的自由。② 此外,言论自由的范围远不如表达自由范围来得广泛,比如游行示威、集会、焚烧征兵卡、焚烧国旗等等都是行为,很多人透过这些行为表达了自己的思想,这属于表达自由的范畴,但却无法划入言论自由的范围。行为与意识和观点的关系所涉范围非常广,甚至可以说,人的任何由于意识而作出的行为都是某种思想的表达。因此,"表达自由"的界定有很多值得商榷的地方,相比之下言论自由的范围则小得多。从网络谣言的传播方式可知,网络谣言一般是通过发布自己的言论或者通过转发他人的言论来表达自己的观点。它的特殊之处在于意见发表的方式是通过书面信息的形式进行的,它被传播的平台是互联网。可见,与某些"象征性"的行为相比,网络谣言的表达内容和方式都较为明确,界定上也容易得多,因此属于比较正统的"言论"的范围。基于研究便利的考量,笔者在这里排除了某些表达性行为,因此本文采用"言论自由"一词而非"表达自由"。需要注意的是:"言论"这个词的中文包括"言"和"论"两个字,"言"既可以是动词,也可以是名词。作为动词,它强调"表达",作为名词,它强调人们所说的"话"。"论",也是既可以为动词,也可以是名词。作为动词,它强调"研究和议论",作为名词,它强调"观点和主张"。言论所对应的英文 speech 是名词,侧重于表达"发言和说话"的意思。因此,从字面来看,言论自由中的"言论"更偏重于强调表达,至于所表达的内容,既可以是事实,也可以是观点。

其次,这个术语还包括"自由"。从形式上看,言论自由的"自由"包括了表达方式的自由,既然说话、书信、电话等方式的表达都应该受到保护,网络上的表达自然也不能排除在外。美国对表达自由的保护程度较高甚至在某种意义上可以称之为"激进",保护的制度也相对健全。从美国联邦宪法第一修正案所保护的言论的类型来看,言论已经从最初的书面和口头语言,扩大到抽象的

① 侯健在《北大法律评论》上发表的《言论自由及其限度》一文中认为:言论自由,或称"表达自由",意指……。在这里作者实质上是将两个概念进行等同处理,具体参见侯健:《言论自由及其限度》,《北大法律评论》2000 年第 2 期。

② 沈宗灵:《比较宪法——对八国宪法的比较研究》,北京大学出版社 2002 年版,第71 页。

艺术和音乐表演，从报纸等平面媒体扩大到所有形式的电子媒体，包括正在发展的互联网。[①] 因此，从美国宪法学研究的学理这一视角来看，就表达形式而言，网络谣言中的言论，属于言论自由所涉的范围。

从内容上看，本文对谣言的定义中有一个重要特点，即谣言是未经证实的说法，也就是真假不明。那么也就存在两种可能，即最后证明谣言所包含信息是真实的或者是虚构的。如果是真实的，那么这样的言论其实可以被称作是"新闻"或者是正确的信息，此时的谣言应该受到保护无可厚非。但更多的情况是传播得沸沸扬扬的谣言到最后被证明是虚假的，那么这时还要保护吗？

笔者认为，即使最后发现谣言传播的不是真相，那么也不能因此而放弃对谣言的保护，如果最后证明谣言的内容属于需要限制的范畴（下文对于限制还会有具体的分析），那么自然应该予以制止。但是，我们不能因噎废食，不能因为所传播的言论有可能是虚假或者错误的，就让这些言论当然丧失了传播的自由。表达的自由性和多样性可以激发人们追求真理的热情，从而辩明真理，若长期禁锢言论自由，则会扼杀思想的活力，不利于真理的发现和人类的进步。退一步说，即使是错误的言论，也有受到保护的权利，当然这些错误应当不属于法律法规限制的范围（比如恶意中伤），因为没有人能杜绝犯错的可能性。密尔在《论自由》中说道："迫使一个意见不能发表的特殊罪恶乃在它是对整个人类的掠夺，对后代和对现存的一代都是一样，对不同意于那个意见的人比对抱持那个意见的人甚至更甚。假如那意见是对的，那么他们是被剥夺了以错误换真理的机会；假如那意见是错的，那么他们是失掉了一个差不多同样大的利益，那就是从真理与错误冲突中产生出来的对于真理的更加清楚的认识和更加生动的印象。"[②]在密尔看来，错误的观念具有印证正确观点的作用。如果一个观点不曾遭受到猛烈而认真的争议和批评，那么多数接受者在对待这个意见的时候，会把它当作未受检验的诸多意见中的一种。在这个意义上，认同这种意见就像持有某种偏好，对于它的理性根据则少了很多领悟，因此可能没有办法真正地忠实于这个理念。如果一个正确的意见在与错误观点的争鸣之后被接受，则可以很好地达到这个效果。可见，通过与错误的对比是让人们加深对正确观点的印象的一个好方法。不仅如此，纵使被迫缄默的意见是一个错误，它也可能，而且通常总是，含有部分真理。[③] 有必要指出的是，所谓

---

① 王四新：《表达自由：原理与应用》，中国传媒大学出版社 2008 年版，第 46 页。
② ［英］密尔：《论自由》，许宝骙译，商务印书馆 2009 年版，第 19～20 页。
③ ［英］密尔：《论自由》，许宝骙译，商务印书馆 2009 年版，第 19～20 页。

真理,并不是指它在任何意义上都是正确无疑的,它只是在特定的条件或背景下,对某些领域和问题而言是真理,剥离了这些因素或脱离了这些场域,它可能就是彻底的谬误。因此,如果有不同甚至相反的意见对其进行查缺补漏,就有可能让真理性的一面被不同的群体所了解、理解甚至掌握,让那些看起来深奥难懂的知识在对话、辩论的过程中让更多的人知晓,进而使得真理从局部到整体,从部分专门人士走向公众。

因此,无论是从形式上还是从内容上,网络谣言都属于言论自由中的"言论"所应包含的内容。在最后没有被证明出属于应予限制的范畴之前,在没有法定的限制且面临急迫而重大的危险而有必要限制之前,都应该受到关于言论自由规定的保护。

二、言论自由的价值:保护言论自由的几种理论

(一)真理论

真理论可以说是流传最广泛的一种观点,该观点认为,言论自由之所以应当受到保护,是因为言论自由限制越少,就越有利于激发公众追求真理的热情,也越有利于发现真理,前文所提到的密尔和英国思想家弥尔顿,都是持这种观点的代表人物。这种观点还出现在美国最高法院的许多判决当中,美国著名法官如霍姆斯、布兰代斯等,也都曾将这种理论运用到其判决中。[①]

密尔认为,真理应当是越辩越明的,中国自古也有"兼听则明,偏信则暗"的说法。广泛听取各方面的意见是得出正确结论的必不可少的要件,因此要广开言路。不同观点之间要进行激烈的交锋,不同观点之间的论战可以修补各自存在的不足,从而可以使各自观点、意见更加完善。"只有一种声音的世界是最容易滋生偏见的,人们需要倾听来自各个方面的观点和意见,因为只有那些兼顾双方,不偏不倚,并且力图从最强烈的亮光下观察双方理由的人,才能真正了解那部分真理。"[②]如果一个社会对言论自由进行任意专横的限制,那么就会阻碍真理和正确判断的被发现。

这里还要提到霍姆斯的思想市场理论,这与"真理辩明论"实际上具有异曲同工之妙。霍姆斯认为,"对真理最好的检验是一种思想在市场竞争中所表现出的使自己得到承认的力量"[③]。我们的生活中就存在着各种各样的市场,

---

① 王四新:《表达自由:原理与应用》,中国传媒大学出版社 2008 年版,第 61 页。

② [英]密尔:《论自由》,许宝骙译,商务印书馆 2009 年版,第 41 页。

③ [美]阿尔弗森等:《美国宪法概论》,刘瑞祥等译,法律出版社 1999 年版,第 21 页。

而思想市场理论正是借鉴了经济学中市场①的理念。在可以自由发表言论的社会环境中,一个观点在被实践检验具有真理的成分前,任何人都无法先入为主地判断它的对错,需要借助于市场的博弈来鉴定它。人们可以自由地表达自己的思想和信念,可以针对某种观点展开辩论,这样各种思想和信念就可以自由地流通和传播,而在"优胜劣汰"的竞争之下,真理最终会获胜,而谬误则会被思想市场所淘汰,就像不合格的产品会被市场所淘汰一样。

真理论也招致了一些批评。必须要承认,思想市场与经济学中物品交易的市场存在很大不同,真实市场中的一些规则未必能适用于思想市场。非但如此,真实市场尚且存在市场失灵需要政府调控的情况,思想市场就一定能理想地发挥作用吗?密尔和霍姆斯都认为,言论自由是获取真理的最佳途径,事实上,在一些信息传播的过程中,在偏颇吸收和群体极化的作用下,思想市场有时会失去作用。例如,我们都知道种族歧视、性别歧视是错误的观点,可是无论是过去还是现在,无论是在言论自由开放的国家还是闭塞的地区,这样的观点总是占据一定的分量,怎么也无法从人们的视野之中消失,这就证明了在某些情况下,即使再充分的言论自由也无法达致真理。反观一些言论受到限制的情况,例如诉讼过程中,双方的言论都要受到严格的限制,但其所达到的获知真相的效果也并不差。试想一下,在一个不论是内容还是形式都充分"自由",不受任何限制的法庭进行辩论,真理和真相最后能否胜出,恐怕难有定论。甚至在很多情况下,真相会输给假象,真理会输给谬论。当然,瑕不掩瑜,我们不能因此否认真理论的重要意义,真理有可能被遮蔽进而输给谬误,但其原因往往不是自由被滥用,而是基于不同视角与立场言论的缺位,或者缺乏与不同的言论进行对话、交涉、沟通和辩论。因此,即使言论自由不是获取真理的最佳的手段,也是一个重要的手段,其对真理获取所做出的贡献也是举足轻重的。

(二)民主论

相对于涉及普通社会话题的言论自由,与政治话题有关的言论自由历来会获得更多的关注,民主论就是针对政治言论而产生的。在西方社会,言论自由被看作是民主制度的基石,而民主观念是人们实践表达自由的土壤。民主论的观念认为,见多识广的公众不仅需要通过言论自由的各种途径和方式了解与政府有关的各种信息,还需要通过这种方式就公共事务进行广泛、充满活力的讨论与交流。民主是协调个人自由与集体决策的重要方式,也是现代社

---

① 在理想的市场模型中,商品的流通不受限制,商品的价格由价值来决定,竞争能够帮助消费者获益,优质的商品通常都会有合理的价格。

会的组织形式,民主必须要有言论自由才能得以保障。美国宪法学者亚历山大·米克尔约翰认为美国宪法第一修正案①的制定者们的兴趣在于政治自由。言论自由的意义不仅在于它能够保护和保障人们言说的权利,更重要的在于它是一个健康的政治交流过程所必需的东西,在于它能够使民主原则得到贯彻执行,言论自由源于人民自我统治的需要。② 言论自由不在于人们说的都是有意义或有价值的事情,而在于那些值得被言说的东西能够被说出来。③ 在事关公共政策与公共政治的问题上,言论自由有助于从各个方位与角度审视论题,为深入地理解与解决问题提供思路与方案。在现代社会里,国家秩序的形成与重要决策的做出,需要以某种民主的方式进行。其中主要有以投票方式进行的投票民主和以协商方式进行的审议民主。无论哪种民主,都需要公开讨论、公开对话和公开争议,这是思想交流和观点交锋所必需的。而这都需要言论自由作为前提与前奏。

民主来源于言论自由的原理奠基于社会契约理论。④ 在西方,社会契约理论广为大众所接受,因此政府,包括政府内从事公职的所有官员,都应当是由人民选举出来的,代表人民行使管理社会的职能。人民有权选举他们担任公职,但如果统治者违背契约不履行职责,则人民可以通过选举的方式予以更换,甚至可以推翻政府。在这种政府运作体制下,人民有权通过各种方式和途径来了解并参与这个制度运作的整个过程,在这个过程中,如果言论自由没有得到充分的保证,那么人民权利根本无法实现。

言论自由在民主中的作用主要有以下两点。第一,言论自由保证了人民参政议政的权利。个人将一部分权利让渡给国家,国家的治理是为了人民的权利能获得更好的保护,国家的事务都攸关个人利益得失,因此每一个人对于影响到他的公共决定都应该有知道的权利,也应该有对此发表意见以及直接或间接参与的权利,这是民主应有的内涵。同时,拥有言论自由的人们也可以

---

① 美国宪法第一修正案即是关于言论自由的规定,内容是:"国会不得制定关于下列事项的法律:确立国教或禁止信教自由;剥夺言论自由或出版自由;或剥夺人民和平集会和向政府请愿伸冤的权利。"

② [美]亚历山大·米克尔约翰:《表达自由的法律限度》,侯健译,贵州人民出版社2003年版,第19～20页。

③ Fiss O M. Free Speech and Social Structure, *Iowa L. Rev.*, 1985, Vol.71, No.5, p.1405.

④ 在洛克、卢梭等人的社会契约理论里,政府被设想为在民意基础上成立的自治机构,人民自愿放弃一部分权利,将其交给政府,由政府代以管理社会生活。

向统治者表达自己的愿望及需求,以便于政府更好地履行职能。而与民主相对的专制则惧怕人民参与讨论,专制的统治者总是实行愚民政策,却不知"防民之口甚于防川",人民畏于强权"道路以目",这样不仅无法使民主的意见得以表达,对于统治者自身决策中全面意见的倾听也很不利。

第二,言论自由保证监督及选举的权利。孟德斯鸠说过:"一切有权力的人都会滥用权力,这是万古不变的定律",①政府所掌握的权力和行政资源使得权力的滥用成为可能。个人或者媒体都需要对国家权力运行过程保持足够的警惕,必须对其进行监督,而言论自由就是监督的最有力的武器。充分的言论可以使得民众的声音进入当政者的耳中,对其产生一定的压力,迫使其正视这股力量。在西方,媒体甚至被称为是除了立法、司法、行政外的第四种权力,这体现出其在监督中的重要作用。除此之外,当监督已经无法达到效果时,更换就是另一种选择。人民可以通过对官员的选举来表达自己的意见,用自己手中的选票来发出自己的声音。但是,这种声音必须在理性的前提下发出,这要求人民能够在特定背景下获取相对充分的信息。否则,在信息不对称的情况下,即便人们有聪慧的大脑,能够基于自己的最大利益和公共利益进行投票,也可能会做出客观上不利于自己和公益的投票。其原因就在于言论自由有利于人们获取更充分的信息,甚至可以说,言论自由在某种意义上让人们客观上更加明智和理性。

当然,民主不是万能,民主的优劣也还有争议,"多数人的暴政"也一直为众多学者所诟病,经过多数人决定而制定的法律有可能危害了少数人的利益,此时就有可能侵犯少数人的言论自由的权利。而言论自由有时也可能给民主带来反效果,一些媒体为了私利假借民主之名妨碍政府职能正常履行的现象也时有发生。言论自由与民主既相互包容有时又相互冲突,但从总体上看言论自由对民主的作用终归是利大于弊。

(三)自我实现论

真理论和民主论都将言论自由作为达致某种目的的手段,在工具论的基础上,德沃金教授引入个人伦理主义观念,即言论自由可以健全言者的人性,促进他的自我实现。② 而事实上,言论自由本身就具有一定的价值,就是一种"善"。营造自由、宽松、不受限制的言论气氛,不仅对社会共同体有益,而且还有助于个体的自我实现。自我实现论认为,作为个体权利,表达自由具有本体

---

① [法]孟德斯鸠:《论法的精神》,张雁深译,商务印书馆1961年版,第154页。
② 王锋:《表达自由及其界限》,社会科学文献出版社2006年版,第72页。

意义上的正当性。个体存在于世界的目的,很大程度上取决于其自我实现,即作为主体的人,在其所生活的社会生活中,将其所具有的个性和潜能进行彰显和发挥的程度。① 个体越能够通过言论或者其他方式展现自我,其自我实现的程度就越高,因此要想使个体达到充分实现自我的目标,就必须充分保证个体表达的自由。

首先,这种自我实现体现为在言论自由环境下的自我决策。近代以来,个人的权利和自由得到尊重,人作为社会主体的地位得到推崇,人的个性得到彰显,而自由是人作为一个有尊严的人的首要条件,因此人被视为具有自由意志的主体,可以对外部世界进行自我评判和分析,有能力决定是否接受外来的观点及如何思考。人们通过自己掌握的情况、信息,通过自己对相关言论、意见的判断运用自己理性的思考来为自身做出决策,对于一个独立的个体来说他人生的价值也才会更加完满地得以实现。在《表达自由的价值》一文中,马丁·H.雷迪士提出,如果信息不能自由流动,观点、意见不能交流,个体不能由着自己掌握的情况、信息,运用自己理性思考的能力分析和解决问题,个体的存在就会平白地增添许多被他人操纵的成分,个体的存在也会失去许多意义。如果政府或者统治者以保护公民不受语言环境的侮辱为由而将言论封杀,将人民隔绝在言论自由之外,不允许思想的自由发表,那既是对公民能力的一种轻视,又是人格上的侮辱。②

其次,这种自我实现体现为展现自我的追求,是一种更高层次的需求。人们生活不光有生理的需要和物质的需要,有的时候精神层面的追求更加重要,前有苏格拉底为了坚持真理坚决不肯越狱而最后被处死,后有无数仁人志士舍生取义,思想的表达对于他们来说甚至比生命更加重要。如果任何人的思想或信仰被政府压制,表达观点或意见的权利被剥夺,那么这个人的本性就受到了摧残,对于他来说这是莫大的耻辱。言论自由受到压制,失去的最有价值的东西便是人的精神自由。爱默生教授认为,尽管表达自由可能不是社会唯一或至上的目标,但表达自由本身就是一种善,是一个运行良好的社会的重要组成部分。③ 而国家的最终目的应该是使人们最大限度地发展他们的技能,实现利益最大化与幸福。政府没有必要在实现其他目标的过程中,以压制个

---

① 王四新:《表达自由:原理与应用》,中国传媒大学出版社 2008 年版,第 27~32 页。

② 王四新:《表达自由与自我实现——以网络表达为例》,《现代传播》2010 年第 10 期。

③ Emerson T I. *The System of Freedom of Expression*,Random House Trade,1970,p.8.

体所享有的言论自由作为代价,或者让个体的信念、意见或思想观点充当其他社会价值的祭品。

保护言论自由除了以上三种比较有代表性的理论之外,西方国家的学者还提出了其他为言论自由辩护的理论。例如中立论[①],以及前文提到的社会疏导的作用。其实无论哪种学说,都反映了言论自由对于人类发展社会进步的重要作用。言论的开放与交流为社会稳定创造了条件,言论自由的价值也体现在此。因此,即使网络谣言有可能对社会造成一定的负面影响,也决不可因为这种可能性而对于言论自由进行限制甚至封杀。无论在何种情况下,保护言论自由都是政府应尽的职责。

第二节 网络言论自由的界限

我国《宪法》第三十五条明确规定:中华人民共和国公民有言论、出版、集会、结社、游行、示威的自由。与此同时,宪法也对公民的其他权利进行保护,如第三十八条规定禁止用任何方法对公民进行侮辱、诽谤和诬告陷害,第四十一条规定不得捏造或者歪曲事实对国家工作人员进行诬告陷害,第五十一条规定公民在行使自由和权利的时候,不得损害国家的、社会的、集体的利益和其他公民的合法的自由和权利。因此,言论自由不是无边界的自由,而是需要受到一定制约的自由,一旦网络谣言跨越了这一边界,就不应该再以言论自由的名义对其进行保护。

言论自由是公民的一项权利,但它却不是一项绝对的权利,"任何一个理性社会的存在都会基于常识而否认这种绝对权利的存在"[②]。换个角度来看,维护某种言论的最终目的乃是维护某种现实利益,压制某种言论也是旨在压制某种竞争着的对立的利益。在言论自由行使的过程中,不可能不存在利益的冲突,言论自由既可能侵犯公共利益,也可能于个人利益有损,而只有在这

---

① 王四新:《网络空间的表达自由》,社会科学文献出版社 2007 年版,第 70 页。中立论认为,政府不能因为担心民众会对某个观点、信息或意见产生不良反应就对其进行限制,政府也不能因为某种观点或理论特别适合自己的政策就利用自己所掌握的各种资源对其进行资助。政府应该让各种观点都能出现在人们的视野之中以保证其客观中立。

② [美]亚历山大·米克尔约翰:《表达自由的法律限度》,侯健译,贵州人民出版社 2003 年版,第 18 页。

些情况下才能为言论自由的抑制寻求合法的理由。公共利益主要就是作为共同体的国家的利益,体现在国家安全、社会秩序上,与个人利益的冲突主要体现在于名誉权和隐私权的冲突上。

一、网络谣言与国家利益

"皮之不存毛将焉附",国家是每个人安身立命的基础。国家利益是一个广泛的概念,更多地用在国际交往之中,其实质上是一种综合加权指数,[①]它可以涵盖一个国家外交以及国内生活的方方面面。当然,这并不是说国家的利益就必然高于个人的利益,而是对国家这个大共同体利益的保护实质上也是对个人的利益的间接保护。

网络谣言侵犯国家利益主要有两种情况。第一种情况就是网络谣言危害了国家安全。为维护国家安全,中国法律禁止个人或媒体发布煽动危害国家安全的言论。中国现行刑法第 102 条至第 112 条就详细规定了危害国家安全罪的类型和罪名。刑法将这类行为规定为犯罪,表明言论自由的行使不能以损害国家利益为代价,不能对中国的领土、主权造成损害。

其中特别值得一提的是泄露国家机密的言论,几年前闹得沸沸扬扬的斯诺登事件[②]就是很好的例证。近年来,我国的言论自由度空前提高,因言论而泄密的案件也随之增多。网络言论门槛较低,一些无法通过其他途径发布的言论在网上都可以找到渠道,低门槛也使得网上人群龙蛇混杂,网络的匿名性更增加了身份识别的难度,因此对于涉密消息无论真假都必须更加谨慎,不论是科技类还是军事类的机密,一旦泄露都有可能对国家利益造成重大损害。为此《宪法》第 53 条规定,任何公民都有保守国家秘密的义务,[③]我国《刑法》第 398 条规定了"泄露国家秘密罪",第 111 条规定了"向境外提供国家秘密、情报罪",并专门制定了《中华人民共和国保守国家秘密法》对此详细做出规定。

---

① 王逸舟:《国家利益在思考》,《中国社会科学》2002 年第 2 期。

② 2013 年 6 月,前中情局(CIA)职员爱德华·斯诺登将两份绝密资料交给英国《卫报》和美国《华盛顿邮报》,并告之媒体何时发表。按照设定的计划,据报道,美国国家安全局和联邦调查局于 2007 年启动了一个代号为"棱镜"的秘密监控项目,直接进入美国网络公司的中心服务器里挖掘数据、收集情报,包括微软、雅虎、谷歌、苹果等在内的 9 家国际网络巨头皆参与其中。

③ 《中华人民共和国宪法》第 53 条:中华人民共和国公民必须遵守宪法和法律,保守国家秘密,爱护公共财产,遵守劳动纪律,遵守公共秩序,尊重社会公德。

与国家秘密的保护相对应,公民的知情权也是言论自由的组成部分,它是站在听者利益的角度呼唤言论自由,只有言论充分自由的情况下民众的知情权才可以获得保障。而知情权与国家秘密是一对矛盾体,一个希望信息外露,一个希望信息保密。这对冲突要想解决,归根结底还是应该取决于"秘密"的性质,如果说这个信息的曝光会对国家或者社会的利益造成损害,那么此时就应该守口如瓶,不能以言论自由为借口而将其公之于众;但若这个信息的公开并不会对国家的长治久安造成实质性的影响,那么也不能打着机密的旗号将其雪藏。

第二种情况就是网络谣言妨碍了社会的稳定,这样的例子数不胜数。前文谈及网络谣言对社会的消极影响时也有涉及,[①]此处就不再赘述。除此之外导致公共秩序受到损害的言论还有很多,如煽动人们拒不执行生效的法院判决、煽动民族仇恨等等。稳定的秩序是个人生活的保障,任何个体和媒体都应当在行使宪法赋予的言论自由的权利的时候,考虑到公共秩序的需要,考虑到作为权利的自由的内涵和界限,以防止因为一人的自由,而导致其他更多人的不自由。对于此种现象,我国法律也是禁止的。《刑法》第291条的故意传播虚假恐怖信息罪[②]就对此做出了明确的规定。对于达不到刑事处罚的行为,《中华人民共和国治安管理处罚法》第25条[③]也有规定,实践中也更加常用。

二、网络谣言与名誉权

名誉和人的人格尊严有密切关联,社会评价牵涉对一个人名誉的褒贬,其

---

① 例如:2008年的蛆橘事件使得全国柑橘严重滞销,果农商家的利益严重受损,人人谈橘色变;2011年响水县的"爆炸谣言"引发数万不明真相的群众产生恐慌情绪,引发一场大逃亡,并造成4人遇难;地震谣言令山西数百万人街头"避难";日本地震之后,两条消息传遍网络,即食盐中的碘可以防核辐射,而受日本核辐射影响国内盐产量将出现短缺,这两条谣言引发全国"抢盐风波",市场上一盐难求。

② 《中华人民共和国刑法》第291条第2款:投放虚假的爆炸性、毒害性、放射性、传染病病原体等物质,或者编造爆炸威胁、生化威胁、放射威胁等恐怖信息,或者明知是编造的恐怖信息而故意传播,严重扰乱社会秩序的,处五年以下有期徒刑、拘役或者管制;造成严重后果的,处五年以上有期徒刑。

③ 《中华人民共和国治安管理处罚法》第25条第1款规定:散布谣言,谎报险情、疫情、警情或者以其他方法故意扰乱公共秩序的,处五日以上十日以下拘留,可以并处五百元以下罚款;情节较轻的,处五日以下拘留或者五百元以下罚款。

对人的重要性不言而喻,因此,破坏他人名誉的行为总是受到不同程度的限制甚至被禁止。从历史上看,罗马法中就有严格限制侮辱性吟唱的规定,早期的日耳曼法甚至以割掉舌头的方式来惩罚侮辱他人的人。[①] 自古以来,言论自由与诽谤之间,就存在着一种张力,这种张力并没有随着时间的推移而缓和。随着网络技术发展和网络覆盖面的日益扩大,网络具有了传统媒介所无法比拟的传播速度和能力,而且信息的发送者和接受者之间具有很强的互动性,这使得谣言的产生与传播更加迅速,使得谣言具有很强的自我完善、自我强化的能力,因而更具杀伤力。网络也因此成为了名誉侵权事件的多发区。

(一)当名誉权遭遇诽谤

名誉反映了一种人同社会之间的关系,是公众对特定的公民或法人社会形象的评价。名誉权,就是公民、法人享有的应该受到社会公正评价的权利和要求他人不得非法损害这种公正评价的权利。我国《民法通则》中明确规定了公民、法人享有名誉权。宪法也从正反两个方面对名誉权的保护做出了规定。[②]

英美法系国家把损害他人名誉的行为统称为诽谤,美国最高法院为诽谤所下的定义是"诽谤是对于尊严的损害,如无其他正常原因,而故意散布有害于某个人的记载,此种记载又为虚伪的,或受害人对此持否定态度,亦应负一般的违法责任"[③]。通常这样的言论有损于他人的声誉或名誉,因此,以各种形式使原告受到藐视、憎恨、轻蔑或嘲笑,使理智清醒的人对他产生反感,致使原告为朋友和社会所抛弃的行为,都是诽谤。[④] 诽谤性的言辞不仅可以针对自然人,也可以针对国家或法人组织。

诽谤的行为一般属于民事领域,严重者也可以升级到刑事领域。构成诽谤行为一般需要达到以下几个要件。首先,所陈述的必须是事实。一方面,诽谤是对某种"事实"的陈述,若没有事实仅有单纯的负面情感的表达或谩骂可能是侮辱。另一方面则是陈述的虚假性,若是真实情况的披露有可能构成对隐私权的侵犯。其次,有关的虚假事实涉及特定人的社会评价,并使该人的社会评价降低,通俗地说就是名声受到影响。网络谣言中的诽谤一般还必须达

① Pech v. Jribune Co.,214 U.S. 185,29 S.Ct.554(1904). 转引自王四新:《网络空间的表达自由》,社会科学文献出版社 2007 年版,第 289 页。

② 《中华人民共和国宪法》第 38 条规定:中华人民共和国公民的人格尊严不受侵犯。禁止用任何方法对公民进行侮辱、诽谤和诬告陷害。

③ 王锋:《表达自由及其界限》,社会科学文献出版社 2006 年版,第 194 页。

④ 参见康守玉:《新闻侵权的民事责任》,转引自张新宝主编:《互联网上的侵权问题研究》,中国人民大学出版社 2003 年版,第 113 页。

到一定的传播范围,该消息在人群之间的流通扩散,往往造成被诽谤者通常感到羞辱、痛苦,承受巨大的精神压力,于被诽谤者而言他的利益受到了侵犯,需要加以制止。英美法系国家还将诽谤分为口头诽谤和书面诽谤,对二者惩罚的力度也不一样。口头诽谤一般具有即时性,所造成影响也较小因此惩罚力度也较轻,而书面诽谤则被认为具有永久性伤害,因此惩罚也较重。我国法律并没有对此进行区分,但是从互联网的特点上看,网络谣言一般具有文字性的特点,因此大多数情况属于书面诽谤。

(二)名誉权保护的规范依据

在法律全球化的大背景下,我国也加入、承认了一些人权条约。《世界人权宣言》第 12 条和《公民权利和政治权利国际公约》第 17 条都规定任何人的私生活、家庭、住宅和通信不得任意干涉,他的荣誉和名誉不得加以攻击。人人有权享受法律保护,以免受这种干涉或攻击。我国法律正在与世界接轨,国内法应该更好地落实自己的承诺,通过有效的法律实施来落实国际法中有关保护公民名誉权的理念精神。

一般认为,名誉权属于私权,因为除了宪法第 38 条的基本规定外,对于名誉权的保护大多体现在民事法律法规中,主要有《中华人民共和国民法通则》和《最高人民法院关于贯彻执行〈中华人民共和国民法通则〉若干问题的意见(试行)》,《刑法》中也有关于诽谤罪、侮辱罪的规定。《民法通则》第 101 条对名誉权作了基本规定:"公民、法人享有名誉权,公民的人格尊严受法律保护,禁止用侮辱、诽谤等方式损害公民、法人的名誉。"最高院的有关司法解释也对侵害名誉权的民事责任做了规定,[①]《民法通则意见》第 140 条规定:"以书面、口头等形式宣扬他人的隐私,或捏造事实公然丑化他人人格,以及用侮辱、诽谤等方式损害他人名誉,造成一定影响的,应当认定为侵害公民名誉权的行为。以书面、口头等形式诋毁、诽谤法人名誉,给法人造成损害的,应当认定为侵害法人名誉权的行为。"第 150 条规定了侵害名誉权的赔偿数额的各种考虑因素,明确规定加害人的过错程度、侵权行为的具体情节、影响后果都应纳入考虑范围。近年来最高院涉及名誉权的解答、批复也时有出现,在司法实践中

---

① 以下简称《民法通则意见》。

对于相关情况的处理也有指导作用。① 2001 年最高院发布的《关于确定民事侵权精神赔偿责任若干问题的解释》在规定精神侵权赔偿责任的同时，首次把人格尊严权和人身自由权并列提出。而在规制电影、出版、广播电视等行业的行政法规中，均把"侮辱或诽谤他人"的内容列为禁止项目。2000 年国务院颁布的《互联网信息管理办法》也要求互联网信息服务提供者不得发布或传播"侮辱或诽谤他人，侵害他人合法权益的"内容，并规定了处罚办法。客观来说，我国对于名誉权的保护的规定当属比较具体，甚至可以说有些严格。

(三)公众人物的名誉权

有一类法律主体，当他的名誉权受到损害时，法律对其处理的态度与方法"与众不同"，这就是公共人物。从目前的立法来看，我国没有任何法律条文对公众人物与普通百姓在名誉权受到侵犯时有不同的规定，也找不到对公众人物名誉权进行限制的条文。但在"《纽约时报》诉沙利文案"之后，"公共人物"原则也在以直接或间接的方式影响着中国的名誉权保护的范围，我国司法实践中也已有相关判例出现②。

公共人物理论是美国平衡时代③宪法裁判的产物，这一理论试图平衡两个群体之间所享有的权利。第一类权利是掌握政治、经济、社会资源尤其是媒体资源的主体所享有的名誉权、隐私权；第二类权利是新闻媒体根据美国联邦宪法修正案第一条所享有的言论自由、报道自由，以及公众的知情权。第一类享有诸多资源的主体必须容忍部分权利与自由被限制，以保证第二类主体的表达自由等权利得到充分实现。公共人物理论发轫于这样一种纯朴的价值预设：特定群体的自由与公共利益必须进行适当的平衡，公共利益在某种程度上必须享有适当优先地位。之所以有这样的预设，是因为传统自由主义政治哲学认为，开放的政治言论能够促进个人自治、民主发展和对真相与真理的发

---

① 例如《最高人民法院关于审理名誉权案件若干问题的解答》第 7 条对于应当如何认定侵害名誉权的责任中也有明确的指示："是否构成侵害名誉权的责任，应当根据受害人确有名誉被损害的事实、行为人行为违法、违法行为与损害后果之间有因果关系、行为人主观上有过错来认定。"

② 判例如 2002 年中国足球队员范志毅状告上海新民联合报业集团侵犯名誉权案件，2003 年余秋雨状告《北京文学》萧夏林侵犯名誉权案件等。

③ Aleinikoff T A. Constitutional Law in the Age of Balancing, *The Yale Law Journal*, 1987, Vol.96, No.5, pp.943-1005.

现，这些价值比公共人物自身的权利和自由更为重要。① 基于这种政治哲学，美国联邦最高法院采用一案一决、逐步扩张的司法策略，逐步构建起相对成熟的公共人物理论。

公共人物（public figure）概念源自"《纽约时报》诉沙利文案"②。该案的基本案情是：负责管理警察局事务的官员沙利文起诉《纽约时报》，声称该报对他的影射性报道与事实不符，对他的批评简直就是一种污蔑。沙利文的主张得到了初审法院和亚拉巴马州高级法院的支持，但美国联邦最高法院以9∶0的投票比例判定《纽约时报》无须承担责任，并且提出了两个密切相关的著名概念——"实质恶意"（actual malice）和"公共官员"（public official）。

"实质恶意"是指在美国联邦宪法第一修正案之下，公共官员受到与履行公职行为（official conduct）相关的诽谤时，除非能够证明对方出于实质恶意，否则无权请求获得赔偿。"实质恶意"在这里意味着行为人明知其将做出虚假言论或者对于信息的真假辨认存在严重的过错（reckless disregard）。"公共官员"是指"掌握或被授予公共职权的人或通过被选举或任命来执行部分政府主权的人"，范围包括行政官员、法官和州雇员。③

在沙利文案的终审判决中，美国联邦最高法院的法官认为，对案件所涉及的公共官员的职权行为（stewardship）进行公开讨论和在公共论坛中自由地发表言论，是公民的基本权利。若过分干涉这一自由，将会阻碍民主社会的问责机制发挥作用，最终也是对联邦宪法第一修正案表达自由和第十四修正案正当程序规定的践踏。据此，法官认定公民有权批评公共官员的有关公职行为；对公民的这种言论所提起的诉讼请求，违反了联邦宪法修正案中关于言论自由、出版自由和正当程序原则的规定，因此判定阿拉巴马法院所适用的法律规则违宪。同时，在对以往诸多案例回顾和综述之后，美国联邦最高法院认

---

① Solove D J. *The Future of Reputation*：*Gossip*，*Rumor*，*and Privacy on the Internet*，Yale University Press，2007，pp.131-132.

② New York Times v. Sullivan，376 U.S. 254（1964）. 1960 年 3 月 29 日的《纽约时报》刊登了一则政治广告，名为《倾听他们高亢的声音》（Heed Their Rising Voices）。该广告提到了警察对民权领袖马丁·路德·金做出的一些阻挠和迫害行为，尤其在第三、六自然段中的一些表述是违背事实的，这引起了沙利文的愤怒。在他看来，虽然报纸并没有点名，但他作为负责管理警察局、消防局等公共事务委员会的三名民选委员之一，报纸的批评显然是对他的影射和污蔑，于是他提起了诉讼。

③ 见"全美州议会联合会"官网，http://www.ncsl.org/research/ethics/50-state-definions-of-public-official-officer.aspx，最后浏览日期 2016 年 6 月 30 日。

为,虽然《煽动叛乱法》(Sedition Act)规定了对公职人员名誉的保护,但由于该法限制了对政府和公共官员的批评,因此与第一修正案相悖而无效。[1]

随着时代的发展和新问题的产生,"公共官员"概念开始转向于一般意义的"公共人物",其转向的契机是"格茨诉韦尔奇案"[2]。在一起以施暴警察为被告的二级谋杀诉讼中,律师格茨被聘为被害人家属的诉讼代理人。《美国观察报》(American Opinion)的记者认为存在着一个全国范围内的社会主义者反对执法机关的阴谋活动,而格茨是一个"列宁主义者"或"社会主义先驱"。格茨认为这一报道严重失实,作为国家律师指导委员会的成员,[3]他与列宁主义、马克思主义等没有丝毫关系。格茨由此对《美国观察报》及记者提起了诉讼。然而该报的记者辩称,其刊发的文章涉及公共利益和公众关心的议题,格茨具有公共官员或公共人物的身份。因此,本案应该适用"《纽约时报》诉沙利文"案所确立的标准,除非格茨能够证明记者具有"实质恶意",否则记者不应承担侵权责任。

美国联邦最高法院最后认定格茨只是在民权领域和法学界有些声望,但是并没有达到众所周知的程度,因而不算是公共人物,并最终判决格茨胜诉。尽管该案的判决有种种缺陷,[4]但是美国联邦最高法院在格茨案中确认了公共人物的概念。这一概念将以下两类人视为公共人物:第一种是在所有背景下和从各个方面看,都具有普遍的声誉和知名度的人士。[5] 第二种也就是更常见的公共人物是指"自愿地把自己置于特定的公共争议中,并因此在特定范围内成为公共人物"。[6]

随着时间的推移,美国各级法院对待牵涉公共人物的案件的处理越来越有经验。在前自媒体时代,美国逐渐形成了较为成熟的公共人物理论。一般而言,美国法学界通常把公共人物分为三种,即完全的公共人物(All-purpose

---

[1]　New York Times v. Sullivan,376 U.S. 276(1964).

[2]　Gertz v. Robert Welch,Inc.,418 U.S. 323 (1974).

[3]　该委员会成立于1937年,是由律师、其他法律工作者以及法学院学生组成的非营利性法律与政治组织,致力于法律价值的重构以及基本人权的保障。详情参见其官网:http://www.nlg.org/about/history,最后浏览日期2016年6月30日。

[4]　比如,任东来教授认为,"它没有说明,为什么让宪法来代替普通法中的诽谤原则,适用到所有涉及私人原告的案子。"参见任东来:《新闻自由与个人名誉的艰难平衡——关于美国媒体的诽谤诉讼》,《南京大学学报(哲学·人文科学·社会科学版)》2004年第3期。

[5]　Gertz v. Robert Welch,Inc.,418 U.S. 323 (1974), p.322.

[6]　Idbd, p.351.

public figures)、自愿的有限公共人物(voluntary limited-purpose public figures)和非自愿公共人物(involuntary public figures)。①

完全的公共人物,是指绝大部分时间都出现在公共视野中,在各种情况下都可被视为公共人物的人。其中最具有代表性的就是公共官员。那些具有公务员编制的人,由于"控制着政府事务,并对这些事务负责",②因此有必要被视为公共人物接受来自媒体的监督。但是,这并不意味着完全的公共人物仅限于那些政府雇员,有些人士,比如影视明星,虽然没有政府公职,但由于具有备受关注的好名声或坏名声,诱发了公众的兴趣和好奇心而被公众普遍关注,在公共视野中占有一席之地,因此也被视为公共人物。③ 总之,只要是"处于具有普遍性权力或影响力的位置的人",就可以"被视为普适性公共人物"。④哥伦比亚特区巡回上诉法院在沃尔鲍姆⑤一案中,进一步确认普适性公共人物是"众所周知的'名人'(celebrity),他的名字'家喻户晓'。由于他的观点和行为值得注意,或者是他积极地在寻求这种关注,公众认识并学习他的语言和行为"。⑥ 该法院还特地在该判决的注释15中指出,当事人是否理所应当地得到这种尊重并不重要,问题的核心是,"是否一个通情达理的人会认为,公众实际上会关注这个人"。⑦

自愿的有限公共人物也可以称为"旋涡公共人物"(vortex public figure)。按照美国联邦最高法院的解释,这类人"将自己置于公共问题的旋涡中,从事意在通过吸引公共注意力来影响结果的行为"。⑧ 界定这种公共人物的标准有三个:原告自愿置身其中、公共争议和影响结果。法院认为"如果一个人试图或现实地被预期对解决具体的公共纷争施加重要影响,那么他就成为一个有限公共人物"。⑨ 在认定这种公共人物时,还需要注意以下几个标准:一、当

---

① Calvert C, Richards R D. *Pyrrhic Press Victory: Why Holding Richard Jewell Is a Public Figure Is Wrong and Harms Journalism*, ALoy. LA Ent. L. Rev., 2001, Vol.22, No.2, p.293.

② Rosenblatt v. Baer, 83 U.S. 75, 85(1966).

③ Hustler Magazine, Inc. v. Falwell, 485 U.S. 46(1988).

④ Gertz v. Robert Welch, Inc., 418 U.S. 323 (1974), p.345.

⑤ Waldbaum v. Fairchild Publications, Inc. 627 F.2d 1287(D.C.Cir.1980).

⑥ Idbd, p.1294.

⑦ Idbd, p.1294.

⑧ Gertz v. Robert Welch, Inc., 418 U.S. 323 (1974). p.352.

⑨ Waldbaum v. Fairchild Publications, Inc. 627 F.2d 1287(D.C.Cir.1980), p.1287.

事人是否具有经常和持续（regular and continuing）①接触媒体的能力。如果没有，那么就不应被视为公共人物。二、当事人变得"知名"的"背景"是什么。如果只是通过媒体来"以合理的方式来维护自己的名誉"，法院就很难（extremely reluctant）②认定其为公共人物。三、如果一个人启动司法系统来解决生活中的日常问题（ordinary vicissitudes），那么他也不能成为公共人物。③

与前述两种公共人物相比，非自愿公共人物的概念在宪法上得到承认的过程则历经不少波折。美国联邦最高法院对于这一概念的立场前后不一，曾经拒绝承认这一概念的法律意义，又在后来的格茨案中认为"非因故意行为而成为公共人物是有可能的"④。美国联邦最高法院的判决强调，普通人物（private figure）向公共人物转化的前提是这个人已经涉足公共问题，这一点比公开报道更为重要。⑤ 美国联邦最高法院通过判例最终确立了非自愿公共人物的判定标准：首先，"这个人从事的一系列行为，使其他人有理由相信，该行为会引发公众的兴趣。同时，关于该行为的公共争议必须实际产生。不论与这一行为是否具有因果关系，都必须与行为相关联。"其次，这个人"在公共争议中必须被认为是焦点人物"⑥。

综上，三种公共人物的最大区别，在于进入角色的时间和场景的不同。就普适性公共人物而言，他是"全天候"的。因此，他需要向言论自由和媒体自由妥协的幅度更大，牺牲的隐私权也更多，能够维系的隐私空间就更小。而自愿有限的公共人物，在更多时候可能只是普通人，享有广泛的隐私权利。当他们自愿、主动地投身于公共视野中，吸取公众目光的同时，也就牺牲了自己的隐私权。非自愿的公共人物，跟普通人并无二致，只是因"一不小心""被卷入"公

---

① Gertz v. Robert Welch, Inc., 418 U.S. 323（1974），p.345.

② Foretich v. Capital Cities/ABC，Inc. 37 F. 3d 1558(1994).

③ 同上。比如，美国联邦最高法院也认为，通过诉讼请求离婚，也不构成格茨案中所确定的公共人物标准。虽然公众通常对那些具有大量财富人士的婚姻问题很有好奇心，但这不足以构成将视他们为公共人物的正当化理由。同时，一般人并不因为涉入吸引公众注意的事件或与其有关，就自动地成为公共人物。Time，Inc. v. Firestone，424 U.S. 448，454(1976)；Wolston v. Reader's Digest Ass'n，443 U.S. 157，167 (1979).

④ Gertz v. Robert Welch，Inc.，418 U.S. 323（1974），p345.

⑤ Shackelford S. Fragile merchandise：A Comparative Analysis of the Privacy Rights for Public Figures，*American Business Law Journal*，2012，Vol.49，No.1，pp.125-208.

⑥ Wells v. Liddy，186 F.3d 540(4th Cir. 1999).

共争议或公共事件时,才猝不及防地被牺牲了自己的隐私权——就像那位不幸的机场调度那样。[①] 三种不同类型公共人物的特点,可以用图 3-1 来表明:

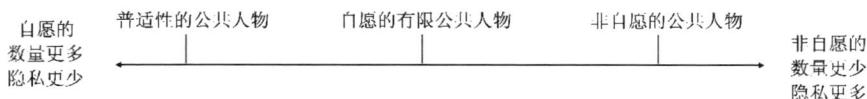

图 3-1

虽然从各自掌控的社会资源和影响力来看,三种公共人物可能存在数量级的差距,但一旦进入到公共人物这一角色,套上"公共人物"这一外衣,他们都要享受(抑或遭受)公共人物的待遇。除非他们能够证明媒体的相关行为满足"实质恶意"的标准,否则其名誉权和隐私权都要受制于媒体的表达自由。

(四)网络谣言与名誉权的冲突

尽管名誉权大多在民事法律的层面受到关照和保护,而言论自由属于宪法层面上的权利,但这并不意味着言论自由高于名誉权。相反,二者在法律地位上并无高低之分,法律的保护也不应当厚此薄彼。言论自由与名誉权何者能获得青睐,在大多数情况下需要取决于具体案件情况。张新宝教授提出的法律平衡观理论认为:对于这样同是为民事主体不可或缺的权利和利益之法律保护,法律不可能一般性地规定孰重孰轻,而只能在观念上达到相对的利益平衡。[②] 事实上,百分之百的平衡是不存在的,就具体案件而言,可能需要考虑到某些特别条件,基于这些特别的条件而对于某一方面的权利或者自由之保护予以适当的倾斜。

纵观中国的法律,对于言论自由的保护实际上只有宪法的原则性规定,而我国宪法在司法中的可诉性颇有争议,因此民众的表达自由在受到侵犯时,难以找到有效的救济办法。反观对于名誉权的保护,像民法这样的部门法不仅

---

① 1974 年 TWA727 航班发生坠机事故,八年后《华盛顿杂志》有一个豆腐块大小的版面报道称机场调度有过失,但不是坠机事故的全部原因。当事人戴姆隆认为这段文字是对自己名誉的诽谤,于是起诉了杂志。他的身份也就成为本次诉讼的核心问题。上诉法院认为,尽管戴姆隆没有将自身置于这场纷争中,但是"人们即便没有同意,也能够涉入公共纷争",于是最终认定鉴于戴姆隆事故当天也在调度塔内,他就成为这起坠机事故时的"非自愿的有限公共人物"。Dameron v. Washington Magazine, Inc., 779 F.2d 736 (DC. Cir. 1985).

② 张新宝:《名誉权的法律保护》,中国政法大学出版社 1997 年版,第 104 页。

为名誉权列出了详细的清单,而且有配套的司法解释,再加上长期司法实践累积的经验,使法院在遇到具体的案件时往往容易放弃对空洞的宪法权利的保护而转向对部门法有具体规定的名誉权利的保护,这对言论自由的保护来说是个棘手的问题。对诽谤的规制合法地阻止个人或组织进行毁坏他人名誉的交流,但当诽谤法过分妨碍言论自由,就有可能导致对真理或意见的压制,此时诽谤法就可能成为公民权利的绊脚石。看来,比起名誉权等具体权利,我国法律对言论自由这样抽象权利的保护还有更大的提升空间。

三、网络谣言与隐私权

每个人都有自己不愿意为他人所知晓的信息,现代社会也逐渐由"熟人社会"向"陌生人社会"转变,人们不愿意将自己暴露在陌生人面前。特别是随着网络信息技术的发展,个人资料暴露的风险极大增加,个人隐私保护显得刻不容缓。香港臭名昭著的狗仔队以偷窥明星隐私为业,网络谣言也常常在隐私公布时助纣为虐。在对网络谣言进行规制研究时,隐私权就成了一个不得不考虑的问题。

(一)隐私权的内容

隐私权与名誉权一样,都是一种基本人格权利,是个人私生活的基本保障。人们对自己的私生活享有充分的支配权利,任何人不能跨越雷池而使他人的个人生活受到干涉和侵犯,对隐私的保护也体现了对一个人最起码的尊重。

"隐私"一词的语义是"不愿告人或不愿公开的个人的私事"。[1] 学理上最早对隐私权进行系统论述的是波士顿的律师沃伦(Samuel D. Warren)和布兰代斯(Louis D. Brandeis,他后来成了联邦最高法院的大法官),他们在1890年《哈佛大学法律评论》第5期发表了《隐私权》一文。在该文中,作者们认为个人有保留私密信息不为外人所知的权利,个人有权利决定在多大范围内透露给别人自己的想法、情感和情绪,这种权利受到普通法的保护。他们在这篇雄文里呼吁美国法学界接受这一新兴的权利,并认为"政治、社会和经济的变化使得对这种新权利的承认十分必要","恒久保持青春的普通法,需要成长以满足社会的需要"。[2] 当然,沃伦和布兰代斯所提到的隐私权和当前人们所说

---

[1] 《现代汉语词典(第五版)》,商务印书馆2005年版,第1629页。

[2] Warren S D, Brandeis L D. The Right to Privacy, *Harvard law review*, 1890, Vol.4, No.5, pp.193-220.

的隐私权的内涵与外延上有所不同,这也是一个术语在演变过程中难以避免的现象。所以有学者在对百年来的隐私权文献梳理的基础上,放弃了本质主义的定义方式,以描述的方式提出了隐私权的五个面向:沃伦和布兰代斯所提的关于侵权的隐私权;针对政府的搜查和逮捕及与联邦第四修正案相关的隐私权;当个人的言论自由和他人的思想与独处的自由冲突时,存在的"半宪法性"的、与第一修正案相关的隐私权;第十四修正案保护的涉及基本个人判断的隐私权;杂糅了上述四种隐私权的州宪法上的隐私权。① 就本文所涉的隐私权而言,还是沃伦和布兰代斯所指的关于一般侵权的隐私权,其指向并非公法上的公权力机构,而是不掌握公权力的媒体和个人,这里的隐私,就是个人私生活秘密,它包括私人信息、私人活动和私人空间。②

在沃伦和布兰代斯的论述中,隐私权之所以应该被保护,是因为媒体对个人私生活的过度窥视,他们这样论述媒体给人们带来的困扰:

> 新闻界正在各个方面明显逾越正当、庄重的界限。流言飞语不再是游手好闲之人和品行不端之人的资源,它成为一种交易,可以通过勤劳工作和厚颜无耻而获得……

> 为了吸引好逸恶劳之人,报纸的大量版面充斥着毫无价值的流言蜚语,这些流言只有通过侵扰他人家庭生活方式能获得。伴随着文明的发展,紧张而复杂的生活使得人们有必要有一些时间和空间超脱于世事之外,与此同时,人类在日趋精致高雅的文化的影响之下,对于公开表现得越来越敏感;但是现代企业和现代发明却通过侵犯个人隐私,使其遭受精神痛苦和伤害,这种痛苦和伤害可能远甚于肉体伤害所带来的影响。③

沃伦和布兰代斯对媒体侵犯个人隐私的批评,是立足于 120 年前纸质媒体正在勃兴的时代。时过境未迁,个人面对媒体的弱势地位,个人隐私权易被侵犯的可能性,在一百多年后的今天,不仅没有得到缓解,反而随着传统媒体产业的进一步发展与新媒体产业的日新月异,面临着更加容易被侵犯的可能性。即便随着《隐私权》这一雄文在世界范围内被不同程度地认可,进而使得

---

① Gormley K. One Hundred Years of Privacy，*Wis. L. Rev.*，1992，Vol.1992，No.5，pp.1335-1442.

② 杨立新:《隐私权,不容侵犯》,载《人民日报》,1999 年 9 月 8 日第 11 版。

③ Warren S D，Brandeis L D. *The Right to Privacy*，*Harvard law review*，1890，Vol.4，No.5，pp.193-220.中文翻译转引自[美]约翰·D.泽莱兹尼:《传播法:自由、限制与现代媒介》,张金玺、赵刚译,清华大学出版社 2007 年版,第 158 页。

隐私权在各国得到不同程度的保护,这仍然没有解决或缓解媒体对个人私生活的窥视,甚至这种窥视的目光还多了几分凌厉,增加了几分金钱的颜色。而这种变化,源自互联网这一新媒体工具的出现及网络媒体的兴起,随着网络社交平台和微博、微信等新媒体工具的发展,个人隐私权呈现出一种全方位的败退之势。只是在这种败退过程中,从个人隐私(包括可以制造的、以隐私形式出现的"作秀")曝光中获取金钱满足和心理满足的各方人们快感的表达,有意无意地遮蔽了那些要求关注隐私权的呼声,甚至曝光者还形成了一种道德优越感:你的信息被曝光了,这是公共利益的需要,而且你的信息之所以被曝光,还不是因为你把它们放到了"我们所认为的""公共空间"? 在这个空间里主张隐私权,不仅没有道德和法律的规范依据,甚至权利主张本身都是非道德的,是一种"矫情"。①

（二）隐私权的规范依据

我国对隐私权的保护近年来才兴起。我国的法律中虽然有不少关于隐私权保护的规定,但都没有明确地提到隐私权一词,隐私权的内容往往暗藏在其他民事权利之中。例如《宪法》第 38 条对人格尊严不受侵犯的规定,第 39 条对公民住宅不受侵犯的规定,第四十条规定公民的通信自由和通信秘密受法律保护,都以默示的方式包含了隐私权的保护。1987 年颁布的《民法通则》也没有将隐私权规定在其中,在处理案件时往往将其归入名誉权或者人身自由权的保护中。《刑法》中也是如此,虽未明确提及"隐私权"一词,但很多条文却是为保护公民的隐私权而设定的。例如第 252 条侵犯通信自由罪,以及第 253 条私自开拆、隐匿、毁弃邮件电报罪,都可以体现;对于非法公开隐私的处理,有时也参照诽谤罪、侮辱罪的规定进行处理。除此之外,《民事诉讼法》《妇女权益保障法》《未成年人保护法》等专门性立法也对涉及隐私的事项进行了专门的保护。

近年来随着网络进入人们的生活,隐私权被侵犯的情况逐渐增多,隐私权的法律保护逐渐进入立法者的视线。我国《侵权责任法》在第 2 条中将隐私权以列举的方式规定于其中,②首次明确将隐私权列入民事法律保护的范畴。2012 年《全国人民代表大会常务委员会关于加强网络信息保护的决定》,将网

---

① 《媒体人致复旦学生公开信:别太矫情了》,http://www.mediacircle.cn/? p＝17818,最后浏览日期 2016 年 6 月 30 日。

② 2010 年起施行的《侵权责任法》第二条:侵害民事权益,应当依照本法承担侵权责任。本法所称民事权益,包括……隐私权……等人身、财产权益。

络上的个人信息保护作为重点加以规定,对隐私权的保护更上了一个台阶,拓展了隐私权的适用空间。可以看出,我国对于隐私权的规定虽不如对于名誉权规定来得具体细致,但扩大保护力度的趋势非常明显。

(三)网络谣言与隐私权的冲突

网络谣言的兴起使得侵犯隐私权的行为频发。网络谣言的匿名性减少了发布者的顾忌,从而增加了暴露他人隐私的可能,且网络谣言传播速度快和范围广更加重了该行为的不利影响。隐私权不仅是民法保护的私人权利,更是宪法保护的公民权利。相对于名誉权界限的模糊性,隐私权的保护显得更加绝对。从隐私权自身的属性来看,它是一种对世权,任何人对于他人的隐私都负有不得侵害的义务。因此,言论自由和隐私权都是人格权的应有构成,二者缺一不可,为了构筑完整的人格权,对这两种权利均应予以保护。

然而,言论自由与隐私权之间却存在着固有的张力,二者的本质目的也存在着不同。隐私权的目的在于维护公民私人生活的秘密,防止任何人侵犯;而言论自由权的目的则在于维护公民"说"和"知"的权利,依法议论和获取信息。从它们在人权谱系中的地位来看,难以抽象地确定它们价值位阶的高低。寄希望两者能够在类似化学元素周期表一样的表格中将两者进行排序,然后据此确定价值高低大小,在冲突时"抓大放小",这样的想法无异于缘木求鱼,无论在价值序列、逻辑推理还是实践检验等各方面,都无法找到支持的依据。因此,两种权利发生冲突时,只能"具体问题具体分析",将问题置于具体的场景下,梳理、整合所有相关因素之后权衡,然后得出结论。在网络谣言这一言论中,对隐私权的侵犯也往往夹杂着对名誉权的损害,应对它们与言论自由的对立冲突时,可以相互参考和借鉴。

网络谣言与隐私权的冲突问题,还涉及一个特殊的群体——公共人物。这既涉及普通人的言论对公共人物隐私权的问题,也涉及公共人物之间言论自由和隐私权的关系问题。前一类问题的处理,公共人物理论本身已经给出答案,而后一类问题,在自媒体时代展示了更加精细幽微的复杂性,有必要审慎对待。

根据既有的公众人物理论,无论是自愿的公众人物,还是非自愿的公众人物,要想维护其个人权利,都必须证明言论侵权的一方达到"实质恶意"的程度。

这完全忽视不同人物、不同言论的性质与特点,只要被贴上公众人物的标签,就必须在证明侵权的一方具有"实际恶意"的情况下才能追究其责任。考虑到不同人物的影响力与博弈能力(bargaining power),不同性质的言论对于民主、自治和真理的意义不同,我们完全有理由区别对待,细化处理,根据具体情境和主体考量是否适用"实质恶意"或"一般恶意"原则。

从国外公共人物被侵权的案例来看,公共人物基本上都局限于"个人",偶有案例涉及法人或者其他组织。① 那么能否将公共人物的标准适用于法人或其他组织呢?公共人物概念的核心在于其广为人知,具有广泛的社会知名度或影响力,与新闻媒体关系密切。而法人或其他组织普遍存在着商誉,在一定地域内广为人知或有重要影响,更能够利用媒体资源实现自身的目的。有些情况下,这些公司或组织本身就是强有力的媒体甚至是类似"明日帝国"②那样的媒体集团。在这个时候,没有理由不将公共人物的标准适用于它们,以求与其他公共人物的权利、一般公众的权利以及公共利益保持平衡。

如果将法人或非法人组织视为公共人物,随之而来会产生该类公共人物之间及它们与作为个人的公共人物之间有关表达自由的纠纷与冲突。此时,能否适用"实质恶意"原则来解决这类公共人物之间的纠纷或冲突呢?公共人物理论旨在通过设定"实质恶意"原则来平衡掌握诸多资源的公共人物的自由与新闻媒体的言论自由、新闻自由以及公众的知情权,保障社会公共利益的优先实现。因此,在同为公众人物的情形下,应当考虑以下三个因素看是否应适用一般恶意标准,以此来平衡当事人之间的权利冲突:一是看当事人所借助的媒体差别状况,如果双方借助的媒体差别很大,无法通过媒体澄清事实或挽回声誉,此时可以认定为侵权;二要看双方当事人的身份与影响力。如果涉嫌侵权的一方实力远远高于被侵权一方,此时运用实质恶意标准会造成严重的不均衡,此时应当举证责任倒置,由涉嫌侵权的一方承担举证责任。三是要看被侵权一方的澄清能力。如果被侵权一方能够将澄清的信息传播给受众群体,那么涉嫌侵权的一方就不构成法律意义上的侵权,否则就可以考虑通过法律规定让涉嫌侵权方承担救济的责任。当然,被侵权方未必要将澄清的信息传播给虚假或诽谤性信息的每一个接收者,但至少应让那些核心与主要接收者

---

① 如在"马丁诉晚星报"一案中,法院一方面认为公司不具有个人的声誉,只有商业信用,"格茨案"所建立的划分公共人物和私人的标准不适用于此,另一方面又要求承包商证明报纸具有实质恶意,将公共人物的标准适用于公司,具体参见 Martin Marietta Corp. v. Evening Star Newspaper,417 F. Supp. 947、954-956(D.D.C. 1976).

② 《明日帝国》是 007 系列电影之一,讲述的是一个拥有《明日报》的传媒大亨为了垄断媒体的利益,不惜挑起国家之间的战争。因此"明日帝国"可以作为对那些在现实和虚拟世界中具有重大影响力媒体的代称,它们有能力对国家提出尖锐而直接的挑战。参见沈逸:《应对"明日帝国"的挑战:全球化时代的资本、信息与国家》,《国际社会科学杂志》2010 年第 1 期。

收到该信息。①

此外,自媒体时代我们还面临着虚拟的公共人物或与真实的公共人物之间的侵权纠纷,此时该如何适用公共人物理论?虚拟公共人物之间,由于不发生真实世界中的名誉权或隐私权损害,无须通过实证法的路径予以解决。至于虚拟公共人物与真实公共人物之间的冲突,通常是虚拟人物以曝光真实人物隐私或以侮辱诽谤侵害其名誉的方式引起的。此时真实人物要想通过法律救济自己的权利,就必须获取涉嫌侵权人的真实身份信息。在网络后台实名制的今天,那些虚拟公共人物通常都会在网络服务商处留下真实世界的个人信息,被侵权的一方可通过查找技术追索到虚拟公共人物的真实身份。至于那些在网络实名制前注册的虚拟公共人物,由于其未在网络服务商处留下真实的个人信息,难以或无法追究其法律责任,这可以通过要求发布信息的网站或博客屏蔽侵权言论,以作为公共人物所需要承担的风险。

在我国的语境下,应当根据公众人物发布的谣言所指涉的群体区别对待,承担相应的法律责任。当公共人物发布的谣言涉及一般公众与非自愿公共人物时,由于双方实力的严重不均衡,应采用一般恶意标准。当公众人物所发布的网络谣言涉及公权力以外的公众人物时,要厘清双方所借助的媒体性质与影响力、信息接收者的情况和被侵权一方采取的救济措施,具体确定何时适用实质恶意标准来判定是否触犯了《侵权责任法》并需承担法律责任。当公共人物发布的谣言不涉及具体的人或机构时,如果严重损害了公共利益与秩序,应视行为情节与后果适用《治安管理处罚法》②乃至《刑法》③。此外,对于公共人物发布、传播了谣言,但未达到实质恶意或一般恶意的程度,出于对表达自由的保护,根据既有的法律规定无法令其承担侵权后果。对于这种情况,我们可以考虑通过其他社会规范来对网络公共人物的言论进行约束,使其在发表或传播言论时保持审慎态度。社会规范的培育,一方面要塑造网络服务商的社会责任感,主动审查博客或论坛上公共人物的言论,另一方面要经由社会组织

---

① Perzanowski A. *Relative Access to Corrective Speech : A New Test for Requiring Actual Malice*, *California Law Review*, 2006, Vol.94, No.3, pp.833-871.

② 根据我国《治安管理处罚法》第 25 条的规定,散布谣言,故意扰乱公共秩序的,处五日以上十日以下拘留,可以并处五百元以下罚款。另根据《计算机信息网络国际联网安全保护管理办法》《互联网信息服务管理办法》等规定,通过互联网制作、复制、发布、传播谣言的,均要依法予以处罚。

③ 如煽动分裂国家罪、煽动颠覆国家政权罪、编造并传播证券、期货交易虚假信息罪、损害商业信誉、商品声誉罪等罪名。

提高公共人物的自律感,审慎发表或传播言论。当然,在规制主体的法定权限内,在符合法定程序与法治基本原则(如比例原则)的前提下,也可以通过制定规范性法律文件对其进行明示性要求。

第三节 言论自由的限制与限制的限制

一、限制言论自由的理由

如果不能恰当地说明言论自由的限度,任何支持言论自由的理论都是片面和有缺陷的,既缺乏足够的说服力,也没有切实的实践意义。本文所谓的限制规则主要是指法律上的限制,而不是物质、技术或道德上的限制。下文将在对国内外相关规定的解读基础上,对限制的原则进行简要分析。

任何权利都有自己的边界,超越了这个边界,主张实现这一权利就意味着权利的滥用,言论自由也是如此。作为宪法基本权利,言论自由不能随意被限制,任何限制权利的理由都需要证成,任何对基本权利进行的限制本身也应受到限制,这是进行权利限制的正当性来源。

首先,自由是法律上的自由,那么言论自由也应该是法律限度内的言论自由。洛克曾经说过:"自由并非像罗伯特·菲尔曼爵士所告诉我们的那样,个人乐意怎样做就怎样做,高兴怎样生活就怎样生活。"[1]孟德斯鸠也说过:"在一个有法律的社会里,自由仅仅是:人们能够做应该做的事,而不是被迫做不应该做的事。"[2]法律意味着界限,法律上的自由是有条件的自由,这个世界上没有无权利的义务,也没有无义务的权利,如果一个人可以不遵守法律的界限,那么意味着其他人也可以同样不用遵守,他人的不遵守就可能造成对你的自由的侵犯,倘若人人如此,那还有何自由可言。正如《社会契约论》所述,法律对自由的限制也是基于人们之间的约定,是为了获得更多自由而做出的牺牲,自由是以行为的无害为前提,无害的才是自由的。英国政治哲学家以赛亚·伯林将自由分为两种类型:积极自由与消极自由[3]。前者表明主体的自我决定的自主状态,后者表明主体不受干扰、侵犯的状态。因此,言论自由的

---

① [英]洛克:《政府论(下篇)》,瞿菊农、叶启芳译,商务印书馆1964年版,第16页。

② [法]孟德斯鸠:《论法的精神》(上册),张雁深译,商务印书馆1961年版,第154页。

③ [英]以赛亚·伯林:《自由论》,胡传胜译,译林出版社2011年版,第171页。

含义也包括两个方面,从正面看就是人们可以按照自己的所想表达自己的想法的自由,从反面来看就是人们表达自己的想法不应该受到不合法的限制。正如法国《人权宣言》的规定中所说:"自由传达思想和意见是人类最宝贵的权利之一,因此每个公民都有言论、著作和出版自由,但在法律限制内,须担负滥用此项自由的责任。"

其次,法律存在的根本目的决定了其对于言论自由限制的正当性。人们在日常生活中对法律的理解,往往会把注意力集中于它的强制力和对秩序的维护上。但是,对秩序和法律自身的强制力的强调并不意味着它是自由的对立面。实际上,法律对秩序的追求和运用强制力的特点只是它工具性的一面,它存在的终极目的是对人的自由与权利的保护和保障。一方面,从法律的目的上看,法律的目的不是废除或限制自由,而是保护和扩大自由。① 要求自由是人类根深蒂固的一种欲望,是人的本性使然,没有一种最低限度的自由,人就无法生存。因此,博登海默说:"整个法律和正义哲学就是以自由观念为核心而建立起来的。"②因此,确认和保护自由恰恰是法律本身的特性。而另一方面,法律还意味着责任,意味着不遵守约定所需承担的不利后果,也是法律能得到执行的有效保障。"自由不仅意味着个人拥有选择的机会并承受选择的重负,而且还意味着他必须承担其行动的后果,接受对其行动的赞扬或谴责。自由与责任密不可分。如果一个自由社会的成员不将每个个人所处的境况乃源出于其行动这种现象视为正当,亦不将这种境况作为其行动的后果接受,那么这个自由的社会就不可能发挥作用或维持自身。"③因此在法律规定的范围之内,人通常是自由的,但一个人享受他的自由时不能突破法律的界限。当人们在法律框架内活动,法律是潜在的,而一旦人的行为超出了这条界限,这条界限就会凸显而发挥作用,法律责任及相应的惩罚就会接踵而至,人们需要为他的不遵守约定买单。

二、限制言论自由的宪法性规范

言论自由是全世界共同的话题,在人权保护的大环境下,言论自由被规定

---

① 哈耶克特别强调洛克的这一观点,参见[英]F.A.哈耶克著:《自由秩序原理》,邓正来译,生活·读书·新知三联书店 1997 年版,第 203 页。

② [美]博登海默:《法理学——法哲学及其方法》,邓正来译,中国政法大学出版社 2004 年版,第 279 页。

③ [英]F.A.哈耶克:《自由秩序原理》,邓正来译,生活·读书·新知三联书店 1997 年版,第 83 页。

在与人权保护有关的一系列国际协定中。

1948年,联合国通过《世界人权宣言》,其中第19条规定:"人人有主张及发表自由之权;此项权力包括保持主张而不受干涉的自由,及经由任何方法不分国界以寻求、接收并传播消息意见之自由。"

1966年联合国在《世界人权宣言》的基础上通过的《公民权利和政治权利公约》对此权利具体化,第19条规定:"一、人人有权持有主张,不受干涉。二、人人有自由发表意见的权利;此项权利包括寻求、接受和传递各种消息和思想的自由,而不论国界,也不论口头的、书写的、印刷的、采取艺术形式的、或通过他所选择的任何其他媒介。"

该公约第19条第3款还对言论自由行使的界限做出了规定:"言论自由的行使带有特殊的义务和责任,因此得受某些限制,但这些限制只应由法律规定并为下列条件所必须:(甲)尊重他人的权利或名誉;(乙)保障国家安全或公共秩序或公共卫生或道德。"

《欧洲人权公约》也有类似规定:"上述(言论)自由的行使既然带有责任和义务,就得受法律所规定的程序、条件、限制或惩罚的约束,并受在民主社会中为了国家安全、领土完整或公共安全的利益,为了限制混乱或犯罪,保护健康或道德,为保护他人的名誉或权利,为防止秘密收到的情报的泄露,或为了维护司法官的权威与公正所需的约束。"

除了国际条约,各个主要国家也对言论自由有所规定。如1789年法国《人权宣言》规定:"自由传达思想和意见是人类最宝贵的权利之一,因此每个公民都有言论、著作和出版自由。"这可以认为是最早对言论自由保护的文书。美国宪法第一修正案被认为是言论自由保护的"帝王条款":"国会不得制定关于下列事项的法律:确立国教或禁止信教自由;剥夺言论自由或出版自由;或剥夺人民和平集会和向政府请愿申冤的权利。"德国也将言论自由的保护及其限制在其宪法中做了规定,《德国基本法》第五条第一款中指出:"每个人都有表达及传播他们的观点的权利,通过书写或其他可视化方式可以通过被允许的途径获得信息而不受任何阻碍。"第五条第二款对言论自由的保护作出了限制:"所有的权利要受到一般法律的限制,这些一般法律包括对未成年人的保护和对公民个人权利的尊重。"[①]

而我国对言论自由的规定主要体现在宪法中,《中华人民共和国宪法》第

---

① 邢璐:《德国网络言论自由保护与立法规制及其对我国的启示》,《德国研究》2006年第3期。

35 条规定：中华人民共和国公民有言论、出版、集会、结社、游行、示威的自由。此外，我国言论自由的内容规范在民法、刑法等部门法中也有相应具体的规定。

三、言论自由限制的种类

（一）内容限制与形式限制

根据限制所针对的对象，可以将对言论自由的限制分为内容限制和形式限制。对言论自由内容限制，主要是针对言论所保护的内容、观点或看法所施加的限制。我国对于言论自由内容的限制并没有统一的规定，而是分散在部门法、单行法之中，前文的权利冲突中也曾有所涉及。除此之外，对言论自由的内容限制也可以参考国家出版①、电视、广播等行业的限制性规范，《出版管理条例》中的规定可以说是较为完整的归纳，主要也是对公共权利、个人权利及利益的保护。

与内容限制不同，对言论自由发表的时间、地点、场合的限制一般只构成形式性的限制，并不直接涉及言论的内核，因此不是一种直接的限制。而限制言论内容，则是一种实质性的限制。因为言论自由受到形式限制的人仍然可以在自己家中或者其他适当的场合讨论他所要讨论的问题，他没有失去言论自由权，失去的只是在特定的时间和场合言论自由的权利。

霍姆斯大法官在申克诉合众国案的判决中说，每一项行为的特征，取决于它在被作出时的情形，即使对言论自由最严格的保护，也不会保护一个人在剧院里谎报火灾而造成一场恐慌。② 这种限制的根据并不是他发表了有害于公共、个人利益的言论或者剧院人员所反对的科学、政治见解，而是这种行为破坏了人们在平和安宁的氛围中观赏节目的需要。因此，言论发表的场合、对象

---

① 2011 年颁布的《出版管理条例》第 26 条规定：任何出版物不得含有下列内容：（一）反对宪法确定的基本原则的；（二）危害国家统一、主权和领土完整的；（三）泄露国家秘密、危害国家安全或者损害国家荣誉和利益的；（四）煽动民族仇恨、民族歧视，破坏民族团结，或者侵害民族风俗、习惯的；（五）宣扬邪教、迷信的；（六）扰乱社会秩序，破坏社会稳定的；（七）宣扬淫秽、赌博、暴力或者教唆犯罪的；（八）侮辱或者诽谤他人，侵害他人合法权益的；（九）危害社会公德或者民族优秀文化传统的；（十）有法律、行政法规和国家规定禁止的其他内容的。

② 王锋：《表达自由及其界限》，社会科学文献出版社 2006 年版，第 63 页。

和时间,也会像言论的内容那样,成为确定言论是否应当受到限制的要件之一。[①] 在社会动乱或不稳定因素存在的情况下,谣言往往更易滋生,但也更需要受到关注。在发生自然灾害之时,对于网络谣言的控制总是特别严格。[②] 可见无论是内容限制还是形式限制,都是言论自由限制的合理内涵。

(二)事先限制与事后惩罚

根据限制的时序,可以将对言论自由的限制分为事先限制与事后惩罚。事先限制是指在言论表达之前或者言论表达结束之前,对涉及言论自由的相关活动所施加的限制,包括许可证制、对言论的管制、报告制度等。事后惩罚是在言论表达发生之后,对违反相关规定的人员施加的法律限制,包括刑事、民事、行政等追惩手段。事先限制始于英国,严格的事先限制成为政府控制人民言论自由的工具,臭名昭著的"出版法庭命令"一度成为英国言论自由最大的桎梏。如今,在确定了言论自由制度的国家,政府不能再像过去那样肆无忌惮地通过事先控制来限制特定言论的发布。与此同时,事后惩罚的范围和力度也随着促进言论自由的需要而日益减弱。

限制的手段也根据言论自由传播的不同形式而有所不同,不同的言论传播形式所达到的效果不同,所采用的方法也自然应有区别。对于广播、电视等媒体,其本身的特点决定了它在信息传播方面具有纸媒所不具备的主动性,对于纸质媒体,人们不想获知其上的言论,可以不看它,而广播电视等媒体则可以一定程度上突破人们的意愿让人们面对它所承载的信息。在某种意义上,在特定的时间和空间中,它无所不在,因此往往对其实行最严格的限制。对于出版物等平面媒体的限制,一般既采用带有事先约束性质的许可证制度,又针对具体的违法情形,对违法的单位和个人进行事后惩罚,与广播电视等媒体相比,受到的限制则小得多。而互联网在信息传播方面所具有的即时性、互动

---

① 密尔也举了一个例子来说明这个问题:如果有人在报纸上发表文章,将穷人遭受饥饿的原因归结为粮商囤积了大量的粮食,无论该意见是否可以证实,它都属于意见或讨论,都应当是自由的。如果该意见发表的地方不是报纸,而是换了另外一种场合,比如聚集了大量激动并处于饥饿边缘的粮商的店铺门前,该意见就不是纯粹的意见而是应当受到限制的言论。王四新:《网络空间的表达自由》,社会科学文献出版社 2007 年版,第 29 页。

② 例如,关于盐中含有的碘能够防止核辐射的说法,若在一般情况下这只是涉及科学知识的普及,顶多也只能算是不够完整的科学知识,也不至于产生多么严重的后果,然而在日本核辐射泄漏的大背景下,这样的消息就能产生全民抢盐的狂潮,其所造成的影响将对社会稳定造成威胁,这就成了对其限制的正当理由。

性、广泛性等特征是其他传统媒体不可比拟的,这也对传统的言论自由限制模式提出了挑战。互联网结合了平面媒体与电子媒体的特征,但是互联网需要点击进入,其主动入侵性不如广播、电视等媒体来得强,公民具有更大的选择权利,因此在对互联网言论的管制上,往往是两种方法并用双管齐下,结合两种媒体的特点,针对不同板块的内容施以不同的管制。

虽然对言论自由的事先限制可以防止过度言论所带来的不良后果,以免造成不可挽回的损失,可以防患于未然,但事先审查的弊端还是显而易见的。在操作上,由于审查带有很大的主观性,无法形成一个统一的标准,事先的限制赋予了审查机关过大的自由裁量的权力,容易造成对言论自由的扼杀。另一方面,事先审查需要时间成本、物质成本,会使部分言论失去时效性,不利于言论自由有效实现,也往往会给人们"知"的权利带来负面影响。从我国目前的立法来看,对于互联网的管制以事后惩罚为主,这从前文提到的因言论自由侵权而要承担责任的法律条文中可以看出。同时,国家也要求网络运营商在运营中负有充分的注意义务,具体来说,包括以下几项义务:检查义务、通知义务、协作义务、报告义务、答复义务等,但算不上严格的事先审查制。

四、言论自由限制的限制

言论自由不是一项不受限制的权利,"任何一个理性社会的存在都会基于常识而否认这种绝对权利的存在"[①]。无论是通过司法途径还是行政途径为言论自由设定界限,都需要遵循一定的指导思想,将这些指导思想理论化,就是言论自由的限制原则。尽管这些原则并没有明文写入法律,但却在一定程度上为法院和国家在具体操作中提供了有效的指引,这些原则同时也是对政府限制言论自由的权力的限制。

(一)合法律性原则

言论自由是国际人权公约和中国宪法都承认和保护的政治权利和自由,不可随意剥夺或限制。因此,对言论自由的限制必须也只能由法律做出明确的规定,对滥用言论自由行为的处罚,必须依照已经公布的法律。从这个意义上讲,合法性原则也可以称为法律保留原则。该原则要求法律[②]是政府对网络言论进行管制的唯一依据,如果完全以行政规定或者含糊不清的法定授权

---

① [美]亚历山大·米克尔约翰:《表达自由的法律限度》,侯健译,贵州人民出版社2003年版,第18页。

② 这里的法律指的是由享有立法权的国家机关指定的具有普遍约束力的基本法律。

为限制的依据,则容易构成对表达自由的侵害。我国《立法法》第八条规定:下列事项只能制定法律:(五)对公民政治权利的剥夺、限制人身自由的强制措施和处罚;言论自由属于公民的政治权利,对言论自由的剥夺,是法律绝对保留的事项,对言论自由进行限制必须通过全国人大及其常委会立法进行规范,行政法规以及一般的行政机关不可超越权限私自为言论自由设定界限。因此,我国目前以行政法规来对言论进行限制的方式有待于改进,应基于该原则上升至人大立法的层面。

法律保留不仅指对言论的限制要有实体法的依据,同时也必须要遵循程序法的规定,限制或者处罚也必须依照法定的程序。实体法的依据要求无论是对言论自由的内容限制还是形式限制都应该严格依照法律的规定,尽量以"对号入座"的方式执行。法律规定则应尽可能明确,能够为人所理解。程序法则要求在限制或惩罚的程序中也要依照相应的法律规定,被告或者行政相对人也可以享有例如听证、申辩等权利。合法性原则可以认为是对限制的限制,体现了对政府权力的制约,也是为了更好的保护人民言论自由的权利。

(二)伤害原则

密尔在其著作《论自由》探讨了"社会所能合法施予个人的权力的性质和限度"①,按照严复的翻译即是"群己权界"的问题,该书中首次提出了伤害原则作为自由的界限。密尔认为,个人对于仅涉及其本身的行为,是不受社会和法律所施加的约束,任何人的行为只有涉及他人的那部分才须对社会负责,只有那些对社会或他人造成伤害的行为,对其进行限制或惩罚才是正当的。

密尔的伤害原则是自由主义关于自由限度的经典论述,言论自由是自由的一部分,将伤害原则引申到言论自由的限制也是在大体上是适用的。另外,密尔还认为,一个人的行为使他人产生精神上的反感乃至厌恶,并不算作"伤害"。关于伤害的对象,密尔也提到将对"他人"或者"社会"的伤害都列入考虑。欧文·费斯在《一种既是个人又是政治的自由》中也指出,密尔在《论自由》一书中,并未将伤害原则适用于对言论自由的限制,②但从后果来看,言论对人的伤害很多时候并不一定比物理性的伤害轻,有些时候更甚。因此,即便言论的伤害行为与后果之间的因果关系难以测定,也可能一偶然伤害他人的主体人数和程度确定起来有难度,但对于那些有明显因果关系或高度相关性的伤害性言论,没有理由完全排除这一原则。密尔认为,当且仅当自由对社会

① [英]密尔:《论自由》,许宝骙译,商务印书馆2010年版,第1页。
② [美]欧文·费斯:《言论自由的反讽》,刘擎译,新星出版社2005年版,中译本序。

或他人造成了"伤害"才可以对之进行限制,否则便是不正当的,而且行为对他人或公众有了确定的损害或者有了确定的损害之虞时,才应该受到道德或法律的约束。对应到网络谣言也就是前文提到的公共利益与个人利益。总的来说就是密尔认为所谓的伤害必须具有实质性,精神的伤害和推定的伤害不构成对他人自由限制的理由。

然而这样的观点似有过于狭隘之嫌。随着物质的发达,现代人对精神的追求和重视可能是密尔那个时代所无法预料的,"精神损害赔偿"在现代的法律中占有一席之地并越来越受到重视,如果不对其进行保护,那么人权意义的完整性也将受到质疑。以网络谣言侵害名誉权为例,对被侵权人所造成的伤害是其社会评价降低,精神上也会受到伤害,其所侵害的对象及后果本来就是抽象意义上的。若将精神损害都排除在外,那么对名誉权、隐私权的保护从何谈起。密尔这样的想法可能受限于时代背景,但在社会有了新的发展和变化之后,将赋予伤害原则更加广泛的内涵则显得十分必要。而说到对于伤害的推定,刑法中定罪原则尚且有"行为说""危险说""结果说"①三种做法,运用到网络谣言中也是如此,有些能造成严重后果的伤害可能具有很强的隐蔽性(例如泄露国家机密),并不是一时半会就可以看出来的,有些伤害主要针对抽象的精神层面,在对言论自由的限制时都须将这些因素考虑在内。我们在此主要借鉴的是密尔的伤害理论的原理,具体操作中还应结合案例再行分析。

(三)明显而即刻的危险原则

如果把密尔的伤害原则看作一种界定标准,根据这标准,可以在"质"的层面界定某一行为是否构成对言论自由的限制,那么"明显而即刻的危险原则"则是一种在"量"的层面可以参考的界定标准,可以看作是伤害原则在法律领域内的应用。

霍姆斯大法官在申克诉合众国案的判决中首次提到"明显而即刻的危险原则"。他在判决意见中指出"一切与言论自由有关的诉讼案件,其问题是:言论是否被用在如此场合,以致将造成明显而即刻的危险,并造成国会有权禁止的实质性危害"②,这是一个程度问题。该原则主要包括以下几个要点:首先,言论只有在对社会秩序已经造成或极有可能造成重大而实质性的危害时,才

---

① "行为说"指只要实施了这个行为就要定罪而不论这个行为是否造成危害后果。"危险说"指一个行为只要有造成严重后果的危险性就应当受到惩罚。"结果说"指一个行为只要造成了法定后果才应该受到惩罚。

② Schenck v. United States,249 U. S. 47,1919.

可以予以限制或处罚。其次,对社会秩序所产生或可能产生的破坏必须要达到明显而严重的程度,才足以以牺牲言论自由为代价。最后,言论之后的非法行为的产生,或者说言论自由所造成的损害,有一种"立即性"或"可能性",对于这种可能性,除非限制言论自由,否则无法避免,也就是说该规制手段对于避免危害是不可或缺的。在"明显而即刻的危险原则"里,决定社会危害性的因素主要不是言论的客观环境,而是其实质内容。

尽管"明显而即刻的危险原则"的论述一般仅涉及社会秩序,这一原则主要也是为了解决言论自由与国家安全、公共秩序的冲突,但其原理也可以适用于个体,用于判断对个人造成的危害程度。这一原则对于保护言论自由所起的积极作用毋庸置疑,但是也伴随着一系列批评。最主要的批评就是"明显的""即刻的"这两个标准在实践中难以界定,实际运用仍要取决于个人的主观判断,可能导致判断者拥有过多的自由裁量权。然而这一原则还是获得了大多数学者的认可,毕竟一个十全十美的原则是不存在的,一个能彻底满足两种对立理论的原则也是不存在的。同时,我们不应孤立地看待这一原则,而应该将它与其他制度条件结合起来才能更好地发挥作用。

(四)比例原则

比例原则是德国公法的基本原则,[①]在功能意义上,它与英美法上的合理性原则近似。在本质上,它是一个基于广义的功利主义原则所进行的成本收益分析的法律化。只是这种成本和收益,需要进行广义理解,不仅包括物质利益,还包括其他难以或不能用金钱衡量的利益。该原则是关于国家权力和公民权利之间关系应该遵循的一项基本准则,它旨在要求国家权力之行使必须适当、必要、不过度、符合比例,不得对公民权利和利益造成非法侵犯。这种原则要求在处理相互冲突的各种利益时,要衡量、比较它们的轻重、大小,按照利益的位阶来进行取舍。比例原则作为权利限制的基本要求,"是据以判断某一个涉及对基本人权可能做出限制的公权力行为,其所采行的手段与所要达致的目的之间是否存在合理的关联性、是否保持最低的必要之限度以及是否合乎适当之比例的原则。"[②]比例原则是依具体事件,平衡各种法益的冲突所作的公正合理的个案决定,因此,它是个案正义的具体表现。比例原则的运用通

① 陈新民:《行政法学总论》,三民书局1995年版,第62页。

② 韩大元、林来梵、郑贤君:《宪法学专题研究》,中国人民大学出版社2004年版,第285页。

常使用"利益衡量法"①,即是以最小限度的阻碍和浪费来尽可能满足各种相互冲突的利益。如同苏力所主张的那样,比例原则意味着在权利冲突时,法律应该按照一种能够避免较为严重损害的方式来配置权利,或者反过来说,这种权利配置能使产出最大化。②

所谓的比例原则其实是一个广义的概念,其实包括了三个层次,即适当性原则、必要性原则、狭义的比例原则。③ 适当性原则是一种目的导向的要求,要求所采取的措施必须能够实现目的或至少有助于目的达成并且是正确的手段。具体到言论自由中,就是要求所采取的限制方法能够达到制止言论自由所造成或将造成的损害的目的。也就是说,在目的与手段的关系上,必须是适当的。

必要性原则,要求在能达成要求的目的多种方式中,应选择对人民权利最小侵害的方式。因此必要性原则也可以称"最小侵害原则",④在保护一项更优越更高价值的权利的时候,尽量使其对另一权利价值损失减少到最合理或最低限度,用中国的一句俗语来说就是"杀鸡焉用牛刀"。

狭义的比例原则,含义是一个措施虽然对于实现目的是必要的,但也不可以给人民造成过度的负担。⑤ 也就是要求所采取的措施与其所达到的目的之间必须合比例或相称,如果为了保护较小的利益而牺牲较大的利益,那么这样的做法无异于杀鸡取卵。一个行为和所追求的代价若不成比例则将失去这种均衡的比例关系。具体到言论自由的规制中,就是从价值取向上来衡量限制言论自由所要保护的利益与言论自由权本身,究竟二者孰轻孰重,以及手段与目的之间的考量,仍需要根据具体个案来决定,由法官通过自由裁量权来取舍。

---

① 利益衡量法作为一种分析和解决冲突的办法,其学术传统来源于庞德的社会学法学,庞德在对人的各种需要和利益进行详细的分类之后,注意到利益之间是有重叠的或冲突的,因此需要对利益进行估量,至于利益衡量的标准,庞德认为是最小限度的阻碍和浪费来尽可能满足各种相互冲突的利益。

② 苏力:《法治及其本土资源》,中国政法大学出版社 1996 年版,第 183 页。

③ [日]芦部信喜:《宪法》,李鸿禧译,月旦出版社 1995 年版,第 178 页。

④ 谢世宪:《论公法上之比例原则》,载城仲模编:《行政法之一般法律原则》,三民书局股份有限公司 1997 年版,第 126 页。

⑤ 王锋:《表达自由及其界限》,社会科学文献出版社 2006 年版,第 274 页。

第四章　　网络谣言的规制

尽管谣言的历史几乎与人类历史同龄,但是从古至今并没有形成一套对付谣言行之有效的措施,对待谣言也常常以被动的方式"兵来将挡水来土掩",没有固定和有效的特定应对模式。时至今日,谣言不仅继续存在,而且还与互联网这种新科技相结合,使得谣言的制造和传播更加迅捷和多样化,治理的难度也相应地呈几何级提高。

第一节　辟谣:一项棘手的工作

面对铺天盖地而来的谣言,其所涉及的相关人士及组织不可能坐等其害,对于那些有重大社会影响的谣言,有关机关也难以袖手旁观。因此,包括辟谣在内的谣言治理问题日渐浮出水面,让各界人士都"认真对待"。

面对网络谣言,大体而言有三种应对方式。第一种是彻底的市场化,即像自由至上主义者(libertarian)所主张的经济自由放任政策那样:最大的市场,最小的干预。让各种思想在市场中竞争拼杀,让那些最能为人们所接受的思想、也就是思想消费者最青睐的思想留存下来,让市场自动完成淘汰的过程。其代表人物是霍姆斯大法官:"……我们所追求的至善,唯有通过思想的自由交流才能更好地实现——检验真理的最好办法就是在市场的竞争中,让思想自身的力量去赢得受众,……我想我们应该永远警惕,防止那些要钳制思想表达的图谋,除非这些表达如此地迫在眉睫地威胁、阻碍了法律的合法和重大目的,以至于必须立即采取措施才能拯救国家。……"[①]在互联网兴起之初,就有人主张网络上的言论不应该受到管制,法律应该就此止步,以便让言论通过自由竞争的方式优胜劣汰。最后能够被保留和被信任的言论,就是胜利者,就

---

① 　Abrams v. United States,250 U. S. 616(1919),pp .630-631.译文参考任东来等:《在宪政舞台上——美国最高法院的历史轨迹》,中国法制出版社 2007 年版,第 269 页。

应该受到尊重。这种观点类似于希望将网络变成早期美国的狂野西部,[①]让各种言论在自由竞争中完成进化并形成秩序。

第二种是集权主义的径路。类似于经济学中的计划经济或中国传统法律思想中法家的严刑峻法,主张对信息的传播进行严厉的控制,对违反规则的行为进行严厉的制裁。[②] 依照这种思路,要对言论进行事先的审查,通过控制言论的流转来避免侵权可能性。这种说法与其说是学术观点,不如说是一种情绪的表达。因为,即便想做到"防民之口",在现代社会也无法有效实施。在规范层面,基本上所有正常国家的宪法,都规定了包括言论自由在内的诸种表达自由,而集权主义的处理方式与这种自由形成直接对立,因而缺乏规范的正当性来源。在道义层面,作为基本权利的言论自由,是作为宪法保障的核心——人的尊严的外在表现,与权力限制、权利保障这一宪法的基本原理根本一致,因此集权主义的路径缺乏道义的正当性来源。在现实层面,自媒体时代的互联网想要禁锢人们的言论和思想,除非闭关锁国、与世隔绝,否则定会招致人们的强力反抗。因此,对于一个正常发展的国家而言,此路径是绝对行不通的。

第三种是中间路线,即在完全的自由与严厉的管制之间寻找一个"中道"。也就是说,立足于言论的表达者与受众之间的权利诉求和公共利益,在个人的言论自由、信息的自由流转与个人名誉和隐私权之间寻找一个平衡点。这一"中道",可以称为规制。这种"规制"(regulation),也可以称为"调整"(regulation 的另一中文翻译),这意味着它首先是承认相关权利,是在承认、保护和保障的前提下进行的调整。同时,在限制与保障这些相互冲突的权利与自由之间,它势必会做出取舍。这种规制的含义包括:在内容上,首先要在宪法层面宣示言论自由与个人名誉和隐私的规范性基础。同时通过不同层级的法律规范对这些权利的内容、范围进行确认,以及在这些权利受到侵犯时应当如何救济进行明确规定;在程序上,强调在限制宪法基本权利时必须遵循法律保留原则和比例原则。此外,就公共人物与谣言规制的问题而言,要将公共人物的分类与层级在理论上进行清晰化、概念化区分,对公共人物的范围加以限定,对言论指向的公共人物的名誉权、隐私权和言论自由之间的关系加以梳理,并对

---

① Barlow J P. A, Declaration of the Independence of Cyberspace,http://wac.colostate.edu/rhetnet/barlow/barlow_declaration.html,最后浏览日期 2016 年 6 月 30 日。

② Solove D J. *The future of reputation*:*Gossip*,*rumor*,*and privacy on the Internet*,*Yale University Press*,2007,pp.112-113.

这些言论与公共利益之间的关系进行详细定位。同时,对于公共人物之间的名誉权、隐私权和言论自由之间的关系,需要结合其身份、影响力、与之接近的媒体、受众情形具体进行分析。然后,对于恶意的标准要结合公共人物的具体情形进行精细化处理,区分一般恶意与实质恶意。最后,对于不同言论的层级与现代法治的关系也应区别对待。对于那些与人的尊严、自治、民主的法治精神和正常思想市场秩序等价值更加贴近的言论,对其限制时应该秉持更加审慎的态度。

基于这些考量,相关的主体尝试了多种方式辟谣,试图将谣言带来的负面影响降到最低,但辟谣所带来的效果往往并不尽如人意。辟谣所期望达到的理想效果无非是辟谣信息战胜了谣言,谣言自觉地销声匿迹了,然而现实中辟谣的效果往往与理想相悖。这不是因为辟谣信息传播力度不够,或者辟谣信息不够明确,而是与接受者的态度直接相关。辟谣信息无法直达人心的原因,至少有以下两点。

首先,人们固有的态度难以改变。这其实与前文提到的人们相信谣言的两个重要原因——群体极化与偏颇吸收有关。人们在对既有信息已经产生信赖的基础上,遇见对之持否定态度的信息可能会加强原有的态度,有时辟谣的结果往往会使谣言更加被信服,这是群体极化产生的效果。而如果谣言符合人们的认知预期而辟谣的信息与之相悖,那么这样的辟谣信息根本无法令人接受,这便是偏颇吸收的效果。诚然,错误可以被纠正,但是在被谣言成功"洗脑"之后,又有多少人会相信那些纠正后的信息呢?真理通常追不上谎言。在一个充斥着群体极化与偏颇吸收的世界,不用说纠正,就连断然否认、拒绝有时都变得不能奏效了。[①]

其次,民众对政府欠缺信任。"权威"不权威,这对辟谣来说是一座难以逾越的鸿沟,有时人们宁愿相信谣言也不愿意相信所谓"权威"部门的辟谣信息。政府公信力是民众对政府的信赖程度,也是公民对政府履行其职责情况的评价,对于政府各项工作都至关重要。然而现在我国正处于社会转型期,长久积累的社会问题使得政府公信力日渐稀薄,加之政府在信息公开、透明方面还有很多的不足,因此公众对权力的不信任情绪有蔓延倾向。公众甚至还有"不要相信任何事情,除非它被正式否认"这样的心态。中国人传统的观念中有官官相护的偏见,因此这种否认往往会被认为是对真实情况的掩饰或者欲盖弥彰,这样结果只会加深对谣言的确信、加剧公众对政府公信力的质疑,产生适得其

---

① [美]卡斯·R.桑斯坦:《谣言》,张楠迪扬译,中信出版社2010年版,第119页。

反的效果。

这种不信任感是由长时间的潜移默化所形成的,这一样态也难以在短期内改变。为此,桑斯坦提出了一个很有实用性的观点:如果你想改变人们的既有观点,最好的做法不是给他们看对手和敌人的信念,而是给他们看那些与他们的立场相近的人的观点。[①]也就是说压制谣言的好方法,就是去证明那些本该相信谣言的人实际上并不相信那些谣言,辟谣的发布者可以从这个角度切入,或许可以更容易为大众所接受。辟谣是一条任重而道远的路,需要一步一个脚印踏实地往前走,而这第一步便是要提升政府的公信力,这不仅对于辟谣有好处,对于政府的其他行为也都会有所裨益。

第二节　径路:规制网络谣言的方式

我国有关网络谣言规制的法律规范的具体内容在前文已经有过探讨,然而随着网络谣言的泛滥,网络谣言的严重危害已经引起了有关部门的广泛重视。相对于之前散见于各个部门法之中的零散模式,2013 年 9 月 9 日,《最高人民法院、最高检察院关于办理利用信息网络实施诽谤等刑事案件的司法解释》(下称《解释》)的颁布可谓是对网络谣言的针对性打击。该司法解释通过厘清信息网络发表言论的法律边界,为惩治利用网络实施诽谤等犯罪提供明确的法律标尺。

最高院新闻发言人孙军工称该解释主要包括以下内容:明确了利用信息网络实施诽谤犯罪的行为方式;明确了利用信息网络实施诽谤行为的入罪标准,即"情节严重"的认定问题;明确了利用信息网络实施诽谤犯罪适用公诉程序的条件,即"严重危害社会秩序和国家利益"的认定问题;明确了利用信息网络实施寻衅滋事犯罪的认定问题;明确了利用信息网络实施敲诈勒索犯罪的认定问题;明确了利用信息网络实施非法经营犯罪的认定及处罚问题;明确了利用信息网络实施诽谤、寻衅滋事、敲诈勒索、非法经营等犯罪的共同犯罪内容等。[②]该解释为当前认定利用信息网络实施的诽谤犯罪提供了科学的、操作性极强的指南,又为检察机关积极主动地对"严重危害社会秩序和国家利益

---

①　[美]卡斯·R.桑斯坦:《谣言》,张楠迪扬译,中信出版社 2010 年版,第 119 页。

②　《两高公布办理网络诽谤等刑事案件司法解释》,http://www.chinacourt.org/index.php/article/detail/2013/09/id/1081084.shtml,最后浏览日期 2016 年 6 月 30 日。

的"诽谤行为行使公诉权提供了司法根据。

2013年9月18日最高人民法院又出台了《最高人民法院关于审理编造、故意传播虚假恐怖信息刑事案件适用法律若干问题的解释》,由于该《解释》出台距今的时间较短,所谓的"转发500次"标准也饱受诟病,因此该规定在实践操作中应用的效果还无法显现。但无论如何,对于网络谣言的法律规制来说,该《解释》都具有里程碑式的意义。

就规制思路而言,很多网络谣言的产生是"风起青蘋之末",但传播起来却纵横恣肆如同龙卷风扫过。而这一从微风变成飓风的过程,大都与公共人物的推波助澜、身体力行有关。因此,辟谣的重心应落脚到公共人物身上。

公共人物的概念被创立的初衷,就是考虑到公共人物有足够的能力对诽谤性言论进行回应。在传统媒体时代,确定诽谤公共人物的准入门槛很高,要达到实质恶意的程度。设立这一标准的正当化理由,在于公共人物能够基于自己的优势地位和影响力更正错误陈述的预期。在自媒体时代,由于信息发布和流转的极大便利,公共人物和普通人通过网络发布言论或纠正错误陈述都易如反掌。既然如此,针对公共人物的诽谤或谣言仍需达到实质恶意的标准吗?这一标准有没有进一步完善与细化的空间?在对公共人物的言论规制进行思考的同时,我们也有必要思考公共人物发布诽谤性言论、侵犯隐私的言论或谣言时,应如何理解与规制。

如果说言论自由是营造思想市场的前提,那么在有了这个市场之后,各种不同言论在交锋之后并不会自动地提升个人自由与自治、推进政治民主和发现真相与真理。这个虚拟的市场,就跟现实中的市场一样,也存在着"三无产品""假冒伪劣",存在着"不公平竞争",存在着"仓促""冒失"的非理性"消费",存在着如何追究"产品质量责任"等现象与问题。因此,有必要通过规制这些失范现象,维持一个有秩序的思想市场。

一、事先预防:可追索的匿名

自媒体时代是信息"过于开放"①的时代。身处这个时代的人们可以轻易找到并且享受自己需要的信息,同时也会面临名誉权和隐私权受到侵犯的可能性。相伴随的还有虚假错误信息所引发的社会骚动及不安。这个时代的公共人物,比以往更容易出名并获利颇丰——身份、名誉、地位、认同感、影响力、

---

① Solove D J. *The future of reputation: Gossip, rumor, and privacy on the Internet*, Yale University Press, 2007, p.162.

经济利益,同时也更容易通过其言论影响到他人的权益和公共利益。

一般而言,自媒体时代网络上的公共人物,不管发布信息时是否使用真实姓名,在既有的规范体系内,大多可以明确该公共人物的真实身份。[①] 我国采用的网络实名制是"后台实名制",即在网络上发表言论既可以用真实姓名也可以用虚拟名称。但在注册时,个人的真实信息都已经存入网络服务商的数据库中,只要想追索言论发表者的身份,通过查找技术是可以确认的。[②] 当然,有学者认为这样的规定违反了"对称原则",因为在真实世界中人们可以匿名发表言论。[③] 这种观点确实有一定的道理,但是也有值得商榷之处。首先,真实世界的匿名行为确实能够隐藏身份,比如有的人戴着面具,从外表看确实无法判定身份。但一旦他的言论或行为涉嫌违法,警察可以通过技术手段确认、追索当事人的身份。尤其在当前社会,摄像头遍布大街小巷,如英国有420万个闭路电视监控摄像头,相当于每14人就有一个,伦敦居民更是人均每天受到300个摄像头的监视。[④] 此外,政府部门通过计算机存储技术对包括面容、指纹等个人信息的大量掌握,要查找一个人的真实身份在绝大多数情况下并非难事。因此,即便是真实世界中的匿名,也基本上属于"可追索"的匿名。网络世界的后台实名制并不要求网民使用真名,虽然也是可追索的匿名,但只有法定机关基于法定权限与程序才能调取。当然,法定机关有可能会滥用权限,但通过技术手段规避,部分人还是能够真正实现匿名,否则也不会存在大量黑客逍遥法外的情形。因此,真实世界和网络世界都基本上是可追索的匿名,也有部分人能够通过乔装或计算机技术逃避这种追索。在此种意义上,两个环境基本上是对称的。

---

① 《关于加强网络信息保护的决定》第六条规定:"网络服务提供者为用户办理网站接入服务,办理固定电话、移动电话等入网手续,或者为用户提供信息发布服务,应当在与用户签订协议或者确认提供服务时,要求用户提供真实身份信息。"

② 人们在注册微博或论坛时,只有微博加 V 认证的情况下需要提供关键个人信息,如身份证号码等。一般人并不要求输入关键个人信息。因此,非 V 博主可能会存在难以追索的问题。这也是下文所涉的"僵尸粉""买粉"现象产生的原因之一。但是,个人只要有互联网账号或需要提供网络注册信息(如机场 WIFI 等公共网络需要提供手机号码注册,校园网等也需要提供用户的个人信息),在技术上就能追索到信息来源。

③ 王凌皞:《为什么网络实名制侵犯了言论自由:基于"对称原则"的论证》,厦门大学法学院工作论文(未刊稿)。

④ 《伦敦摄像头密布,民众隐私权与人身安全受到威胁》,http://news.qq.com/a/20070328/000137.htm,最后浏览日期 2016 年 6 月 30 日。

其次,网络世界的特有属性使得可追索的匿名更为必要。网络的最大特点是信息传递达到光速的程度,可以使得谣言传递极为迅速和极具弥散性。有学者指出,信息传播的高效率并不是对其进行规制的理由,就像在方舟子与韩寒之争中,韩寒有几千万粉丝,并不意味着国家要对韩寒言论的真实性施加更严的要求;更不意味着一个没有粉丝的人,就可以大放厥词、恶语中伤他人。[①] 这种观点混淆了公共人物和一般人物的界限。方舟子是公共人物,自媒体上的普通人发布针对他的言论,如果不构成实质恶意,并不需要其承担不利后果,这是方舟子成为公共人物所必须付出的代价。但是,如果是作为公共人物的韩寒对方舟子发布诽谤性言论,则应是后文要探讨的公共人物之间言论自由的问题。同时,必须指出,并不是因为网络与自媒体的高效率而对其进行规制,而是因为这种信息传递的效率所造成的损害可能更为严重才进行规制。比如,美国是公民合法持有枪支的国家,但《国家枪支法》(*National Firearms Act*)就规定禁止公民持有机枪。之所以有这样的规定,不是因为机枪对子弹的输出效率更高,而是因为这种高效的输出率带来的危害更大。高效传输方式带来的损害,从多年前的"非典"[②]到不久前的"盐慌"[③]带来的社会恐慌再到"香蕉癌症"[④]给蕉农造成的重大损失,都是俯仰可拾的典型例证。因此,实行可追索的匿名对于惩治侵权行为、救济受损权利势在必行。

二、事后追惩:适度的"寒蝉效应"

(一)适度"寒蝉效应"的必要性

网络公共人物,由于其巨大的影响力,发表的任何言论都可能引发普遍的关注。甚至微博上公共人物一句类似于"今天天气不错"的话都会引发数以万计的转发。比如,李开复曾因安检时不小心触碰到了口袋里的手机,打出英文

---

① 王凌皞:《为什么网络实名制侵犯了言论自由:基于"对称原则"的论证》,厦门大学法学院工作论文(未刊稿)。

② 回顾非典时谣言四起 板蓝根、白醋遭疯抢,http://www.s1979.com/news/china/201103/1712366017.shtml,最后浏览期 2016 年 6 月 30 日。文晔:《SARS 谣言 网络》,《新闻周刊》2003 年 19 期。

③ 曾金:《"盐慌"谣言辐射比核污染扩散更可怕》,http://finance.huanqiu.com/roll/2011-03/1571311.html,最后浏览器日期 2016 年 6 月 30 日。

④ 吃香蕉会致癌? 谣言! http://www.tech-food.com/news/2007-4-7/n0103747.html,最后浏览日期 2016 年 6 月 30 日。马应珊,罗昌爱:《海南省农业厅澄清香蕉致癌传言》,载《人民日报》2007 年 4 月 6 日第 02 版。

字母"O"并上传网络。结果不到一个小时的时间,引发了新浪微博上 1756 次转发和 1449 条评论。① 这一例子突出体现了网络公共人物对于信息传播的影响力。如果利用这种影响力发布虚假信息或诽谤性信息,可能会引发严重的侵权。但是,毕竟公共人物也享有宪法规定的言论自由,如何平衡这种言论自由或谣言传播对其他人隐私权和社会公益之间的关系,是需要关注与应对的问题。

在保障言论自由和规制谣言传播的时候,需要考虑寒蝉效应(Chilling Effect)。② 它指的是人们在发表言论时,由于担心事后遭受严厉的惩罚,而不敢自由发表言论,如同蝉在寒冷的天气里不敢鸣叫一样。作为一个正常国家宪法规范中必有的普适性规范,言论自由和表达自由条款必须存在,这是保障人权、维护人的尊严所必需的。对言论自由的过分限制会限制国民的思考疆域和僵化其思想活力,必须审慎对待。然而,为了维护一个健康有序的思想市场,某些情况下的寒蝉效应是必要的选择。当社会影响和偏颇吸收使得谣言被传播并保存下来时,思想市场的自动调控就失灵了。一个毫无顾忌发表言论而不受处罚或不担心受到处罚的社会里,是没有寒蝉效应的,但这样的社会也是"不堪入目"③的。我们的社会需要的不是"寒蝉"缺席,而是通过法律和其他规范将寒蝉效应维持在一个最佳程度。当然,有时候事前的惩戒制度也有可能导致"寒蝉效应",但这种效应归根结底还是由于担心事后惩罚的严厉性而产生。

结合前述关于公共人物的理论,可以进行如下规制:当公共人物所发布的谣言涉及公权力机构、公权力运行以及公职人物的时候,如果双方都是具有较强媒体接触能力的主体,也都符合广义的"公共人物"概念,就可以适用"一般恶意"的标准来确认侵权是否成立。鉴于现代法治进行权力监督的基本原理,同时考虑到我国公权力机构以及公职人员在现实中所掌握的巨大政治、经济与社会资源,此时应给予表达自由以最大限度的宽容与尊重。除非能证明对方存有"实质恶意",否则不应制裁并令其承担法律上的不利后果。

(二)确定"公共人物"之间侵权的方式

前已述及,按照既有的公共人物理论,不管他是掌握政府权力的高官,还

---

① 《李开复错发一条无意义微博,引发数千次转发和评论》,http://www.ii188.com/news/1392.html,最后浏览日期 2016 年 6 月 30 日。

② Schauer F. Fear, *Risk and the First Amendment: Unraveling the Chilling Effect*, *BUL Rev*, 1978, Vol.58, No.5, p.685.

③ [美]卡斯·R.桑斯坦:《谣言》,张楠迪杨译,中信出版社 2010 年版,第 124 页。

是"一不小心""被公共化"的热爱星球大战的男孩[1]，只要成为公共人物，都要求只有在能够证明"实质恶意"的情况下才能追究媒体的责任。同时，不管这些言论是客观上服务于公共探讨，有利于个人自治、政治民主或发现真理与真相，还是仅仅为了寻求商业利益甚至满足某些"八卦"之心乃至恶俗趣味，无论针对公共人物的言论有着怎样的不同，都要求证明涉嫌侵权一方具有"实质恶意"才能救济公共人物受损的权利。此时，公共人物理论上变成了一口大锅，只要被贴上公共人物的标签，就可以放到里面，完全忽视不同人物、不同言论，形成一锅"东北乱炖"。考虑到不同人物的影响力与博弈能力（bargaining power），不同性质的言论对于民主、自治和真理的意义不同，我们完全有理由区别对待，细化处理。

　　同时，从原有的案例来看，公共人物基本上都局限于"个人"，偶有案例涉及法人或者其他组织，也都遮遮掩掩，呈现"犹抱琵琶半遮面"之情态。如在马丁诉晚星报一案中，法院一方面认为公司不具有个人的声誉，只有商业信用，格茨案所建立的公共人物和私人的划分公式不适用于此，另一方面又要求承包商证明报纸具有实质恶意。[2] 公司或其他组织虽然不具有隐私权或个人声誉，但确实存在声誉，且相对于一般的公共人物，公司或其他组织具有更强的接近媒体的能力和博弈能力，甚至具有操控媒体的能力。有些情况下，这些公司或组织本身就是强有力的媒体甚至是类似"明日帝国"[3]那样的媒体集团，在这个时候，没有理由不将公共人物的标准适用于它们，以求与其他公共人物的权利、一般公众的权利以及公共利益保持平衡。

　　如果将法人或非法人组织视为公共人物，随之而来会产生该类公共人物

---

　　[1]　一个喜欢科幻故事的加拿大男孩，挥舞棒球棒拍下了一段模仿《星球大战》中天行者的视频并上传到学校的录影室，结果流传到了网络上，此事让他备受关注，网络上的很多评论也对他的生活产生了诸多困扰。http://www. youtube. com/watch? v＝HP-Pj6viIBmU；'Star Wars' kid breaks silence on cyberbullying，http://www.foxnews.com/tech/2013/05/10/star-wars-kid-breaks-silence-on-cyberbullying/.以上网页最后浏览日期2016 年 6 月 30 日。

　　[2]　Martin Marietta Corp. v. Evening Star Newspaper（D.D.C. 1976），417 F.Supp. 947，954-956，《华盛顿星报》，讲述国防承包商 Martin Marietta 为一个将要结婚的空军军官举行了一场宴会，四五十人的来宾中有三分之一是这个承包商的亲信。其中有两个妓女也参加了宴会，公司支付每个妓女 3000 美元。

　　[3]　《明日帝国》是 007 系列电影之一，讲述的是一个拥有《明日报》的传媒大亨为了垄断媒体的利益，不惜挑起国家之间的战争。

之间及其与个人的公共人物之间有关言论自由的纠纷与诉讼。这个时候,在同为公共人物的情况下,让一方举证另一方具有"实质恶意",把涉嫌侵权的公共人物混同于"一般老百姓",就打破了公共人物概念设立的本意,同时也造成了不均衡与不公平。此时,可以考虑以下因素来平衡当事人的权利与言论自由、公共利益之间的关系,同时也要兼顾被侵权一方的补救方式。总之,不应忽视双方的具体情形,简单、笼统地适用"实质恶意"标准。

首先,要看当事人所借助的媒体。从均衡或同等原则出发,如果被侵害一方能借助媒体澄清事实,挽回声誉,那么可以认定涉嫌侵权的一方并不构成法律意义上的侵权。如果双方借助的媒体差别很大,如涉嫌侵权一方借助的是网络或自媒体,另一方借助传统媒体,或者在网络或自媒体上力不从心,无法通过媒体澄清事实或挽回声誉,此时可以认定为侵权。

其次,要看双方当事人的身份与影响力。如果双方实力均衡或相差无几,可以考虑不构成侵权。如果涉嫌侵权的一方实力远远高于被侵权一方,此时运用"实质恶意标准"会造成严重的不均衡。因为让一个弱势者提供证据证明一个在司法实践中极少被证实的实质恶意,是一个几乎不可能完成的任务。比如在亚特兰大奥运会的时候,被媒体指控为涉嫌制造炸弹恐怖袭击的保安,[①]虽然他被动地成为了公共人物,但他的实力与一个具有影响力的当地报刊相比,实在是过于薄弱,这个时候若采用实质恶意,只会产生严重的不公平。

最后,要看信息接收者。涉嫌侵权的一方将虚假或诽谤性信息制造或传播出来之后,如果被侵权一方能够将澄清的信息传播给受众群体,就意味着他能够通过自己的能力澄清事实,因此涉嫌侵权的一方就不构成法律意义上的侵权。如果他无法做到这一点,可以考虑通过法律规定让涉嫌侵权方承担救济的责任。当然,被侵权方没有必要将澄清的信息传播给虚假或诽谤性信息的每一个接收者,但至少其核心与主要接收者应能够接收到该信息。[②]

此外,自媒体时代还出现了另一种特殊的公共人物——虚拟的公共人物,如非自愿成为公共人物的"铜须"和"星球大战男孩"等。当这种虚拟的公共人物之间与真实的公共人物之间发生侵权纠纷时,如何适用公共人物理论?虚

---

① Clavert C, Richards R D. *Journalism, Libel Law and a Reputation Tarnished: A Dialogue with Richard Jewell and His Attorney*, L. Lin Wood McGeorge L. Rev, 2004, Vol.35, No.1, pp.1-44.

② Perzanowski A K. *Relative Access to Corrective Speech: A New Test for Requiring Actual Malice*, California Law Review, 2006, Vol.94, No.3, pp.841-847.

拟公共人物之间,由于不发生当事人真实世界中名誉权或隐私权的损害,因此可以不用实证法的路径来解决。如果是一方通过曝光另一方真实世界中的隐私或侮辱诽谤的方式侵犯其名誉,则形成了虚拟人物与真实人物之间的冲突。在这种情况下,如果真实人物需要通过法律救济自己的权利,依照诉讼法的相关规定,应获取涉嫌侵权人的真实身份信息。一般而言,能够在网络上成为公共人物的虚拟人物,其在真实世界中的身份信息都能被获取。这是因为,他若是论坛知名人士或拥有大量粉丝的博主,会在论坛或博客上发布大量帖子或博文。按照既有的互联网管理法规,如全国人民代表大会常务委员会《关于加强网络信息保护的决定》,即便他在论坛或博客上是以虚拟名称发表言论,但他在后台实名制的规定之下,会在网络服务商那里留下真实世界中的个人信息。当然,也存在一种可能,即在网络实名制之前注册而没有在网络服务商那里留下真实信息的虚拟公共人物。这种人如果涉嫌侵犯真实公共人物的权利,由于身份无法认定,可能会逍遥法外。这类问题可以通过要求发布信息的网站或博客屏蔽侵权言论而得到解决。因无法确认其真实世界身份造成虚拟公共人物的责任难以或无法追究,这也是被侵权人作为公共人物所需要承担的风险。

具体而言,在我国的语境下,公共人物发布针对其他不涉及公权力的公共人物的网络谣言时,要厘清双方所借助的媒体身份与影响力、信息接收者的情况和被侵权一方采取的救济措施,具体确定何时适用实质恶意标准来判定是否触犯了《侵权责任法》并需承担法律责任。当公共人物发布的谣言涉及一般公众(可能是非自愿公共人物)时,由于双方实力的严重不均衡,应采用一般恶意标准。当公共人物发布的谣言不涉及具体的人或机构时,如果严重损害了公共利益与秩序,应视行为情节与后果适用《治安管理处罚法》①乃至《刑法》②。当然,出于对言论自由的保护,可能存在公共人物发布、传播了谣言,囿于未达到实质恶意或一般恶意的要求和既有的法律规定而无法令其承担侵

---

① 根据我国《治安管理处罚法》第 25 条的规定,散布谣言,故意扰乱公共秩序的,处五日以上十日以下拘留,可以并处五百元以下罚款。另根据《计算机信息网络国际联网安全保护管理办法》《互联网信息服务管理办法》等规定,通过互联网制作、复制、发布、传播谣言的,均要依法予以处罚。

② 如煽动分裂国家罪,煽动颠覆国家政权罪,编造并传播证券、期货交易虚假信息罪,损害商业信誉、商品声誉罪等罪名。

权后果的现象,也可能存在造谣后果与所受惩罚不对称的现象。① 这是法律力不能及之处,也是法治建设的必要代价,以避免出现过度的"寒蝉效应",导致正常的权力监督和权利保障难以进行。作为法律的替代手段,可以考虑通过其他社会规范来对网络公共人物的言论进行约束,使其在发表或传播言论时保持审慎态度。譬如,如果微博大 V 经常发布或传播谣言,国家基于对言论自由的保护又无法限制或剥夺其发表权,论坛或微博的提供者或网络服务商可以在其论坛或微博的显著位置,标明该身份曾经发布多少次谣言,这些谣言被转发与评论多少次,何时、以何种方式已证明这些是虚假信息。这既是对言说者的一种告诫,又没有侵犯其言论自由,同时也是对信息接收者的一种善意提醒。不过,因为具有大量粉丝的博主或论坛主持人可能会基于"眼球经济"给网络服务商带来包括广告在内的各种收益,这就需要网络服务商具备基本的社会责任感。在此场景下,将一些公益性质的辟谣网站已经证实的谣言进行整合放到自己的官网,是一种降低成本同时维护社会公益的做法。通过社会组织形成一种要求公共人物进行自律的社会规范,也是一种可以尝试的方式。如中国互联网大会就曾发出倡议,要求包括公共人物在内的网络人士在发表言论时遵守一些底线性要求。当然,在规制主体的法定权限内,在符合法定程序与法治基本原则(如比例原则)的前提下,也可以通过制定规范性法律文件对其进行明示性要求。

总之,"公共人物"理论是在特定的国家、特定的历史时期产生的理论,它对于在宪法层面保护公民的言论自由和知情权以及媒体的新闻自由产生了积极的作用,其理论基点是对所掌握的资源和博弈能力不同的主体的权益进行平衡。身处自媒体时代的当前中国,对于该理论的理解和适用,应该有宪法层面的考量,也即保护相关主体的基本权利,但不应片面地将其"实质恶意"标准适用于所有问题。本课题所做的努力,是在梳理整合现有规制网络谣言相关法律、法规规章的基础上,力图通过对现有规范的解释来尝试解决实践中的网络谣言问题。在规范适用和理论应用层面,指出公共人物理论的适用范围,避免将"实质恶意"这一宪法学上的理论过于宽泛地适用于民法、行政法和刑法领域。

对谣言进行规制的问题,可以从宪法、民法、行政法和刑法等不同角度进

---

① 只有当散布谣言行为与现有刑法犯罪构成要件相符的情况下才能动用刑事制裁,而绝大多数未踩刑法红线的造谣传谣者,虽然已造成严重的社会危害,却仍可逍遥于刑法之外。

行审视,目前也有了大量不同法律部门不同层级的规范进行调整。① 对于掌握大量政治、经济、文化等资源的主体所进行的舆论监督,可以适用宪法的"公共人物理论"。对于所掌握资源和博弈能力大体相当的主体之间的涉及谣言的纠纷,应适用侵权责任法的规定,只要一方有"过错",被其所制造和传播的谣言所影响的另一方,就有权依据《侵权行为法》第六条"行为人因过错侵害他人民事权益,应当承担侵权责任"之规定来得到法律的救济。

　　如果谣言的产生和传播除了对当事人产生消极影响之外,还影响到了社会秩序、公共安全和国家利益,则应分别适用行政法和刑法的相关规定。如某些行为违反了《治安管理处罚法》第二十五条所规定的"散布谣言,谎报险情、疫情、警情或者以其他方法故意扰乱公共秩序",则可对其采取拘留或罚款等相应的措施。如果行为效果有更严重的社会危害性,达到了刑法所应惩处的程度,则应让当事人承担相应的刑事责任。如《刑法》第一百零三条规定的煽动分裂国家、破坏国家统一的行为;第一百零五条规定的以造谣、诽谤或者其他方式煽动颠覆国家政权、推翻社会主义制度的行为;第一百二十一条规定的捏造并散布虚伪事实,损害他人的商业信誉、商品声誉,给他人造成重大损失或者有其他严重情节的行为,第一百八十一条规定的编造并且传播影响证券、期货交易的虚假信息,扰乱证券、期货交易市场,造成严重后果的行为,均应视犯罪嫌疑人行为的情节和后果,令其承担相应的刑事责任。《全国人民代表大会常务委员会关于维护互联网安全的决定》第二条规定"利用互联网造谣、诽谤或者发表、传播其他有害信息,煽动颠覆国家政权、推翻社会主义制度,或者

---

　　① 　目前相关的法律有《网络安全法》《刑法修正案(九)》《治安管理处罚法》《侵权责任法》《全国人民代表大会常务委员会关于维护互联网安全的决定》;行政法规有《互联网信息服务管理办法》《中华人民共和国电信条例》《互联网上网服务营业场所管理条例》;司法解释有《最高人民法院 最高人民检察院关于办理利用信息网络实施诽谤等刑事案件适用法律若干问题的解释》《最高人民法院关于审理利用信息网络侵害人身权益民事纠纷案件适用法律若干问题的规定》《最高人民法院、最高人民检察院关于办理利用互联网、移动通信终端、声讯台制作、复制、出版、贩卖、传播淫秽电子信息刑事案件具体应用法律若干问题的解释》;部门规章有《互联网域名管理办法》《互联网新闻信息服务管理规定》《规范互联网信息服务市场秩序若干规定》《互联网文化管理暂行规定》《互联网视听节目服务管理规定》《互联网等信息网络传播视听节目管理办法》;网信办规范性文件有《互联网用户公众账号信息服务管理规定》《互联网群组信息服务管理规定》《互联网跟帖评论服务管理规定》《互联网论坛社区服务管理规定》《互联网直播服务管理规定》《移动互联网应用程序信息服务管理规定》《移动互联网应用程序信息服务管理规定》《互联网用户账号名称管理规定》《即时通信工具公众信息服务发展管理暂行规定》。

煽动分裂国家、破坏国家统一",构成犯罪的,依照刑法有关规定追究刑事责任。

因此,对于网络谣言的规制,不应一看到涉及公共人物,就固守"公共人物理论"不放,甚至将这一在特定时空下产生的理论进行固态化,僵硬地移植到互联网和大数据时代的中国,而应把握其内在的对不同主体和群体之间的权利进行"平衡"的精髓,结合前已述及当事人的具体情况,运用不同性质和种类的法律规范进行调整。在这个基础上,民法、行政法、刑法都有其具体适用的范围,可通过它们的具体实施来保持不同主体间权利的动态平衡。

三、全程贯彻:理性网络文化与"公平竞争"的思想市场

(一)信息的透明与公开

前文在网络谣言传播的宏观背景中提到,环境的影响与信任的缺失是两个非常重要的因素。我国部分民众对政府信任感较为薄弱的大环境,是网络谣言的产生和传播的温床。一则漏洞百出的消息在网络一经传播也会有人相信,甚至有时不需要有丰富的证据以及慷慨激昂的陈述,就能让原本就摇摇欲坠的信任瞬间崩塌。如"7·23"动车事故发生后,故意编造、散布中国政府花两亿元天价赔偿外籍旅客的谣言,两个小时就被转发 1.2 万次,挑动民众对政府的不满情绪。这则谣言之所以能够让人相信,编造的谣言内容可能只是一个导火索,而政府长期对待本国人与外国人双重标准的行为才是引起民众的不满的根本原因。如果这则谣言产生在一个制度更加健全,政府执法行为更加公开而不存在以上问题的国家,那么相信的人一定会大大减少。在我国,及时发布事关国计民生的重要信息,对于增加民众对政府的信任度就显得至关重要。而政府要想在百姓心中提高公信力绝不是一朝一夕的事情,一种观念的改变是一个无比漫长的过程,是一个多管齐下,综合治理的过程,因此需要长期的努力。这一规律同样也适用于发布信息的媒体,试问哪一位网民愿意相信一个权威不足且信誉不佳的媒体所发布的信息呢?

而另一方面,前文在分析网络谣言传播的微观原因中提到奥尔波特教授提供的一个著名公式:谣言的流传=重要性*模糊性,信息的不对称在网络谣言的传播中起着推波助澜的作用,因此,在一则谣言对人们的重要性无法探知也很难改变的情况下,减少信息的模糊性就显得至关重要。现代社会的谣言比起古代的谣言要想使人能够信服必须表述得更加生动更加缜密,我们也可以发现社会信息的公开程度越高,谣言的生存空间就越小。因此,在大型公共事件中,提高信息的透明度对控制谣言的传播至关重要。如果在引发谣言的

公共事件发生初期,政府等权威机构就能够将事实真相及时、公开、准确地发布出来,往往能够很好地遏制谣言的蔓延。这里包括了两个方面,一个是信息公开的及时性,一个是信息的准确性,能做好这两点便是控制谣言的不二法宝。具体的做法上,应当建立健全的辟谣机制。在谣言肆虐之时,沉默未必是金,权威方面的失语只会让民众误解为是对谣言内容的默认,造成更加人心惶惶的不良氛围。及时准确地站出来加以澄清,才是断绝谣言传播之路的命门。

除此之外,树立政府权威的同时必须加强信息的公开。当突发事件来临时再行公开只是治标不治本,建立日常政治生活中完善的信息公开制度才是从源头解决问题的良药。信息公开是对公民基本人权之一的知情权的保障,也是提高政府公信力的重要途径之一,二者相辅相成。在信息化的今天,一个人从摇篮到坟墓的一切信息都掌握在政府手中,这使得人们越来越感到自己的一切都受制于政府,公民的权利和隐私受到侵犯的可能性增加,因此政府的工作内容与每个人都息息相关,政府信息公开,是对政府权力制约的要求,也是公众监督并参与政府决策过程的要求。我们也要注意到,在现代,随着权力的多元化和社会化,信息公开的主体已不限于国家政府,许多非政府组织,包括企业、事业组织,多元化的社会团体都掌握着一定的社会资源和信息,从而也就有了可以支配的权力,而这些所有的信息资源,也都应由人民共享,不能由国家、政府或者某些机构垄断。

(二)理性网络文化的培育

公共人物发布或传播谣言之后,再想要消除谣言的影响,是一件非常不容易的事情。这是因为,信息的不对称、决策所依照的具体情境和人的有限理性,往往会造成人们对认定事实与理解规则产生偏差。这种偏差造成信息在流转过程中的被歪曲。而谣言在这样被歪曲和循环往复的过程中得以强化并且更加符合传播人的心理预期。由于每个人的立场、偏好、期待不同,往往对于不同的信息有着不同的心理接受倾向与偏好,因此,人们往往是以一种带有偏见的方式来消化和吸收信息,这就是前文所提及的偏颇吸收。在此种意义上,前述公共人物"谣言比真相更真实"的观点是成立的。即谣言比真相更符合受众群体所想要的"真相",这种"真相"更符合他们的心理预期。这种谣言在很大程度上反映了谣言接受者"真实"的心理状态,因而更容易被信任、吸收和进行下一轮的传播。可见,公共人物传播的谣言有其能够迅速传播的社会心理土壤。同时,好奇心是人的天性使然,不同于常态的生活、"赚眼球"的事件往往会引发公众强烈关注。因此,即便是公共人物认识到所传播的是谣言并已发布纠正信息,这种纠正后的信息也未必会为公众所关注和接受。因为它既不再新奇,又不符合某种"真实"的社会心理和公众预期。例如,一则女子扶起摔倒老太反被污为肇事者,被索赔 8 万元的谣言,被杜芝富发布后被疯狂转载 1 万多次,被当代雷锋式人物郭明义再度转发后转载量达 1.6 万次。该新闻在被警方证实为谣言后,虹口当地公安分局微博上发布的澄清信息转发量却不足 500 次。①

　　之所以会出现这种现象,主要有以下两个原因:第一,信息流瀑。即一旦一定数量的人开始相信谣言,其他人也会跟风,除非有更好的理由证明谣言是假的。从众的人数越多,"大众"的数量就越大,谣言也就越容易被相信与接受,此所谓信息流瀑。② 当然,信息流瀑也有助于传播真相。当多数人相信某一信息的真实性时,会有更多的人选择相信。再比如,多数人并不能利用充足的物理知识来论证"地球是圆的",但多数人都相信这是真理。由此可见,真相或真理与谣言有着同样的传播方式,关键在于如何营造适合真相或真理传播的环境。第二,培育人们理性、审慎地对待网络信息的教化任务尚未完成。或许有人认为,谣言被信任、真相被放逐这一奇怪现象,与相关部门没有及时、有效地公开信息有关。③ 但偏颇吸收与信息流瀑的理论已经证明,信息公开会有助于澄清谣言是一回事,人们是否会认可对谣言的澄清则是另外一回事。桑斯坦认为培育一种审慎地对待网络信息的理性的文化氛围似乎更为有效。④ 这样可以让人们明白大量的互联网信息未必可靠,应对谣言保持警觉。但这是一个系统工程,从政府的公信力到社会信任的培育,都是一项长期的、富有挑战性的工作。⑤

(三)"公平竞争"思想市场的营建

　　网络公共人物具有巨大的信息传播能力和社会影响力,从其拥有成千上万甚至上千万的粉丝数量就可窥见一斑。⑥ 这使得其发布的信息可以高速并且高效地传递。同时,众多的粉丝数量极易形成"群体极化"现象,即一群具有相同倾向的成员在商议之后可能使得整个群体的观点向着已有的倾向进一步滑动,最终形成极端的观点。因此,当网络公共人物散布或传播谣言的时候,

---

① http://weibo.com/hongkoupolice.最后浏览日期 2016 年 6 月 30 日。
② [美]卡斯·R.桑斯坦:《谣言》,张楠迪杨译,中信出版社 2010 年版,第 35 页。
③ 张天潘:《谣言止于信息公开》,载《南方都市报》2012 年 4 月 8 日 AA25 南方评论。
④ [美]卡斯·R.桑斯坦:《谣言》,张楠迪杨译,中信出版社 2010 年版,第 150 页。
⑤ 郭春镇:《从"神话"到"鸡汤"——论转型期中国法律信任的建构》,《法律科学》2014 年第 3 期。
⑥ 有的微博博主的粉丝已达数千万,比如各路影视明星。

更有可能形成一种极端的观点,造成对他人权利乃至社会秩序的威胁和损害。[①] 群体极化往往是在群体成员"抱团取暖"或"互壮声势"的情况下产生的,粉丝的数量往往会对此产生影响。在大量粉丝存在的情况下,核心粉丝或活跃粉丝更容易通过自我认同形成极化的观点。但是,网络上往往存在买粉丝的现象,花费少量的金钱就可以购买数以千计的"僵尸粉",让自己的粉丝群体数量庞大起来,同时吸引更多的粉丝。粉丝作为一种商品,交易市场已经颇具规模,最便宜的成交价格甚至达到 4 元人民币购买一千粉丝的程度。[②] 随着人们意识到"僵尸粉"的存在,现在粉丝买卖又有了"升级版",即所谓"活粉丝"买卖,即由兼职网友"养"着的粉丝,这些粉丝会定期更新博文、发评论,看上去跟真的路人甲粉丝一样。技术含量和服务质量大大提升之后,这种粉丝的价格是"僵尸粉"的 10 到 100 倍。[③] 虽然"僵尸粉"不能直接传播信息,但是可以造成博主人气很高进而可信度很高的效果,吸引真正的粉丝加入从而在真正意义上扩大博主的话语权。而"活粉"则更能帮助博主提高人气从而让博主言论的影响力大幅增加。[④] 正因为如此,美国的《外交政策》一书(*foreign policy*)才会说中国的新浪微博是世界上最大的谣言传播器(rumor-monger machine),并将中国的自媒体世界称为"谣言共和国"(The People's Republic of Rumors)。[⑤] 英国经济学家罗思义(John Ross)甚至指出,"谎言"是适合描述中国微博的唯一词汇。[⑥] 英国新制度经济学创始人科斯曾强调思想市场要想"运作良好",需要基本的市场秩序。而购买粉丝的行为恰恰是对这种秩序

---

① Cason T N,Mui V L. A Laboratory Study of Group Polarisation in the Team Dictator Game,*The Economic Journal*,1997,Vol.107,No.444,pp.1465-1483.

② http://www.zhihu.com/question/20035971,最后浏览日期 2016 年 6 月 30 日。

③ 一些网店销售 1 元钱一个"粉丝",30 天销售记录为 212023 笔。http://item. taobao.com/item.htm? spm=a230r.1.14.4.Qtr3FJ&id=20735167963&initiative_new=1,最后浏览日期 2016 年 6 月 30 日。

④ 据微博认证博主王小石所发布的微博,李开复在新浪微博有 5123 万粉丝,但经过王小石所用的"专业工具"进行分析,发现仅有 3.8%的活跃粉丝,即 194 万。http://www. weibo.com/p/1005051665808371/weibo? from=page_100505_home&wvr=5.1&mod=weibomore#3609841262444512,最后浏览日期 2016 年 6 月 30 日。

⑤ Christina Larson,The People's Republic of Rumors,http://www.foreignpolicy. com/articles/2011/07/08/the_peoples_republic_of_rumors,最后浏览日期 2016 年 6 月 30 日。

⑥ http://v.youku.com/v_show/id_XNTkyMTU5MTEy.html ,最后浏览日期 2016 年 6 月 30 日。

的破坏，是对其他公共人物或普通人言论的一种间接压制，也为侵犯他人名誉权、隐私权和公共秩序的潜在可能性提供了放大器。因此，笔者认为对包括网络公共人物在内的人士购买粉丝的行为应予以限制。当然，这种限制是否包括法律手段还有待论证，对这一现象在真实世界中的波及范围与负面影响程度进行的实证研究还需要加强。

此外，谣言治理的主体不仅有"政府"，还有包括社会组织在内的其他主体，治理的方式不仅要"依法"，还应依照包括法律之外的社会规范。中国古代的先贤早就讲过"徒法不足以自行"，国家范围之内各种制度的良性运转，公民权利的全方位实现，社会整体的有序运行，均需要法律之外的不同规范参与到治理过程中来。从而，我们在强调依法治国重要性的同时，也要关注社会规范的产生与实施。中共中央在十八届三中全会公报中也强调："促进群众在城乡社区治理、基层公共事务和公益事业中实行自我管理、自我服务、自我教育、自我监督；……维护最广大人民根本利益，确保人民安居乐业、社会安定有序等。"因此，通过行业自律和其他社会规范进行规制是非常必要且可行的。作为社会控制的不同手段，法律与社会规范既可能是各自独立发挥作用的，也可能是相互交织、互相影响的。法律更多地体现了建构理性，社会规范则大多自发地生成，并在长久的进化过程中经过不断地试错，作为一种最优策略保留下来。也即，社会规范更多地体现了一个社群的文化基因，人们之所以遵守它，很大程度是惯性使然。由于社会规范是进化的产物，能够从历史和文化等各方面赋予法律某种"合法性"，因此立法者在制定法律时有必要考虑社会规范的内容。就法律自身而言，与社会规范内容相一致的法律因更具有可接受性而能够通过公意的审查被制定出来。同时，强有力的社会规范能减少法律执行的负担，由社会规范所支持的法律更具可执行性。

社会规范的内化有助于从内到外影响人们的行为。内化是指当人们遵守或者违反了为自己内心所接受的行为规范时，会感到舒适、安心或者内疚、有负罪感，哪怕此时没有他人的注意与监督。家庭、学校、社会以及国家可以在一个人的成长中将特定的行为模式、道德观点通过教育、舆论宣传等方式灌输给社会主体，使得某种行为规范可以内化为行为主体的内在秉性（intrinsic predisposition），进而令行为主体即使在没有他人的监督或制裁的情况中依旧能够遵守规范。加里·贝克尔认为内化对于社会规范至关重要，因为社会规范正是一种通过内化为偏好来影响个体行为的公共价值观。[①] 罗伯特·库特亦以内化作为其理解社会规范的核心,主张"除非一个社区有足够多的成员内化了规范,否则我们就不能说这条规范存在于这个社区"。[②] 规范的内化使一个人既可能成为规范的自我执行者,也可能成为规范的外在执行者。一个将规范内化的人即使在遵守规范对于其私利无益时也会遵守它,同时他也会倾向于批评和惩罚那些违反规范的人。

对于谣言治理问题,通过社会组织形成一种要求公共人物进行自律的社会规范,也是一种可以尝试的方式,如中国互联网大会发出倡议,要求包括公共人物在内的人士在发表言论时遵守一些底线性要求。[③]《中国互联网行业自律公约》也拥有关于网络服务平台监督责任的规定。其中第十条规定:"互联网接入服务提供者应对接入的境内外网站信息进行检查监督,拒绝接入发布有害信息的网站,消除有害信息对我国网络用户的不良影响。"这种自律公约是一个很好的尝试,在未来互联网进一步发展的时代,经济发展方式的变革和新产业的产生会带来各种各样的创新,也可能会带来包括谣言在内的各种问题。由于人类理性的有限性,我们很难预见将来会发生什么问题,也不可能事先设计好法律规范对此进行规制,更多的是对新出现的问题进行即时引导和应对。此时社会规范可能会比法律发挥更大的优势,它可以灵活机动地调整人们的行为,同时在"内化"的过程中培养人们理性的行为和态度,进而营造一种理性的社会文化,并在这一过程中,让谣言难以滋生、艰于传播。

---

① Gary S. Becker, *Accounting for Tastes*, Cambridge, Mass. Harvard University Press, 1996, p.225.

② Robert D.Cooter, Decentralized Law for a Complex Economy: The Structural Approach to Adjudicating the New Law Merchant, *University of Pennsylvania Law Review*, 1996, Vol. 144, No.5, pp.1463-1696.

③ 8月10日在中央电视台举行的"网络名人社会责任论坛"就承担社会责任问题达成了遵守"七条底线"的共识。这"七条底线"是:法律法规底线、社会主义制度底线、国家利益底线、公民合法权益底线、社会公共秩序底线、道德风尚底线和信息真实性底线。中央电视台《新闻联播》2013年8月15日。亦可见央视网 http://news.cntv.cn/2013/08/15/VIDE1376565480451800.shtml.

第五章　转型期的"止谣"与信任

第一节　转型社会背景下中国的特征

一、作为背景的转型社会

如果把谣言的治理分为"治标"和"治本"两个层面,那么基于谣言的传播机理而对谣言进行有针对性的规制如同"治标",基于信任的心理基础而对法律信任的形塑如同"治本"。治本与治标一样,都需要了解症状的前因后果,了解问题产生的背景和发展。如同中医擅长对某些种类的疾病进行根治,而根治离不开整体论的中医方法论一样,想要形塑法律信任,就需要将这一问题进行结构主义的观察,而这离不开中国身处转型期这一特殊的历史背景。

中国传统社会的发展过程可以称得上是一部单纯的朝代轮换史,从先秦至清末历经两千余年的稳定发展过程中,传统社会的理论根基从未动摇。李泽厚将其原因归结为氏族宗法以及血亲传统遗风所形成的稳定性,"以农业为基础的中国新石器时代延续极长,氏族社会的组织结构发展得十分充分和牢固,产生在这基础上的文明发达得很早,血缘亲属纽带极为稳定和强大,没有为如航海、游牧或其他因素所削弱或冲击。虽然进入阶级社会,经历了各种经济政治制度的变迁,但以血缘宗法纽带为特色、农业家庭小生产为基础的社会生活和社会结构,却很少变动。"①也有学者站在了变革的角度,认为这种稳定性"来源于统治者对道德体系的不可避免的持续破坏,作为社会稳定阶层的被统治者和统治阶级中的革新者,会在社会趋近于原初状态时发动起义或变革,

---

① 李泽厚:《中国古代思想史论》,人民出版社 1985 年版,第 297 页。

以此回复道德体系"。① 哈贝马斯也就传统社会作出了专门性的阐述,他指出,传统社会的危机主要以控制问题为主,它迫使"系统通过加强压迫来增强自己的自律,……阶级斗争最终危机导致社会整合,并且可能导致政治系统的颠覆和新的合法性基础的建立,即导致一种新的集体认同"。② 然而,近代社会发展过程中,外来文明的冲击打破了传统社会的这种稳定性循环,以极强的牵引力将其带入到现代社会的进程中。"从身份到契约""从神圣到世俗""从社区到社会""从农业社会到工业社会""从原级团体到次级团体""从特殊主义到普遍主义""从关系到成就""从普化到专化"③成为了我们所追求的现代性目标。无论我们的选择是否是偶然的,我们已经上路,就要面对在追求现代社会过程中可能出现的问题。尽管这一过程并没有固定的路径,但是我们不能忽视的是,由"传统"走向"现代"的进程之中,将可能会出现哪些特殊的情况?作为谣言治理和法律信任的研究背景,它的意义何在?

首先,单从语义分析上来看,转型社会是否成为一种独立的社会形态模式,似乎还有待考证。有学者认为转型社会理论起源于现代化理论,并将两者放在同一个意义层面使用,它强调社会结构、社会形态的更替,在这个过程中传统社会所产生的影响不断削弱,现代特征逐渐增强。④ 也有学者认为,转型社会意味着政治权力的再分配,甚至是社会行动者性格结构的变化过程。⑤尽管众多学者对于转型社会存在不同的理解,但仍存在着一些共识,即将它看成为一种过渡形态,一种"动态的连续体"⑥,而无法作为一种常态化的社会形态存续下去。其次,转型社会勾连着传统社会与现代社会的一些特征因素,无论传统社会具备怎样的地方性特征,它所展示的都是不同社会模式下产生的冲突以及张力,而不是一种固定的形态意识。再次,转型社会并不意味着对旧有社会内容的大清洗,实际上,很多传统社会所表现出的特征在现代社会仍然存在,例如日本传统家庭文化与现代性之间并未表现出激烈的冲突,相反,这种传统在现代社会背景下找到了自己应有的位置并被接受。因此,转型社会

① 石磊、钱勇:《论中国传统社会超稳定结构中的道德博弈和生存博弈》,《上海财经大学学报》2005 第 1 期。

② [德]尤尔根·哈贝马斯:《合法化危机》,刘北成、曹卫东译,上海人民出版社 2009年版,第 23 页。

③ 金耀基:《从传统到现代》,广州文化出版社 1989 年版,第 21 页。

④ 薛民:《学术界关于现代化研究综述》,《学术月刊》1994 年第 3 期。

⑤ 方文:《转型心理学:以群体资格为中心》,《中国社会科学》2008 年第 4 期。

⑥ 金耀基:《从传统到现代》,广州文化出版社 1989 年版,第 57 页。

更像是承载着多重特征、多重价值的矛盾延续体,并向现代社会不断演进的社会类型。

二、转型社会下的中国特征

西方国家在现代化的过程中留下了许多经验教训,对于我们来说有着极为重要的借鉴意义,但是由于不同的政治制度、经济发展水平以及文化内涵,决定了中国的转型之路不同于其他国家,单纯地照搬照抄无法解决现代社会的落地生根问题。因此,通过对问题背景的分析,正视我们可能存在的问题,是将转型社会由理论转化为现实的第一步。

(一)形成方式的应激性

有学者指出,中国的社会转型始于 1840 年鸦片战争,它为中国人民带来深重灾难的同时也引发了对于传统中国文化价值、社会伦理、政治权威的猛烈震荡。[①] 也有学者认为中国的社会转型始于 1911 年辛亥革命,它的伟大贡献在于结束了两千余年的封建制度,"并以政治体制改革为突破口,首先进入转型阶段"。[②] 按照前文对于转型社会的定义,它所关注的在于社会结构、社会环境的动态变化,并不是以某一事件或者时间为标志,所以,认为始于辛亥革命的观点可能忽视了转型社会的原本含义。从另一种角度来看,无论中国的社会转型发生于鸦片战争还是辛亥革命,仅仅是一种时间起源上的争论,而值得我们去关注的重点在于,中国的转型社会是以应激式的方式逐渐展开的。应激意味着在起始阶段缺乏推动现代化的主要因素,政府需要通过强制手段来培养或者建立起现代社会所需要的基础性因素,但是并不妨碍它仍然是一种"社会内部的传统性在功能上对现代化的要求不断适应的过程"。[③] 在这样的前提下,以政治权力来主导社会转型,就成为了我们的主要方式,而这一点在西方也有过类似的经验,"19 世纪以后,大多数资本主义国家通过农奴制改革,增强自由市场的调节作用,开始现代化的进程。20 世纪又出现了一种新的途径,那就是社会主义国家通过国家指导下的经济—社会计划来推动现代

---

① 金耀基:《从传统到现代》,广州文化出版社 1989 年版,第 62 页。

② 叶传星:《转型社会中的法律治理:当代中国法治进程的理论检讨》,法律出版社 2012 年版,第 32 页。

③ 〔美〕西里尔·E.布莱克:《比较现代化》,杨豫、陈祖洲译,上海译文出版社 1996 年版,第 102 页。

化"。① 我们国家在建国初期奉行全能主义的社会统治理念,国家权力介入到社会生活的方方面面,这种渗透导致了"国家和社会、政治和经济、公共生活和私人领域等之间的界限模糊,它们之间本应具有的良性互动关系被国家的单向支配关系所代替"。② 它的目的在于最大限度地整合资源实现"革命"的跳跃式发展,从后果来看,它造就了一个静态、封闭的国家社会,个人自主性被压缩至极端,权力吞噬权利的类似现象见诸社会生活的各个领域。而后我们的国家才意识到全能主义所产生的危害,以市场经济的建立为导向,放宽了对市民社会的过度支配,并逐渐带动了中国社会的全面苏醒与成长。

(二)社会内容的异质性

按照金耀基的说法,异质性主要指"心态意识与物理环境的广大混合的现象",③单单从字面意思来看,任何一种成熟的社会模式都存在着一定的异质性,在现代社会物质充裕之时也存在着归园田居的隐士,民主法治成为一种共识时也偶尔存在着反对的声音。实际上按照迪尔凯姆的社会学理论来看,决定一种社会现象是否为常态,依赖于该种社会现象背后的以往情况,并考察这些条件目前是否仍然存在着,还是已经发生改变。他以欧洲为例进行了如下论证:"研究欧洲国家中目前无组织的经济状况是否为规则现象,首先要考察欧洲以往社会中经济组织的起源状况,如果它在当时的情况下与目前的经济状况相同,即使人们认为它混乱无序,仍然必须承认它是规则现象,反之,以往的经济状况进入现代社会以后,已经逐渐改变了过去的情况,这种现象虽然还普遍存在于目前社会,仍然应该被看作不规则的现象。"④而就目前中国的社会状况来说,原有的社会基础在经历了国家全能主义的冲击下逐渐式微,而现代社会也处于生长过程中,总体来看两者呈现出此消彼长趋势,无论哪一种社会现象都没有完全站稳脚跟成为"正统"的规则现象。"这种现象使转型期社会在现代化工作上无法作'面'的趋进,而只能做'点'的突进,而'点'的突进常融消在'面'的阻碍中",⑤在这样的情况下,个人很难确定一种行为理念来支持自己,导致了社会角色的模糊。在传统社会,很多社会结构与社会功能处于

① [美]西里尔·E.布莱克:《比较现代化》,杨豫、陈祖洲译,上海译文出版社1996年版,第107页。

② 金耀基:《从传统到现代》,广州文化出版社1989年版,第56页。

③ 金耀基:《从传统到现代》,广州文化出版社1989年版,第78页。

④ [法]迪尔凯姆:《社会学研究方法论》,胡伟译,华夏出版社1988年版,第48页。

⑤ [美]西里尔·E.布莱克:《比较现代化》,杨豫、陈祖洲译,上海译文出版社1996年版,第101页。

一种混同式的状态,帝王的权力是"普化的",他垄断着一切统治权力。而现代社会中,社会结构与社会功能是"绕射的",是高度"功能专化"①的,角色功能的不确定导致了行为模式不能完全自主,亦不能完全地专化。因此,"每种人都多多少少有'不守其分'或'不安其位'的行为,每种组织都多多少少有越界逾限的作风"。②

(三)公民类型的过渡性

过渡人的概念是学者 Daniel Lerner 所提出的,他认为,过渡人的特征主要集中在他们"倾向"与"态度"的"潜在的结构"之中,他的"倾向"是"移情作用"——他能看到别人看不到的事物,他生活在传统者无法分享的幻想的世界里,他的态度是一种欲望——他真正想看到他"心灵的眼睛"所看到的;真正想生活在他一直幻想的世界里。③ 在传统与现代所造成的"双重价值系统"中,他经常遇到价值选择的困窘,从心理层面来看,"厌恶失去"与"期待得到"造成了内心的冲突,甚至逐渐成为一种无所遵循的人。对于中国人而言,的确存在这样的状况,由于中国的转型进程始于应激式的开展模式,传统社会的社会结构、价值理念逐渐丧失了它的吸引力。胡适指出"反抗的呼声处处可闻,传统被抛弃一旁。权威已经动摇,古老的信仰遭到了损害……廉价的反偶像主义与盲目的崇新主义(blinddism)大量出现。这些都是无可避免的",④而中国人所要去承担的冲突不仅仅是新与旧的问题,还要在一种"文化挫败感"的支配下去面对中西冲突下所造成的"种族中心的困局"。在这样的前提下,中国过渡人的自我形象是不稳定的,他们"最焦躁的是找不到'真我',最迷惑的是寻不到'认同'的对象,他们最大的努力是追求一种'综合',即企图把中国的与西方的两个价值系统中最好的成分,融化成一种'运作的、功能的综合'"。⑤ 从现实运作来看,最直接的方式就是将这种带有霸权特色的社会过渡本土化,"中国特色"就成为了消减这种影响的一种有效思路。

当然,随着中国政治、经济、军事在内的综合实力的迅速发展,随着政治权威一再强调"自信","文化挫败感"的情绪已经有所消退,认同对象的问题也基本解决,但无论公众还是知识群体,对于中国未来发展越来越积极、乐观的同

---

① 金耀基:《从传统到现代》,广州文化出版社 1989 年版,第 72 页。
② 金耀基:《从传统到现代》,广州文化出版社 1989 年版,第 79 页。
③ 金耀基:《从传统到现代》,广州文化出版社 1989 年版,第 77~79 页。
④ 王岩:《中外政治哲学研究》,世界知识出版社 2004 年版,第 6 页。
⑤ 金耀基:《从传统到现代》,广州文化出版社 1989 年版,第 86 页。

时,对经济政治发展目标的确定性越来越清晰的同时,对于新型的价值理念和信仰的追求,仍然处于不断追寻的状态之中。在这种背景下,对某些不确定性的思考和怀疑,使得人们对不确定信息的态度保持信与不信两可之间,为谣言的产生和传播提供了肥沃的土壤。

第二节 转型期谣言难以止于智者

一、谣言难以止于智者

在中国古代,有先贤说过"流丸止于瓯臾,流言止于智者"。[①] 意思是滚动的珠子会被碗边那样的上坡逼停,没根据的传言会被聪明人止息。也有先贤说过"仁者不忧,智者不惑,勇者不惧"。[②] 按照这种思路,智者可以凭借自己的智慧解决困难问题,不被误导性的信息迷惑自己的心性,不会感到烦恼、怀疑和困惑,当然也不会被谣言所迷惑。时至今日,在面对谣言的时候,人们也习惯说"谣言止于智者",认为聪明人或有智慧的人有充分的鉴别力,不会盲信谣言。这样的表达有其道理,有智慧的人有更强的自制力和鉴别力,能够更理性地对待包括谣言在内的问题,不会被迷惑并在此基础上传播谣言。但这些判断未必尽然,在更多的时候,也难以通过让人们成为"智者"来平息谣言。

首先,作为理想道德形象的"智者"难于修炼而成,即便有少数人能够通过艰苦的训练和培养成为"智者",也难以阻止谣言在大量的"非智者"群中的传播和流行。无论荀子还是孔子,作为儒家先贤,相对于他们所处的时代,他们都具有很好的知识、学养和道德水准。他们提出的"智者",在平均寿命不足四十岁、[③]文盲比例达百分之八十以上的中国古代[④],是非常小众的群体。当然,在他们所处的时代,由于生产生活方式的缘故,大部分人的活动空间不大,谣言的传播速度相对较慢,如果有"智者"这种具有学识和道德权威身份的人士

①《荀子·大略》。
②《论语·子罕》。
③ 苏力:《制度变迁中的行动者——从梁祝的悲剧说起》,《比较法研究》2003 年第2 期。
④ 翟博:《人类教育发展史上的奇迹——改革开放 30 年中国推进全民教育的奋进历程》,《教育研究》2009 年第 1 期。

在辨识之后进行澄清,确实可能有助于遏制谣言的传播。但是现代社会,文盲率下降,掌握文字和知识的人越来越多,但知识和智慧并不相同,达到"智者"层级的判断力,也并不是一件容易的事情。与此同时,在古代"智者"不仅由于掌握知识、具有智慧,更重要的是具有道德权威身份,而这在现代社会越来越难于达到。尤其在新中国成立之后,知识分子成为劳动群众中的一员,虽然由于具有专业知识而受到尊重,但在道德权威方面并不比一般群众高出多少,甚至在某些阶段还有所贬损。除此之外,现代社会信息传播速度快,在网络时代的信息传播更是达到了光速,这使得谣言的传播也同步加快,澄清谣言的工作也越来越难。在"智者"并不比古代多、谣言传播速度又很快的背景下,即便谣言能止于"智者"个体,但却可以绕过这些个体,在充满非"智者"的公共空间几近畅通无阻了。

其次,由于现代科技与文化的发展,知识分工、学科分工越来越细,即便一个人在某个领域是专家,但对其领域之外的信息和知识也可能懵懂无知,而这给谣言的产生与传播提供了肥沃的土壤。此时如果有人以专家的形象出现,很容易让错误或误导性的信息被相信和传播。以"辐射盐"谣言为例:在日本地震引发福岛核泄漏之后,网上流传海水受到污染,而食盐大部分来自海水,因此盐也会具有辐射性,不利于人体健康。在这一谣言的驱使下,很多人去超市抢购食盐,以免今后买不到不受辐射的食盐。此时抢购的人中,很多人未必是没有受过教育或缺乏知识的人。即便一个人知道,仅仅是中国柴达木盆地的察尔汗盐湖中储存着 500 亿吨以上的氯化钠,可供全世界的人食用 1000 年,进而知道中国人无须为盐担忧。但也可能并不知道福岛核泄漏到底会对海水产生什么样的影响,不知道这些海水会随洋流漂流到什么地方,不知道将会给海盐生产带来多大影响,也不知道食用海盐(不管是否为"被辐射"过的海水所提取)对人的健康产生多大的影响。总之,这些环节有一处超出了人们的知识或经验,就会给人们带来惶恐并给谣言传播提供了空间。

再次,不仅人们的知识是有限的,其理性也是有限的,在有限理性的影响甚至支配下,人们会轻信谣言。在哲学、经济学和法学的近代传统中,都强调理性的作用。它们或者强调人是"理性的存在物",或者强调人的利己本性、自己是自身利益的最权威判断者并在此基础上追求自身利益的最大化,或者强调法律应该立足于"强而智"的人像而制定。① 但随着时代的发展,无论哲学、经济学还是法学,对人的理性有了更全面、丰富和质感的认识。即便哲学依然

---

① 郭春镇:《法律中人像的变迁与"人权条款"的功能》,《学术月刊》2010 年第 3 期。

在重视和强调人的理性、仍然坚持"人为目的"这一人性尊严的内核,但仍将自治从最高权的"神坛"上请了下来。在经济学领域,随着行为经济学的发展、进步和越来越有影响力,[①]对人的理性不足的认识也越来越深刻,"这个世界确是由哈姆雷特、麦克白、李尔王和奥赛罗组成的。冷静的理性范例充满了我们的教科书,但是,现实世界却更为丰富多彩"。[②] 正是在认识到人类理性的有限性和受制于社会物质生活条件这一现实之后,法律中人的形象也逐渐从具有统一面目的"强而智"形象转向"弱而愚",[③]强调在基本的法律人格平等基础上,基于不同人的不同身份特质应进行区别对待,在权利义务配置时对弱势群体予以倾向性保护。在有限理性的背景下,人们的认知能力受到限制,加上信息不对称、情感和社会氛围影响,人们有可能经常对理性之外的事物做出误判,进而相信和传播谣言。

此外,即便一个人是"智者",具有百科全书式的知识、充分的理性和道德权威的身份,也只能保证他能够不相信谣言,却未必能够保证他不传播谣言。只有这个"智者"在具有前述能力和美德的同时,还具有很强的社会责任感,他才有可能不相信、不传播谣言,并说出真相,避免谣言的散播。尽管如此,谣言也只能止于"智者"个体或群体,但智者未必一定能够阻止谣言在其他群体中的传播。此时,"智者"宛如江中的孤岛,江水可能无法漫过孤岛前行,却可以绕过孤岛继续东去。

二、转型期谣言更难以止于智者

前已述及,转型期形成方式的应激性、社会内容的异质性和公民类型的过渡性等特点。这些特点及其带来的影响在经过杂糅、整合之后,形成了更加复杂的社会现实,使得原本就难以止于智者的谣言增加了更大的变数,使得原本就由于信息不对称、认知能力不足而理性有限的"智者们"更加不理性,进而使得这个时期的谣言更难以止于"智者"。

转型期形成方式的应激性使得人们在面对纷繁复杂的现实之时,难以保持冷静和理性。由于形成方式的应激性,现代性社会所需要的基础性因素通

---

①　这突出表现为继卡尼曼在 2002 年获得诺贝尔经济学奖之后,萨勒在 2017 年也获得了诺贝尔经济学奖,他们都是从事行为经济学研究的经济学家。

②　[印]阿马蒂亚·森:《伦理学与经济学》,王宇、王文玉译,商务印书馆 2000 年版,第 17 页。虽然森主要从事制度经济学研究,但他的这一论断却与行为经济学高度一致。

③　[日]星野英一:《私法中的人》,王闯译,中国法制出版社 2004 年版,第 66～70 页。

过政府强制手段来推动,在推动之后,我国强大的人口体量和经济发展之后形成的巨大经济体量及其带来的诸多不确定性,在这一经济发展和制度变迁过程中,社会内部传统的思想和行为与现代化过程不断互相调适,这使得思想观念和行为方式与时代要求脱节、嵌套、调整,进而逐步相互适应。在这一过程中,由于转型期涌现的新生事物层出不穷,给每个人都带来严重的信息不对称,人们在自己熟悉的领域或许可以做出相对理性的决策,但面对新鲜事物时,则难免由于不了解该事物的相关信息,无法做出有效应对。同时,没有人能生活在真空中,每个人都以不同的方式和其他人产生联系,形成松紧程度不同的社会网络。这一网络往往会对人们的认知、心态和行为产生影响,尤其是在社会网络上各个环节上的人们都在相信、传播谣言时,作为网络上一个节点的个体,很难保持理性和冷静,会自然地相信并进一步传播。因此,原本理性有限的"智者"可能连最后的一丝理性都丧失殆尽,成为谣言传播的新来源。这也是特定情境下的群体被称为乌合之众的原因。①比如,在 1987—1988 年"价格闯关"时,曾存在过"抢购风",其中的代表性行为还被文艺作品进行艺术化处理之后搬上舞台,在姜昆的相声作品《着急》里有过生动的描述:"醋一洗澡盆""酱油两水缸""豆油十五桶""味精两抽屉"和"黄酱一被窝……"。与之类似,在二十一中国股票市场和房地产市场上,面对严峻的资本形势或飞涨的价格,人们很难保持理性,谣言也因此很难止于这些原本只具备有限理性的"智者"。

转型期社会组织与内容的异质性使得制度变迁、社会现实和公众心态处于一种时常变化并由此产生不同程度错位的现象,使得人们社会角色定位方面常存在模糊地带,难以清晰界定公共领域和私人领域的区别,容易在模糊和困惑中使得理性判断难以形成,而这构成了谣言生存和传播的社会土壤。以居委会这一自治组织与政府关系为例,就可以看出异质性导致的错位。我国《居委会组织法》第二条规定了政府和居委会的具体关系:不设区的市、市辖区的人民政府或者它的派出机关对居民委员会的工作给予指导、支持和帮助;居民委员会协助不设区的市、市辖区的人民政府或者它的派出机关开展工作。可见,《居委会组织法》对基层政权与居民委员会的关系做出了具体限制,并确定为"指导—协助"的关系。但在操作的过程中,这一关系会发生一定的扭曲。笔者曾在社区调研,观察某社区基层组织换届选举工作,对这一关系及其背后

---

① [法]古斯塔夫·勒庞等:《乌合之众:大众心理研究》,冯克利译,中央编译出版社 2000 年版,第 3 页。

的社会组织与内容的异质性有了较为深入的理解。这种扭曲集中体现在政府和社区基层自治组织之间的关系上。在理论上,居委会是自治组织,在实践中,政府是居委会换届的组织者、管理者和资源掌控者。① 值得注意的是,除了指导之外,政府在组织换届选举的过程中,是否还会有其他不当的行动介入。如果政府在组织的过程中还裹挟着其他的目的,那么没有资源的居委会也很难拒绝。政府在组织、管理、支持居委会换届的过程中,存在不当介入和过多干预的行为。对于社区的换届,如何确定正式候选人是关键环节,政府希望候选人不会超出他们的预期并对此施加重要的影响。不管政府出于何种目的,但是它的行动都表现出了"控制选举"和"控制选举结果"的倾向,而且,没有资源只能配合政府工作的居委会也没有说"不"的权力。② 就笔者观察到的某些现象而言,随着时代的发展和进步,法律规范对现代社会的某些价值和制度进行了肯定和宣示,但在实践操作中,这些价值和制度却不断地打折扣。比如人们"自治"的愿望越来越强烈,但由于在资源占有和控制方面的"先天不足",加上原有的政治理念、文化传统的影响,使得人们常常出于一种心里向往自治却在行动上有所顾忌,有时甚至进行过多的妥协,而这种妥协又有其历史和现实的原因。这一现象使得人们在社会角色定位时会出现矛盾,在不得不

---

① 在换届选举准备阶段,某区区委、区政府成立了社区基层组织换届选举工作领导小组暨社区居委会选举指导组,专门负责该社区基层组织换届选举工作的协调和指导,并且下设办公室和选举监督委员会,社区所在的街道也成立了社区基层组织换届选举工作领导小组和居委会选举指导组,专门负责指导社区基层组织的换届日常工作,制定具体的实施方案。该区和各个街道专门召开换届选举动员部署会议以及换届工作培训会,并采取网络、电视、标语等各种形式进行宣传发动。同时,该区对正式选举阶段的全程进行安排,包括成立社区居民选举委员会、选民登记、社区居民代表和居民小组长选举、产生候选人、投票,到最后的建章立制,建立各类机构、健全工作制度、组织新一届社区居委会成员培训等。值得关注的是,政府是居委会换届的资源支持者,社区居委会换届选举需要一系列的资源,比如,社区换届经费,街道对换届选举的宣传氛围布置、印发材料、各类会议布置、居民代表、小组长加班补贴、居委会人员加班用餐等都需要花费金钱,而这些是由街道和该区政府承担。该区还专门下发了《关于明确社区换届选举误工补贴发放问题的通知》,明确选民误工补贴为每人30元。

② 比如,笔者在中华社区调研期间,该区民政局曾给居委会打来电话,因为中华社区居委会换届候选人名单里有几个是不在居委会工作的其他居民,虽然居委会的人认为这些居民都是积极分子,"都没有问题",但是民政局还是希望候选人全是社区现有的工作人员,而后我注意到,社区修改了候选人名单,将其他原本不在候选人名单内的社区工作人员的名字加进去并再次上报。

接受自治机构外部力量和资源限制和约束的同时,对外部力量本身会存在犹疑和顾虑,进而影响自身对外部力量所宣传、教导的信息产生怀疑心理。

公民类型的过渡性使得公民个体在身份认知和认同、对自己身份在价值体系的定位、对国外和国内的法治理论和实践的认知过程中产生了复杂的心理,从而使得人们在很多时候难以作出理性判断,对于谣言的态度,在信与不信之间徘徊,在"止"与"不止"之间摇摆,并在这种徘徊和摇摆之间或主动或被动地让谣言流转、散播开来。中国传统上并没有公民的概念,按照苏力的说法,这并非一种智识上或制度的"缺失"。这是因为公民概念是城邦的产物,它既是一种区分不同身份进行不同对待的工具,也是某些群体享有的特权。而中国是农耕大国,除了极少数政治文化精英,普通百姓通常只是作为历史中国的自在但并不自觉的成员而存在,体现为其"国人"或"村民"的身份,而这种身份制度是大国管理的必然。这是因为,在当时所处的年代,相对于西方城邦,中国的疆域极其辽阔,在信息交流成本极高的时代,大国只能如此管理。而这种管理方式虽然没有设定公民及相应的权利制度,也没有公民个人权利概念和话语体系,但还是大致公正、系统和有效地处理了在国家和村落中的分配正义问题。① 也就是说,在中国古代,没有公民身份、没有相关权利制度,并没有影响百姓的权利。

在现代国家,随着信息交流的高效化,随着公民概念、权利理论的发展,对公民的相关权利进行确认和保护,不仅是必须的,而且是必然的。因此,公民作为理论概念即便不是天经地义或放之四海而皆准的,在当前中国无疑也是必须要被承认、肯定和保护的。在当前中国,无论是国际条约、国家法律中的规范,还是公民的权利意识,都与传统中国社会截然不同。但是,对于中国人而言,公民确实又是一种新鲜的事物。中国的公民身份认同产生得较晚,随着民族国家意识而产生,在新中国成立之后,公有制经济、人民公社和单位制人事管理使得公民有了公民的称号,却由于当时法律的规定和经济制度的制约,其公民身份凝聚了"单位人"的身份,作为权利义务主体资格的公民身份时常被掩盖在公社成员、单位员工的身份之下。市场经济的发展、政治体制的进步、法律制度的健全和完善,强化了公民资格和权利观念,使得人们在成为市场经济主体的同时,能够脱离或不再像以往那样依赖单位,成为并意识到自己是权利义务的主体。在中国,从国民到公民、从群众到法律主体身份转化和过

---

① 苏力:《公民权利的迷思:历史中国的国人、村民和分配正义》,《环球法律评论》2017 年第 5 期。

渡的过程,只有短短数十年的历程,短时间内的急速变化,使得人们在知道自己公民身份及其相关的权利义务的同时,也在自觉或不自觉地受到传统价值观念和前市场经济时代组织成员身份的影响。因此,在公民身份方面,当前的公民确实兼具传统的国人或村民身份、前市场经济时代或革命时代的群众或社员身份、市场经济时代所要求的公民身份,有些学者强调"通三统",①但当前公民的特点未必像"通三统"所希望的那样融会贯"通"了起来,这三种身份确实在人们的身上以不同的方式、在不同程度上进行了叠加或杂糅,使得人们在身份定位时不由自主或自然而然地产生犹疑和认知偏差。从宗族认同到组织认同再到公民认同,在传统和现代不同价值体系和标准中面临着价值选择的困窘,从对国外先进技术和制度的盲信到开始发现自身所处国家和时代的优越性并产生自信,与此同时还要面对新时期的种种社会问题,尤其是经济分化、食品药品环境等牵涉面广、直接影响民生的现实问题,在对外盲信和对内既有自信又对诸多难以迅速解决的社会现实问题不满和失望。对于这些问题,既希望自己作为公民能够根据自由意志进行有效参与立法,监督执法和司法,进而解决这些问题,又希望有负责的单位、贤能的官员或最高领导替自己"操心"解决。这些犹疑、认知偏差、困窘、盲信、自信和失望等情形在转型期被迅速发展的互联网和大数据挟裹和放大,进而使得人们难以作出理性的判断,在这种纠结和犹疑之中,主动或被动地让谣言流转、散播开来。

总之,"智者"是一种理想的道德形象,本身就难以修炼而成,现代科技和文化的发展、知识和学科分工的精细化,使得人们只能精专于某个或某几个学科,难以对外部世界有完整而详尽的认识和理解。即便具有丰富的知识,也并不意味着一个人的判断就是理性的,他可能由于理性的有限性而作出错误的判断,轻信并传播谣言。即便一个人有丰富的知识并能理性地行事,也未必有强烈的社会责任感制止谣言。因此,谣言难以止于"智者"。当前我们身处转型期,转型期形成方式的应激性、社会内容的异质性和公民类型的过渡性,使得人们更难以成为"智者",更难以判定信息的真伪,同时由于身份确定和角色认同等原因,更缺乏强烈的责任感来制止谣言。因此,谣言原本就难以止于"智者",转型期的谣言则更难以止于较之以往更少的"智者",即便止于了"智者"本身,也难以阻滞谣言的传播,而现代传播技术的发展,则进一步让这种传播插上了光速的翅膀。

---

① 甘阳:《通三统》,生活·读书·新知三联书店 2007 年版,自序第 3 页。

第三节　转型期谣言止于信任

一、多学科视野下的信任

按照上文关于转型社会的探讨我们可以看到，从社会观念的角度来看中国人在传统社会与现代社会的价值选择中踌躇不决，动摇了既有的思想理念，"信"的片面性、多元性乃至于盲目性导致了社会交往范式的脱节。中国传统社会以特殊信任为社会交往的主要方式，亲缘、血缘、地缘成为了信任关系的重要依据，但它同样受到了社会转型所带来的挑战，传统社会中的社会关系、社会结构在转型社会的冲击下分化和重组，居于此的社会个体的心理态度也发生了变化。郑也夫以社会近些年来出现的杀熟现象为例，指出"由于中国社会的现代化程度较低……杀熟无疑是对其社会生活的极大破坏……不仅在陌生人中缺乏信任，而且熟人中的信任也日益丧失"，[①]"杀熟现象标志着社会信任降到了最低点"。[②] 虽然从社会信任到法律信任并不是一种严谨周密的逻辑转换，但考察法律信任可以适当参考社会信任的演变过程，因为法律信任的主要群体在于人，他们对于法律产生的态度是与社会价值观念以及社会心理息息相关的。另一方面，法治目标的实现是转型社会所面临的重要任务之一，如何扭转民众"信访不信法"、提升法律公信力是我们目前所面临的关键性问题。因此，研究中国法律信任的问题根植于对转型社会的分析与了解，以此寻找形成、维持、发展法律信任的路径，寻找防止信任透支和信任崩溃的主要方式，更要去寻找如何以法律信任的弹性方式迎合不断变化的法律需求。[③]

荀子有云："不积跬步，无以至千里。"社会科学的研究同样如此，基本概念作为研究的出发点，为法律信任的进一步展开搭建了平台。本节的主要内容以概念分析为主，通过对"信任"以及"法律"两种范畴的界定和说明，试图让读

---

① 郑也夫：《走向杀熟之路：对一种反传统历史过程的社会学分析》，《学术界》2001年第1期。

② 郑也夫：《走向杀熟之路：对一种反传统历史过程的社会学分析》，《学术界》2001年第1期。

③ 季卫东：《法治与普遍信任：关于中国秩序原理重构的法社会学视角》，《经济管理文摘》2006年第15期。

者了解,法律何以成为信任的对象?因此,从信任的概念入手,并通过对法律的系统分析来回应信任的基本要求,构成了本节的行文脉络。

毋庸置疑,信任对于人类社会的维系和发展有着极其重要的意义。早在古代中国,就有商鞅"徙木立信,以明不欺",终成秦国变法之强;在现代社会,人们对于货币的信任促成了现代金融制度的完善。[①] 甚至在科尔曼与福山的眼中,信任俨然与社会资本联系在一起,"信任半径越长,社会资本越多"。[②] 可以说,信任成为了社会交往的重要心理基础。因此,信任问题引发了众多学科的研究热潮,但是到目前为止,对于信任的概念并未形成统一性的认识,主要原因在于信任内涵的"复杂性",它既带有感性色彩,与亲缘、文化等社会性因素息息相关,同时又带有理性成分,涉及期待、风险等个体决策性因素。基于此,信任问题以心理学、社会学、经济学为统摄,呈现出多角度、多层面的研究现状。

19世纪50年代,心理学开始关注信任问题,它主要以科学实验的方式,侧重于对个人的心理观察,其研究内容主要立足于情境反应与人格特征。美国心理学家Deutsch等人曾围绕信任问题进行了一系列的实验,通过实验他们认为信任实际上是对情境的一种心理反应,它的程度会随着情境的改变而改变;[③] 霍姆斯则将信任视为个体面临预期的损失有可能大于预期收益的不可预料事件时,作出的非理性选择行为;[④] 而就人格特征方面,赖兹曼谈到,信任实质上是个体对他人的诚意、可信性的一种普遍信念,罗特则认为,信任是个体对他人的言辞、承诺之可靠性的一般性期望。罗特和赖兹曼在实验中还发现,个人的生活经历和对人性的看法,会影响到对他人的信任程度。[⑤] 概言之,心理学的研究主要关注于信任的认知内容以及行为表现。近些年来,随着脑科学的发展,心理学界开始注重于信任神经机制的考察,这种考察方式主要

---

① 季卫东:《法治与普遍信任:关于中国秩序原理重构的法社会学视角》,《经济管理文摘》2006年第15期。

② [美]弗朗西斯·福山:《信任:社会道德与繁荣》,李宛蓉译,远方出版社1988年版,第12页。

③ Deutsch M. An Experimental Study of the Effects of Cooperation and Competition upon Group Process, *Human relations*, 1949, Vol.2, No.3, pp.199-231.

④ Hosmer L T. Trust: The Connecting Link between Organizational Theory and Philosophical Ethics, *Academy of management Review*, 1995, Vol. 20, No.2, pp.379-403.

⑤ 彭泗清、郑也夫:《中国人人际信任的一项本土研究》,转引自彭泗清、郑也夫:《中国社会中的信任》,中国城市出版社2003年版,第151页。

借助 fMRI 技术测量方式,以及投资博弈实验等方式,通过检测实验者大脑血红蛋白流量变化来观察神经中枢中的激活区域。Brooks 等人的研究表明,大脑中尾状核活动与信任的产生存在正相关关系;①Delgado 等人将研究进一步推进,指出在对陌生合作者的道德存在认知的前提下,信任决策更加依赖于道德品质的高低。② Zak 等人的研究指出,人体中催产素的含量与信任呈现出正相关关系。③ 可以说,心理学以实验的方式,为信任问题的讨论提供基础性的佐证。

社会学对于信任问题的关注重点则从心理层面转移至社会层面,其中最具有代表性的理论当属卢曼的复杂机制简化理论、韦伯的特殊信任普遍信任理论和埃里克·尤斯拉纳的个别信任普遍信任理论。卢曼认为,信任是社会生活的简化系统,它将生活中所面临的复杂性简化为"可信"与"不可信"这样二元化的选择。同时他也指出,信任与社会结构、制度变迁存在一定的相关性,"信任是嵌入在社会结构和制度中的一种功能化社会机制,当社会发生变迁时,信任也会随之发生改变"。④ 韦伯的信任理论建立在"特殊信任"与"普遍信任"两种概念之上,前者以血缘性为基础,建立在私人关系、家族或准家族关系之上,后者以信仰共同体为基础,建立在传统、习俗以及宗教等相关因素之上。韦伯在他的书中也曾提到中国的信任状况,并将它归纳为"特殊信任"的典型例证。⑤而埃里克·尤斯拉纳又构建了"个别信任""普遍信任"的理论图示。他通过数据分析指出,日常生活中形成的道德以及我们的"集体经验"影响着普遍信任的高低。⑥ 就国内的研究而言,郑也夫教授借鉴了当代生物

---

① King-Casas B，Tomlin D，Anen C，et al. Getting to Know You：Reputation and Trust in a Two-person Economic Exchange，*Science*，2005，Vol.308，No.5718，pp.78-83.

② Delgado M R，Frank R H，Phelps E A. Perceptions of Moral Character Modulate the Neural Systems of Reward During the Trust Game，*Nature neuroscience*，2005，Vol.8，No.11，pp.1611-1618.

③ Zak P J，Kurzban R，Matzner W T. The Neurobiology of Trust，*Annals of the New York Academy of Sciences*，2004，Vol.1032 ，No.1，pp.224-247.

④ [德]卢曼:《信任:一个社会复杂的简化机制》,瞿铁鹏、李强译,上海人民出版社2005 年版,第 103 页。

⑤ [德]马克斯·韦伯:《儒教与道教》,洪天富译,江苏人民出版社 2008 年版,第242 页。

⑥ [美]埃里克·尤斯拉纳:《信任的道德基础》,张敦敏译,中国社会科学出版社2006 年版,第 31 页。

学的理论知识,以人的本性是利己还是利他为切入点,反驳了合作可以不要信任的观点。他指出,合作的基础是关系的持续性,持续关系与合作之间有一个环节就是信任,即持续关系可以产生信任,信任导致合作,其中互惠行为是信任发挥功能的主要方式,而重复博弈则是信任产生的大前提。①纵观以上社会学的研究成果,他们大多将信任问题置于过去与现代两种维度,发现信任在不同的社会结构中呈现出不同的特征,并且这些特征很可能与政治、经济、文化等社会因素相关联。因此,社会学为我们提供了更为动态、多变的研究视角。

与其他学科的研究路径不同,经济学对于信任的研究,多从新古典经济学的理性选择理论出发,认为信任实际上是人们为了规避风险、减少交易成本的一种理性计算。Dirks 等人认为,信任是所有交易的核心,在信息不对称的前提下,它能够减少监督和惩罚的成本;②罗素·哈丁认为,信任是一种暗含利益的表达,"就某一事情而言,说我信任你,意味着关于这一事情我有理由期望你为了我的利益行事,因为你有充分的理由这么做,这些理由以我的利益为基础";③克劳斯·奥弗认为,信任是关于期望他人行为的信念,这一信念是指其他人将做某些事情或克制做某些事情的可能性,这些事情在上述任何一种情况下都影响信念持有者的福利,也可能影响其他人或某一相关集体的福利。④福山在沿用了经济学的概念,并借鉴了文化学的相关理论,将资本分为了经济资本、人力资本、社会资本,并指出社会资本的核心是"信任"。张维迎教授从信息及其控制的角度,提出了"基于信誉的信任"和"基于制度的信任"两种概念,他认为,在社会主体信息不对称的情况下,以制度化的方式明晰产权以及政府行为,中国的低信任状况就有可能改变。⑤

---

① 郑也夫:《信任论》,中国广播电视出版社 2006 年版,第 112 页。

② Dirks K T, Ferrin D L. Trust In Leadership: Meta-Analytic Findings and Implications for Research and Practice, *Journal of applied psychology*, 2002, Vol.87, No.4. p.611.

③ [美]罗素·哈丁:《我们要信任政府吗》,载[美]马克·沃伦:《民主与信任》,吴辉译,华夏出版社 2004 年版,第 20～39 页。

④ [美]克劳斯·奥弗:《我们怎样才能信任我们的同胞》,载[美]马克·沃伦:《民主与信任》,吴辉译,华夏出版社 2004 年版,第 39～81 页。

⑤ 张维迎:《信任、信息与法律》,生活·读书·新知三联书店 2003 年版,第 305 页。

二、信任的特征

毋庸置疑,对于信任问题需要从多学科的角度进行分门别类的研究和把握,各种研究成果也为我们深刻理解信任的本质以及发展规律提供了充足的论述基础。但是,这种多学科的研究所体现的内容过于庞杂,难以通过一以贯之的理论来归纳出信任的所有特征。因此,本文将借助于以上三种学科所涉及的研究成果,试图站在施予信任者的角度,来尝试归纳出信任最为核心的几种特征,为后续的研究提供理论线索。

信任的根本特征是主观性。信任在外界的强制下是无法产生的,它是以施予信任者为核心,结合自身预期利益而进行判断的主观行为。首先,在日常生活中,信任的主观性体现在施信者的性格、知识、性别、意愿等认知信息方面。从"经济人"假设的观点来看,人是追求效用最大化的,其中趋利避害是主要的体现方式,每个人在做出行为之前都要对自己的行为进行一番利益权衡和成本计算,即"他能在特定的并且是不断变化的约束条件下,通过成本——收益计算寻找并借助于最佳途径,来达到他自己认为能够获得的最理想的预期结果"。[①] 其中,在重复博弈的前提下,信任的确能够为施信者提供利益最大化的可能,而这些内容并不是以强制性的方式灌输形成的,它的来源仍然是对信息综合权衡下的主观判断。其次,信任所指向的期待是未来式的,施信者将自身的期待利益托付受信者,相信受信者能够在未来的时间内通过他自己的行为完成施信者所交予的"任务"。在这样的前提下,信任无法通过其他外在行为来引导受信者,用一种通俗的话来说,他只能默默期待受信者能够按时完成信任所涉及的托付任务。因此,从信任的内容以及指向来看,它都属于一种主观性的心理活动。

信任以风险性作为判断基础。从信任关系来看,信任依赖于特定的交往纽带,无论是信任亲友或者是信任陌生人,它必须建立在一定的风险判断基础上,来减轻由于信任行为所带来的不确定风险,因此,风险问题是信任的重要变量。Deutsch 曾指出,就像父母托付保姆照顾孩子的同时,要承担可能出现的虐待行为,信任必然涉及风险的衡量问题,它建立在行动、选择、决定的基础之上,存在因承诺而引发不利后果的可能性。[②] Mayer 等人认为,信任建立在

---

① 白春阳:《现代社会信任问题研究》,中国社会出版社 2009 年版,第 20 页。

② Deutsch M. An Experimental Study of the Effects of Cooperation and Competition upon Group Process,*Human relations*,1949,Vol. 2,No.3,pp.199-231.

受信方的能力、态度等综合信息之上，而感知风险是对于信任行为可能导致的损失所做出的预估，当信任水平超过了感知风险，则施信方要在信任行为的基础上承担可能出现的风险。[①] 埃里克·尤斯拉纳认为，对于风险的计算包含着三个方面："无知的程度、可控的程度、亲疏所导致的背叛厌恶"。[②] 在这里仍以保姆为例：父母在雇佣保姆前要对于他的基本信息有所了解，是否有工作经验，有无虐待孩子的前科，按照尤斯拉纳的看法，对于这类保姆信息掌握越多，风险性越小，而对于保姆照顾孩子的行为是否能被察觉则归属于不可控的范畴之内，不可控的概率越低，风险性越小。如果保姆与该家庭形成长期的亲密关系，一旦保姆出现虐待孩子的行为，则除了产生对于之前信任行为的否定外，还会因此体会到背叛所引发的厌恶感。

除了风险本身，风险承受能力的大小——相对易损性，同样影响着信任关系的建立。即使两个人对于同一对象产生相同的失信判断，他们仍可能会存在不同的行为，王绍光教授曾经举过一个生动的例子，假设一个亲戚向两个兄弟各借一万块钱，这两个兄弟一个是百万富翁，一个是普通人，亲戚的失信可能性对于二者而言假设是相同的，且两个人都拿得出一万块钱，那么哪位会借钱给表亲呢？大概是百万富翁，因为对于他而言一万块钱是九牛一毛，而对于普通人而言则是一笔很大的支出。显而易见，相对易损性"取决于潜在损失的绝对值在潜在受损者所拥有的总资源中占多大比重，"[③]它同样影响着对信任风险的判断。

信任以偏好为决定因素。除了风险性外，个体所具备的"偏好因素"同样

---

① Mayer R C，Davis J H，Schoorman F D. An Integrative Model of Organizational Trust，*Academy of Management Review*，1995，Vol.20，No.3，pp.709-734.

② 尤斯拉纳将信任分为四个等级，第一级风险（the first degree risk）是未来的不利事件完全独立于我们的信任行为：这是他人以恶劣的方式对待我们的风险，或他们的行为仅仅使我们的期望落空的风险。第二级风险（the second degree risk）与我们的信任行为相关。由于我们对显然不值得信任的人寄予信任，除了他人的不适当的或有害的行为，我们另外还会经历负面的心理体验。第三级风险（the third degree risk）只发生在当受托者知道并承认我们信任的信用（credit），并因此在一些实现它的道德约束之下时才发生。这常常发生在亲近、亲密的关系中，如朋友、爱人、家庭关系；在此，一定数量的信任——这种信任是被他人认识到的——是理所当然，几乎是这些关系确定的组成部分。第四级风险（the fourth degree risk）伴随着托付一些有价值的事物给某人自主照看的具体事件而出现。这里违背信任的风险是更切实的，而不局限于心理的不快，转引自［美］埃里克·尤斯拉纳：《信任的道德基础》，张敦敏译，中国社会科学出版社2006年版，第104页。

③ 王绍光、刘欣：《信任的基础：一种理性的解释》，《社会学研究》2002年第3期。

影响着信任的产生。它主要以两种形式存在，第一种是由生物学以及遗传学解释的无意识选择下的个人偏好（unconscious bias），第二种则是由社会学、文化学解释的群体偏好。从个人偏好来看，它是基于个体特征、需求经验总结而形成的一种独特倾向。① 例如尤斯拉纳通过实验数据分析证实，乐观主义者信任他人的可能性比悲观主义者高 12%，②"乐观主义者相信，他们能够在他人生活中起作用，他人、甚至是陌生人都有良好的动机，而且都愿意参与到集体的努力中去"。③ 群体偏好则从隐形层面影响了个人偏好的选择，有人通过"信任游戏"的实验发现，美国人要比德国人更加倾向于信任他人，通过群体偏好的差异能够完全地解释美国和德国之间信任的鸿沟。④ 有趣的是，偏好的重要性揭示出，即使游戏主导者控制了大部分的社会经济变量，偏好仍然能粗略地解释信任鸿沟的大部分内容。也有学者从文化惯性的角度解释这样的现象，例如古代游牧民族有不锁门并在桌子上预备食物的文化传统，为那些受到暴雨风沙袭击的陌生人提供帮助，而忽略了可能发生的盗窃、伤害等风险因素。英格哈特在"世界价值调查"（world value survey）中发现，受新教和儒家学说影响的国家比受天主教、东正教、伊斯兰教影响的国家更容易产生信任。⑤ 因此，群体偏好以文化习惯、传统等方式，藏匿于他们的日常生活之中，并以不自觉的方式表现出来。

因此，结合以上对信任特征的描述，本文将其解释为：在一定的社会环境下，个体通过建立一定的交往纽带，将预期利益托付给施信者，并因此获得安全感的心理态度。

三、信任降低谣言"活性"

根据著名的奥尔波特谣言传播公式，影响谣言传播的两个因素分别是重

---

① 参见**爱**德华个人偏好量表，它是一般称为 EPPS，一种自陈式人格调查表，用来测量以下 15 种需要和动机：谦卑、成就、亲密、攻击、自治、变通、服从、支配、坚毅、表现、性爱、内省、仁慈、秩序和救助，所有这些都来源于默里（或译为莫瑞）的人格理论。

② ［美］埃里克・尤斯拉纳：《信任的道德基础》，张敦敏译，中国社会科学出版社 2006 年版，第 126 页。

③ ［美］埃里克・尤斯拉纳：《信任的道德基础》，张敦敏译，中国社会科学出版社 2006 年版，第 104 页。

④ 蔡翔：《国外关于信任研究的多学科视野》，《科技进步与对策》2006 年第 5 期。

⑤ ［美］罗纳德・英格尔哈特：《信任、幸福与民主》，载［美］马克・沃伦：《民主与信任》，吴辉译，华夏出版社 2004 年版，第 81～112 页。

要性和模糊性。① 这两个因素中有一个为零,谣言就无法传播。由于不同内容的谣言对于不同群体有着不同的重要性,如关于高中义务教育的传言可能仅对于有家庭成员上高中的部分人群有较高的重要性,对于其他人群则不然;且谣言内容对谣言的接受者而言,一般是固定不变的,因此从降低谣言重要性入手来阻滞谣言的传播就不容易实现。可见降低谣言传播活性的更重要因素是降低其模糊性。降低谣言模糊性的重要方式之一就是增强信息的透明度,通过信息公开制度、舆论监督制度等可以让信息更清晰,进而降低谣言的活性,但这仍不足以让谣言停止。这是因为,即便信息公开、舆论监督做得很好,相关部门和媒体都提供了清晰的信息,仍面临着公众是否相信的问题。如果公众不相信,相关主体提供和传递的清晰信息会被不信任的心理状态模糊化,在此基础上信息将发生扭曲变成谣言,并在传播的过程中不断增强其模糊性、完善其逻辑性,变得更加具有传播活性。

因此,谣言传播不仅与谣言自身的属性相关,也和公众的心理相关。一般而言,在社会成员之间互信程度比较低的地方,谣言会在较短的时间内完成自我强化、自我完善和进一步传播的过程。在社会互信程度较高的地方,谣言的传播虽然不能完全停滞,但其活性会逐渐降低,甚至可能会最终湮灭。必须要承认的是,信任并不必然能够阻碍谣言的传播,甚至一个公信力较高的机构或个人制造和传播的谣言会更具有生命力。但是,从更长的时间线来看,信任与谣言的传播能力呈负相关关系。这是因为,一旦一个机构或个人被证实制造或传播了谣言,其公信力也会降低,其后续传播谣言的活性也会相应降低。毕竟,在一个健康的社会中,机构或个人的可信度需要接受时间的检验,主体被贴上了诚实信用的标签之后,为了自身的社会资本便不会倾向于主动制造或传播谣言来降低自己的公信力。因此,谣言在遭遇这类主体的时候,被传播的可能性较低,而其活性也会降低。

个体之间的信任会降低谣言的活性。信息传播的方式包括个体、组织、团体通过媒介向其他个人传递信息、观念、态度或情感,个体之间的信息传播是其内在组成部分。在整个谣言传播的过程中必须包含谣言内容、谣言传播渠道、谣言信息接收者三要素。在个体间的谣言传播过程中,谣言的传播者与接收者是不同的个体,个体之间的关系会直接影响信源的可信度、传播效果的强弱,以及信息编码与解码的准确性。如果个体之间的信任程度比较高,谣言的

---

① [美]奥尔波特等:《谣言心理学》,刘水平等译,辽宁教育出版社2003年版,第17页。

活性便往往会降低。信任作为一种主观态度,是对事物的真实性和他人行为可靠性的事先预测或期望,其在本质上是有风险的。① 因此,在熟人社会中,个体之间相互了解,彼此知根知底,这便一定程度上降低了信任所带来的风险。人们基于彼此的信用而信任对方的言行,也在一定程度上抑制了谣言的传播。而在陌生人社会,由于个体之间缺乏重复博弈的可能性,个体对自身行为可能产生的后果重视程度降低,因此更有可能会采取损人利己的举动,由于彼此之间的信任难以形成,就需要法律使人们对自己的行为可能产生的后果有合理的预期,逐步提升自身在社会中的信用。正处于转型期的我国要重构个体之间的普遍信任,既要兼容道德主义信任的价值立场,又要通过经验积累来构建信任。②

组织或团体成员基于信任会更加相信集体所发布的信息,进而降低谣言的活性。虽然个体之间的信任可以阻滞某些谣言的传播,尤其是在这些谣言事关被信任者自身的声誉和利益时。但这种信任有时也会加剧谣言的传播,因为人们会出于信任而更相信某个个体的言论,而当其传播谣言时,人们仍会基于对他的信任而相信谣言并可能进一步传播之。如前文所述,组织、团体是信息传播的重要媒介,我们中的绝大多数都生活在一定的组织或团体之中,并与这些组织、团体有着不同程度的联系,对组织或团体的信任程度,直接影响了我们对其所发布信息真伪的判断。要想降低谣言的活性,需要构建个体与组织、团体之间的信任。由于大多数人难以成为智者,而且即便成为了"智者",如前所述,也难以让谣言平息,因此,对于谣言的判断标准很大程度上依赖于我们对信息发布主体的信赖程度。对于社会声誉良好的组织、团体发布的信息,我们基于对其声誉的信任,相信他们所发布的信息是真实的,这就降低了谣言传播的活性。构建组织或团体与个体之间的信任关系,要求组织或团体所发布的信息必须始终真实,并承担其对社会应尽的责任;而一次失实和谣言,就可能会使长期积累起来的信任毁于一旦。

国家和政府有公信力,会增强公民对他们的信任,降低谣言的活性。在突发事件发生后,政府往往会在第一时间发布有效信息来稳定民心。但是政府公布的信息能否阻止谣言的传播一定程度上取决于政府的公信力,取决于人民对政府的信任程度。为了增强政府的公信力,增强人民对政府的信任,目前

---

① 李勇:《当前中国的法律信任及其养成》,《法学研究》2009 年第 8 期。
② 郭春镇:《从神话到鸡汤——论转型期中国法律信任的构建》,《法律科学》2014 年第 3 期。

我国正在推行权力清单制度,让政府权力在阳光下行使,公开透明地接受人民群众的监督。在互联网时代,信息传播呈现出渠道多、速度快、信息量大等特点,同时也由于网络监管空缺导致虚假信息泛滥、谣言肆虐、信息可信度降低等问题出现,此时拥有较强公信力的官方网站或权威媒体提供的准确信息就显得尤为重要。

因此,在突发性事件中,减少谣言传播的最佳方法是对事件的发生和进展、相关决策的制定和实施,以及实施效果进行及时准确的报道,让群众了解事件的实时信息,保障人民群众的知情权,满足其好奇心。同时通过各种方式,让百姓参与其中,以提高参与度、互动性,这是赢取群众信任的最好方法。[①] 保证人民群众的知情权,并令其在参与的过程中获得参与感,是提高国家和政府公信力的重要方式,也是保证人民群众当家做主的题中应有之义。面对谣言,我们作为个人的甄别能力总是有限的,这就需要掌握更多信息资源的国家帮助我们去判断甄别,而我们对国家的信任与否又影响我们是否会相信那些甄别结果。如果政府拥有较强的权威和公信力,人们就会倾向于相信政府发布的信息,谣言传播的活性便会降低。

总之,信任或许不能完全消除谣言,但可以降低谣言的活性。谣言之所以能够传播,是因为其在很大程度上契合了人们的心理期待或需求。我们之中的很多人都是沉默者,但沉默并不代表其没有意见,当谣言与我们的想法相契合时,我们常常会自然而然地相信它。但是对于个人、群体和国家政府的信任,会让我们在面对谣言时更多地保持一种审慎的态度,多一分思考,少一点盲信。信任源于熟悉,在实践经验基础上积累而成的信任,是个体或者群体言行的名片,我们可以根据这些个人或者群体来预测自身的行为及后果,也会相信他们的所做所言,这在很大程度上降低了谣言传播的活性。在转型期的中国,多种价值观念的相互碰撞使社会信用受到严重挑战,助长了谣言的传播,因此需要加强社会信用体系的建设。但是,在内容不变的情况下,谣言对于不同群体的重要性大相径庭,加上民众信息识别能力的差异,这导致了谣言在不同群体内传播的可能性有着很大差异,因此仅靠解决信任问题仍难以完全消除谣言的传播,我们还必须从源头上去分析谣言的成因,才能达到标本兼治的目的。

---

① 郑保卫、陈建平:《谣言的传播机制及阻断策略》,《中国记者》2010 年第 5 期。

第六章　法律信任的理论基础与价值

第一节　法律信任的理论基础

从信任的衍生论题来看,政治信任、社会信任、人际信任是目前研究的主流内容,而法律信任这一概念并不多见,大多情况下,法律信任作为一种传统意义上的政治口号见诸报端。作为一项法学课题,法律信任目前的研究仍缺乏独立性,大多依赖于政治信任的研究,但研究数目的多少并不能决定它的意义。因此,本节的目的在于厘清中国目前法律信任的研究现状,并尝试指出法律信任的理论构成。

目前中国学界对于法律信任的研究仍处在起始阶段,在相对较少的文献中又以以下两种定义为主流观点,马新福和杨清望首开先河,将法律信任定义为"社会主体在与法律的交往过程中以及理性主体在法律的中介下,基于一种承认法律天生局限性的共识,仍愿意选择法律作为调控其参与的社会关系的手段。只要法律按照既定的规则和程序运行,都愿意承担由此而带来的有利或不利后果,都不会因追求自己的暂时利益而损害法律的权威性"。① 欧运祥则认为:"社会成员基于法律制度公正性的前提条件,在对法律运行规则的内容以及法律运行规则的有效性获得充分了解的基础上,对法律制度产生信心,相信法律能够按其预测发生效力,相信其他社会成员也与其持有相同的预测,从而自觉将其自身资源置于法律控制之下,自愿接受法律作为调整其社会关系的一种社会行为。"②

从各位学者的定义内容来看,似乎都与信任的基本特征不谋而合,但从文章的整体内容来看,都不约而同地站在批判法律信仰论的角度上提出了法律

---

① 马新福、杨清望:《法律信任初论》,《河北法学》2006 年第 8 期。
② 欧运祥:《法律信任:法理型权威的道德基础》,法律出版社 2010 版,第 101 页。

信任的观点。他们大体都认为法律信仰的提法不足以契合我们国家目前的国情,而法律信任的提法恰好符合了我们国家没有信仰基础的事实,信任似乎更"接地气",但是对于信任的运行原理,为什么法律能够成为信任的对象这种基本性问题并未涉及。本书认为,在没有理清信任、法律的相关构成以及运作原理的基础上,武断地提出法律信任概念,似乎有乱用概念的嫌疑。

　　当然,如果我们从学者们的理论逻辑来看,学者们大多站在了一种实用主义的角度,相信法律信任的概念能够弥补法律实践中出现的问题,并试图以法律信任取代法律信仰。一些学者认为,法律信任属于法律信仰的下属性概念,由于法律信仰在中国缺乏信仰基础,很难建立起类似经上帝启示而形成的信仰模式,而信任作为社会交往的重要方式,并不缺乏群众基础。这样的说法实际上混淆了信任与信仰概念上的差异,从基本概念来看,信任与信仰差之毫厘,谬以千里,信仰是对圣贤的主张、主义,或是对神的信服和尊崇,对鬼、妖、魔或自然气象的恐惧,并把它奉为自己的行为准则,具有极高的情感体验色彩,而作为信仰对象的法律并不具备类似的超验性的价值。由于现实需求与条件的限制,法律必然只是一种存在局限、弊端的高成本社会治理工具,不具有终极性和至善性,也不可能被无条件地全部实施和实现,更不可能被尊奉为人世间的信仰。[①]

一、不同于法律信仰的法律信任

(一)法律信仰与信任之争

　　有不少学者对法律实施欠缺实效的现状有过密切的关注,并在此基础上提出全国人民要树立对法律的信仰,且将其视为解决这一问题的良药。当然,这一"良药"并非土产,大多数持此观点的学者都是将伯尔曼那句"法律必须被信仰,否则将形同虚设"[②]的名言舶来后进行移植或拓展。很多学者出于对美好未来的想象,一再地强调法律信仰是法治的精神因素或"内驱力",是建构法治所不可或缺的[③];也有很多学者不仅"临渊羡鱼",而且"退而结网",在大谈欧美日的公民们如何信仰法律的同时,积极探索并建言如何在中国场景下树

---

　　① 范愉:《法律信仰批判》,《现代法学》2008 年第 1 期。

　　② Berman H J. *Law and Revolution*,II:*The Impact of the Protestant Reformations on the Western Legal Tradition*,Harvard University Press,1983,p.7.

　　③ 陈金钊:《论法律信仰——法治社会的精神要素》,《法制与社会发展》1997 年第 3 期;刘春兵:《法律信仰:依法治国的内驱力》,《郑州大学学报》2003 年第 9 期。

立或建构法律信仰。① 在他们的心目中,在工具意义上,法律信仰是建构法治的必要条件,缺乏法律信仰,中国将难以进化成为类似"彼岸"的法治。这种心态和学术立场甚至影响到了中国最高的政法机构,在中共中央政法委编写的《社会主义法治理念读本》中,也倡导人们要"努力树立宪法和法律信仰""培养积极的法律情感、法律信仰""以对法律的信仰为最高境界的社会主义法治观念"。②

域外法学知识的移植或转化对于中国法学知识的丰富和法治秩序的建构当然有其重要意义,但将一句话从其学术脉络与背景中抽离出来当作"福音书",则难免令人质疑。因此以范愉、张永和教授等为代表的法律信仰论怀疑者们指出:首先,法律信仰是在特定的历史背景与学术脉络下产生的。西方近代法律体系产生于中世纪,西方的法治源于教会与世俗力量的斗争,在这一过程中,宗教对于法治的影响功不可没。在 20 世纪后期西方法治面临重大挑战与危机之时,伯尔曼提出"反求诸史",要求人们像对待宗教那样虔诚地信仰法律,让法律承担起宗教的职责,让它担负着人生终极意义和超验价值,从而使人们愿意为之献身。伯尔曼的观点在当今西方能否行得通尚成问题,在中国则不是前途未卜,而是绝无可行之理。因为宗教在中国历史上的作用、宗教与中国历史上法律的关系跟西方迥异。在缺乏西方宗教信仰的中国,让人们树立起一种宗教崇拜的情怀,无异于削足适履。其次,即便西方以前曾经存在着所谓法律信仰,但从西方现在的情况看,认为西方人信仰法律的观点也是反事实的。20 世纪诉讼量的激增反映了价值多元化和信仰失落的现实,法人类学家的调查和研究也证明了这一点。再次,主张在中国人们要信仰法律的观点有害于法治的实现,因为这一概念与中国国情相悖,无视传统、轻视社会、违背道德与情理,进而可能影响制度的建构与实践;同时,这种观点转移了社会价值危机的视线,这本来就不是法律所能完全负载之重。③ 因此,一些曾经笃信法律信仰会救治中国、是中国建构法治必要条件的学者在经历了反思后,也坦承自己对伯尔曼的解读或许只是一种误读,与伯尔曼的初衷与文本意境相去甚远。在此基础上他认为对法律信仰的崇拜是一个被过分解读的"神话",甚

---

① 陆艺:《论法律信仰的生成机制》,《求实》2010 年版第 4 期。
② 中央政法委:《社会主义法治理念读本》,长安出版社 2009 年版,第 178 页。
③ 张永和:《法律不能被信仰的理由》,《政法论坛》2006 年第 3 期;范愉:《法律信仰批判》,《现代法学》2008 年第 1 期。

至对"法律信仰"这一范畴,他都主张摒弃。①

相对于车载斗量的法律信仰倡导论者,法律信仰怀疑论和否定论者的声音十分微弱,几乎淹没在信仰论的话语海洋里。即便如此,也有锐利的目光搜索发现到怀疑论和否定论的存在,指出它们是"法治精神虚无"的"危险信号"并对其进行迎头痛击。② 该学者首先指出法律信仰具有超验和理性两个维度,没有理性的信仰会沦为盲信或狂信,没有超验的信仰会导致虚无。针对法律信仰不可能的观点,该学者指出这是非事实的,因为要证明"不可能"很难,而要证明"可能",只需要一个反例就足够了。法律信仰既具有工具性,也具有目的性。作者指出,法律信仰中的法律,是"三位一体"的,这"三位"分别是实证法、伦理法和自然法。在此基础上,她结合中国的现实,指出要信仰的法律中的一个位面,即自然法位面需要树立程序自然法的理念,要求实证法和民间法的对接,最后强调了法律信仰的精神激励、文化整合与凝聚、内在约束和填补漏洞的功能。③

(二)作为"神话"的法律信仰

在法律信仰怀疑与否定论和法律信仰论你来我往的交锋中,可以看到学术论辩中常见的自说自话的现象。首先,法律信仰怀疑与否定论者所言及的"法律",主要是指实证法,其所批判的对象也主要是那些坚持实证法信仰的论者。在怀疑与否定论者看来,从伯尔曼的"法律必须被信仰,否则将形同虚设"这一论断无法推导出在中国场景下的法律信仰,而这一点似乎不应该存有疑义,怀疑与否定论者也进行较为充分和具有说服力的论证。而最新的支持论者所言及的"法律"则强调所谓"三位一体",即所谓实证法、伦理法和自然法。抛开伦理法和自然法之间如何界分这一问题不谈,从这个角度来看,支持论对怀疑与否定论者的批评不是具有针对性的。其次,怀疑论和否定论者强调难以或不能树立对实证法的信仰,不是说在中国不会出现一个信仰"三位一体"法或实证法的人物,因为在这个日趋多元和多样的世界中,出现一个个别或特殊的人物,从来都不是令人惊讶的事情。他们主要是强调这种信仰是难以大

---

① 范进学:《"法律信仰":一个被过度误读的神话——重读伯尔曼的〈法律与宗教〉》,《政法论坛》2012 年第 3 期。

② 许娟:《法律何以能被信仰——兼与法律信仰不可能论者商榷》,《法律科学》2009 年第 5 期。

③ 许娟:《法律何以能被信仰——兼与法律信仰不可能论者商榷》,《法律科学》2009 年第 5 期。

规模或普遍性地存在,因而是不可行的或无意义的,乃至是有害的。然而支持论者用一个具有法律信仰的人来否定怀疑论与否定论者的观点,也没有针对这一标靶,亦即"嚆矢"虽然响亮,却没有对准"正的"。最后,法律信仰的倡导者更多地谈论了法律信仰"应该"是什么,它作为法治的精神要素具有何等的工具性价值,但对于如何树立这种信仰,却或者有意无意地回避,或者语焉不详,或者不具有或很难具有操作性。其建言则大而化之,诸如司法体制改革、普法教育等。司法体制改革可能确实有助于法治的实现,但和法律信仰之间未必有因果联系,范愉教授在文章中已经指出,在美国很多人并没有表现出对法律的信仰,而美国恰恰是一个三权分立最为典型的国家。[①] 作为一个从事法学教育的学者,本人认为普法教育乃至法科教育或许会,但未必一定会有助于树立对法律的信仰。而且,由于信仰涉及人们的法感情与法心理,恰恰这方面的研究又不是法律学人的强项,根据法律人的想象提出一些漂浮于空中的意见和建议,也实属难免。

因此,如果说像有些学者所认为的实证法律信仰是一种"神话",是一种在过分误读了伯尔曼的著作之后产生的神话,那么主张"三位一体"论法律信仰的学者在无法提供有效径路的情况下所坚守的,即便不是神话,也不过是传说。

(三)作为"鸡汤"的法律信任

前已述及,中国当前法治建设中最突出和迫切的问题是已经制定的法律难以得到有效的实施。从这个角度来看,主张信仰"三位一体"法律的学者至少在对这一当务之急问题上是缺乏指向性的。而且,就其所谓的自然法还是伦理法而言,其内容都存在非常丰富乃至过于丰富的多元性与多样性,甚至在纳粹时期也有过对自然法的强调,不过此时这种自然法跟元首的意志有密切的联系而已[②]。此外,自然法和伦理法更多地强调某些道德标准,这些标准也是评价既有法律体系与制度的标准,既可以声言实证法符合这一标准以支持实证法,也可以声言实证法违反这一标准来反对实证法。这些不确定性对于人们信仰实证法、依据实证法行事,亦即让实证法得到有效实施,尚缺乏有说服力的论证。

因此,相对于在当前中国场景下建构或树立一种遥不可及或不知如何具

---

① 范愉:《法律信仰批判》,《现代法学》2008 年第 1 期。

② 郑永流:《法治四章:英德渊源国际标准和中国问题》,中国政法大学出版社 2002 年版,第 125 页。

体建构的法律信仰,不如回归现实,探讨对于法律实施具有不可忽视意义的法律信任。有学者指出,信任是社会生活的鸡汤。信任像鸡汤一样对我们的健康很有助益,虽然它们确实不能治愈所有疾病,解决所有难题,但是,它们都可以使我们的心理感觉更好。① 同样,培养对实证法的信任未必会解决所有问题,甚至不能完全解决实证法运行中的所有问题,但它可以让人们对规则、制度和他人更有信心,能够降低包括广义的交易成本,使人们更加愿意遵守法律,降低法律实施过程中的阻力,能够为制度和法律的有效实施奠定基础,使得法律实效得以提高。

信仰具有浓厚的宗教色彩,而教义学的一个重要的特点就是追问至某一点就不再进行,正如一切疑问到了上帝面前就戛然而止一样,因此"信仰开始于思考停止的地方"②。信仰意味着"仰望",意味着将自己匍匐在一个神像前,或将自己凝缩为沙粒,仰望一个宏伟神圣和高不可攀的神或神物。相对于信仰,信任具有浓厚的"祛魅"色彩,它去掉了"神性"而增加了"人性"和"理性",不再进行"仰望"而是进行"平视"。因此,信任意味着人性,意味着人应该被视为目的而不是工具,认为法律应该维护和保障人的尊严而非相反。信任包容着理性,意味着把人视为一种追求利益和道德的主体。在某种意义上,人们的理性使人们追求自己的利益并在此基础上考虑和尊重公共利益;同时,人们的理性也使他们追求一些利益之外的价值,如公正、公平和德性。由此,法律信任不是像某些学者所主张的那样把法律当作一种神像或神意的体现进行膜拜,不是把法律当作一种终极的目标,而是基于人性与理性看待法律。也正是基于这种人性与理性,人们对法律及其实施有一种较为复杂的态度:人们认为法律应该是公平的,但也知道法律在制定与实施过程中会存在着某些不公平的现象,知道"资源拥有者占有优势",甚至知道"赢者全得"。③ 人们有时候会求助于法律,有时候会有意无意地参与到法律的运作中,有时候也会反对甚至反抗法律的决定。但无论如何,他们尊重法律的权威,在参与法律游戏之前就知道自己愿意接受游戏的结果,在某些特殊或极端的情况下即便不接受游戏结果并进行反抗,也愿意接受这种反抗带来的后果。总之,他们知道自己一

---

① Uslaner E M. *The moral foundations of trust*,Cambridge University Press,2002,pp.1-50.

② Kierkegaard S. Kierkegaard's Writings,Ⅵ:*Fear and Trembling/Repetition*,Princeton University Press,2013,p.14.

③ 范愉:《法律信仰批判》,《现代法学》2008 年第 1 期。

且参与这场游戏,就必须遵守游戏规则,接受游戏结果。因此,法治国家得以运行的一个重要条件就是这种法律信任,人们未必崇拜法律,但尊重法律的权威,以一种类似"愿赌服输"的方式参与法律游戏。

因此,从预法治阶段到法治阶段的最重要一步就是营造人们对法律本身以及法律实施者的这种信任。但是,我们不能仅仅"通过学习法律自身"来信任法律。法律信任当然跟法律有关,但更重要的是"功夫在诗外"。法律信任的建构是一个"系统工程",我们不可能仅仅探讨法律规范的文本就能找到答案,我们更需要对信任自身进行研究和探索。信任是一种非常复杂的精神心理活动,而关于法律实施的信任,虽然有不少学者谈及了法律信任的必要性和重要性,但对于信任是如何产生的、如何营造这种信任缺乏研究。而这种研究需要将信任问题置于中国现实背景之中,需要对社会、文化有深刻的理解与体会,还需要经济学、社会学、社会心理学等相关学科知识与理论的支撑。对法律的信任归根结底需要回到对人的信任和人的行为的预期这两个事物上来。

二、吉登斯下的信任理论

在抛开对法律信仰论的依赖后,法律信任必须找到自己安身立命的理论体系,它应当建立在信任原有自洽式的理论基础之上。因此,寻求一种完善的信任理论体系,并以法律原本具备的特征为基础进行建构,就成为了我们的当务之急。在转型社会的背景要求下,吉登斯的信任理论恰好为法律信任提供了最为基础性的理论支持。

在吉登斯的论述中,信任问题伴随着有关于现代性的讨论而逐次展开。他指出,有关于现代性的讨论并不遵从"社会进化论"[①]的理论轨迹,而恰好相反,现代性打破了以往的前所未有的生活方式,在新的社会模式中潜藏着许多不确定风险,它主要来自社会在自身变迁过程中的"断裂"。工业化所带来的现代生活导致人们离开或放弃了原有熟悉的生活,并与过去保持一种隔离的关系。这时,现代性是作为传统性的对立面而形成的,人们生活在现代性社会就意味着同过去生活的告别与决裂,但当人们一旦进入现代性社会,也就进入了一种生活的不确定性,并产生"心理上的焦虑"。为了证明这一点,吉登斯抛出了时空分离、脱域机制、知识的反思性三个方面,用以佐证现代社会与传统社会的区别。

吉登斯认为,现代性的动力机制派生于时间和空间的分离和它们在形式

---

① ［英］吉登斯:《现代性的后果》,田禾译,译林出版社2000年版,第4页。

上的重新组合,正是这种重新组合使得社会生活出现了精确的时间——空间的"分区制"。① 在传统社会中时间总是与固定的地点相联系,而日历与时钟的标准化将所有人纳入到了统一的计时体系,因此时间摆脱了地域性的限制,虚化时间得以可能。在前现代社会,空间和地点总是一致的,在大多数情况下,社会生活的空间维度都是受"在场"(presence)的支配,即地域性活动支配的。而在现代性社会中,通过空间与地点"缺场"(absence)形式,逐渐将空间从地点分离出来,于是出现了"虚化空间"这一概念。这种虚化的时间和虚化的空间使时间和空间得以分离,成为了脱域过程的最初始条件。为此,吉登斯论述到:"时—空分离及其标准化了的'虚化'的尺度的形成,凿通了社会活动与其'嵌入'(embedding)到在场情境的特殊性之间的关节点。被脱域(dis-embedding mechanisms)了的制度极大地扩展了时—空伸延的范围,并且,为了做到这一点,这些制度还依赖于时间和空间的相互协调。这种现象,通过冲破地方习俗与实践的限制,开启了变迁的多种可能性。"②

然而现代社会在这种缺场、分离的客观条件下是如何运行呢? 吉登斯巧妙地提出了抽象系统这个概念,它主要包括两个内容:专家系统与符号标志系统,而它们能够得以良好运行的前提就在于信任。吉登斯认为,现代性制度的特征与抽象体系中的信任机制密切相关,"在现代性条件下,不仅从日常时间突发性的角度看,而且从组织社会实践的知识的反思性的角度来看,未来总是开放的。现代性这种反事实的、面向未来的特性,在很大程度上,是由属于抽象体系——其本身的特性中渗透了业已确立的专业知识的信任建构而成的。"③在这样的宏观视角下,吉登斯弥补了传统信任中对非人际信任问题的讨论,确立了所谓的"抽象系统之正确性的信任"。④ 这样一来,传统信任模式中人格信任一统天下的格局逐渐被专家信任和符号标志系统所打破。

但是对抽象系统的信任真的可靠吗? 在现代性的条件下,我们无法摆脱专业化知识对于我们生活的影响。它"不仅关系到如何从各种彼此孤立的事件的既定普遍性中获得安全感的问题,而且更关系到在专业知识不仅提供如何计算得失的方法而且实际上创造出事件的普遍性的情况下,作为不断反思

---

① [英]吉登斯:《现代性的后果》,田禾译,译林出版社 2000 年版,第 41 页。
② [英]吉登斯:《现代性的后果》,田禾译,译林出版社 2000 年版,第 79 页。
③ [英]吉登斯:《现代性的后果》,田禾译,译林出版社 2000 年版,第 73 页。
④ [英]吉登斯:《现代性的后果》,田禾译,译林出版社 2000 年版,第 78 页。

地运用这些专业知识的结果,如何算计利害得失的问题"。① 但现实生活中经验告诉我们,有时候我们难以完全信任身边的专家,他们的水平、资历乃至于外貌都影响着我们的信任感受。吉登斯解释称:"虽然每个人都意识到,信任储藏于抽象体系中而非存在于特定情境中代表信任的个人身上,但交汇口本身仍然提醒我们,信任的操作者正是有血有肉的人,当面承诺在很大程度上高度依赖于体系之代理人或操作者的品行。"②

如表 6-1 所示,实际上,吉登斯的信任理论立足于现代社会的需求层面,即通过解决所谓的脱域问题来扩大信任原本的内涵,赋予抽象系统等一系列沟通媒介,以此改变我们固有的沟通关系,在我们得到信任所带来的好处时,也要承担对于这些抽象系统可能存在的风险。也就是说,信任的出现原本就是试图解决现在交往的不在场风险,但随着专家系统与符号标志系统的建立,这种风险又以另一种形式转化到了信任本身。因此,吉登斯断言,信任与风险并不是孤立的,而是相互交织在一起的。

表 6-1　前现代社会与现代社会有关于信任的特征对比

前现代社会	现代社会
总情境:地域性信任的极端重要性	总情境:脱域抽象体系中的信任关系
信任环境: 　　1.亲缘信任:为跨越时空的稳固社会纽带的一种组织策略; 　　2.作为地点的地域化社区:为人熟悉的环境; 　　3.宗教宇宙观:作为信仰和仪式性的实践的模式,对人类生活和自然提供神灵的解释; 　　4.传统:作为联系现代和未来的手段,过去取向的时间维度。	信任环境: 　　1.友谊或隐秘的个人关系;稳固的社会纽带; 　　2.抽象体系:时空无限制条件下的稳定的关系; 　　3.未来取向的非实在论:作为连接过去与现在的模式。

资料来源:[英]吉登斯:《现代性的后果》,田禾译,译林出版社 2000 年版。

三、抽象系统下法律的三种面向

吉登斯的抽象系统论为现代性问题提供了新的解决方式,此时我们的问

---

①　[英]吉登斯:《现代性的后果》,田禾译,译林出版社 2000 年版,第 85 页。

②　[英]吉登斯:《现代性的后果》,田禾译,译林出版社 2000 年版,第 79 页。

题在于,作为社会规范之一的法律,在面对现代性社会所带来的问题时,是否能够以抽象系统的身份承担起预期性的功能? 申言之,法律本身是否符合抽象系统的内在要求? 带着这样的疑问,笔者试图展示法律的三种不同面向,以此来回应抽象系统的质疑。

(一)作为价值承载的符号面向

需求与满足是人类社会发展的两种基本变量,法律通过制度化的方式不断迎合人类解决冲突的需要,而法律价值正是指引法律发展的内生性动力。实际上,价值既离不开主体需要,又离不开客体属性,因而研究价值的本质,必须从主体需要与客体属性之间的价值关系入手。因此,一般认为,法律的价值主要是指一种基于主客体之间的关系而进行论述的一种法律属性,在根本意义上,它是一种关系性的范畴。在主客体的价值关系中,包含着两重关系:一是价值的测度与被测度的关系,二是价值的需求与被需求的关系。所以,价值是依附于价值客体之上的,是能够被主体所测度的东西。[1] 因此,它具有主观性,不同时空内的主体、不同主体测量价值的不同标准等诸多相关因素都影响到对价值的判断。它也具有客观性,这个被测度的对象有无价值以及价值的大小,对象本身又是有内在根据的。因此,有些时候它的价值不依赖于主体是否感知到或认同它。由此可见,法律价值具备了自身的独立性,这种独立性赋予了法律有别于其他社会规范的专属性特征。

(二)作为权利义务的规范面向

如果将法律价值比喻成人体内的血管的话,权利义务实际上构成了法律得以顺利运行的血液,任何法律实践活动都以权利义务为核心概念进行展开,它们是支撑法律理论系统的重要范畴,同时也是法律规范的重要载体。一部文本之所以被称为法律规范,就在于它授予人们一定权利,告诉人们怎样的主张和行为是正当的、合法的、会受到法律的保护;或者给人们设定某种义务,指示人们怎样的行为是应为的、必为的或禁为的,在一定条件下会受到公权力的强制履行或者予以取缔。[2] 在这一过程中,它以特定的社会关系为产生基础,以公权力机关的强制性作为运行保障,以此来区别于道德、习惯等其他社会规范。因此,权利和义务的交织构成了法律社会的美好蓝图,而它们的实现也往往意味着法律乃至法治自身价值的实现。

---

① 蔡陈聪:《试析西方哲学史中的价值主观论和客观论——兼论价值范畴的一般本质》,《社会科学辑刊》1998 年第 1 期。

② 张文显等:《法理学》,高等教育出版社 2007 年版,第 139 页。

(三)作为技术操作的专家面向

方法、方法论以及技术都以不同的形式帮助我们认识和探索客观世界。方法是具有操作性、辨别性,以目的为导向的行为方式,由于方法本身并不能保证认识主体获得预期的结果,这就需要对方法进行科学说明、解释。因此它常常与方法论连接起来,而方法论则是以解决问题为目标的体系或者系统,通常涉及对问题阶段、任务、工具、方法技巧的论述。方法论会对一系列具体的方法进行分析研究、系统总结,它侧重于为人类的思维方式提供相应的科学基础。在我们的法学研究中,我们通常以各类方法论作为区别法学流派的主要方式,但是对于法律适用方面的问题,方法论可能无法满足所有要求,并且方法、方法论具有较强的主观性,无法体现出法律特有的专业性要求,而技术是一种客观的行为方式,同时又能够承载特有的职业要求,能够约束法律人按照既定的方式进行司法活动。考夫曼就曾指出"是非感要求一种灵活的精神,一种能够从特别变换到普通,且从普通再变换到特别……是非感是一种拥有正确先前理解的技术"。① 汉密尔顿也曾指出:"由人类天生弱点所产生的问题,种类烦琐,案例浩如瀚海,必长期刻苦钻研者始能窥其堂奥"②,它意味着法律的技术操作是一项非常人即可胜任的事业,它需要特有的素质、学说和经验。作为掌握法律技术的专家形成了一个相对独立的阶层,普通民众依赖于专家的帮助能更好地进行司法活动。因此,以法律技术的说法能更好地将法律区别于其他社会调控方式。

从以上三个面向来看,法律能以不同结构层面契合抽象系统的结构要求,但是这里存在着一个问题,法律作为一种抽象系统,它的运行动力是否仅依赖于信任?就传统意义上来说,法律是借助于公权力的强制力来体现它的功能优势,但实际上,所有的社会规范都具备着一定的强制力基础,不同点仅仅在于这种强制力的表现形式有所差异。例如道德规范有可能借助于社会舆论、荣辱感来实现对违背行为的惩罚,行为效果对于当事人而言,很有可能比以公权力的强制力更为苛刻。法律通过政治共同体的承认,获得了政治意义上的认可,因此,特定社会下的法律依赖于政治共同体的保护。但是政治共同体要发挥作用,同样依赖于社会公共资源的非自然配比式的消耗。如果将法律的运用等同于社会公共资源的消耗,就会得出一个事实,即法律并不是一种高效的社会规范,类似的事由甚至可以通过其他社会规范解决,法律也就缺乏了存

---

① [德]阿图尔·考夫曼:《法律哲学》,刘幸义等译,法律出版社 2011 年版,第 69～70 页。
② [美]汉密尔顿等:《联邦党人文集》,程逢如等译,商务印书馆 2009 年版,第 395 页。

在的必要性。相对于其他社会规范而言,毋宁说,法律将国家强力安排在治理方式中的最后,如果相关主体在社会生活中主动按照法律的指引安排自己的行为,主动实现法律的要求,那么,政治共同体的强力就将始终"引而不发"。但如果相关主体违反法律的指引,并且拒不改正,则将引起政治共同体强力机制的启动。在这样的情况下,法律若要获得更进一步的尊重和认同,除了政治强力的保障外,信任法律同样能够提供心理层面的本体安全感。

第二节　法律信任的价值

一直以来,关于法律的价值讨论都是以法与人之间的关系为基础的,更确切地说,"法对于人所具有的意义,是法对于人的需要的满足,也是人关于法的绝对超越指向"。[①] 从经济学角度来看,法律所面临的问题都是一种决策合意的问题,通过双方相互给予信任,才可能降低交易成本,符合合意所要求的目的,但是仅仅从这个方面论证法律信任的价值不免有所偏颇。法律是一种实践理性,它不单单是概念、逻辑、决策的演绎,相反,"法律真知的真正来源,必定是法律的实践和社会现实"。[②]

一、法律信任是树立法律权威的关键因素

2012 年 12 月 4 日,习近平总书记在纪念现行宪法公布施行 30 周年大会上谈道:"要在全社会牢固树立宪法以及法律权威。"在十八届四中全会的文件中,强调要提高司法公信力、建设守法诚信的法治政府。在十九大报告中强调转变政府职能,深化简政放权,创新监管方式,增强政府公信力和执行力,建设人民满意的服务型政府。而法律权威高低直接影响着法治的实际状况,因此,如何看待法律权威,并以何种方式来提升法律权威是建设法治国家的主要内容。孙笑侠教授将法律权威分为"外在权威"和"内在权威",外在权威主要包含"国家性""责任性""强制性"这三个方面,内在权威则主要来自法律的"习惯性""利导性"和"程序性"。其中"习惯性"符合人们服从惯例的倾向,"利导性"

[①] 卓泽渊:《法的价值论》,法律出版社 1999 版,第 10 页。
[②] 马麟:《信任:一个新的法的基本价值——以行动中的法的维度思考》,《理论观察》2006 年第 2 期。

符合人们追求利益的天性,"程序性"符合人们信赖公正的心理。① 按照这样的逻辑,法律的外在权威主要借助于政治权力,通过完善立法、调控司法等方式来实现,对于内在权威则更多地关注于个人的内心认同,而这恰好与信任的主观性、偏好性以及风险性一一对应。按照马克思主义法律观的经典理论,法律不应该是主观观念和权力意志的任意构造,而是客观事物的综合表现。而法律信任具有的情感因素紧密结合于习惯,信任法律意味着对于法律既往历史的认可与遵从,相信法律能遵循"先例";"利导性"则主要反映在权利的行使方面,"法律权利一般是不以道德要求为前提的,而是以功利要求为前提的——对利益的确认",② 而义务的规定也为权利的顺利实现扫清障碍,权利以其特有的利益导向和激励机制作用于人的行为,义务以其特有的约束机制和强制机制作用于人的行为,所以权利义务的规定使法律具有了利导性。③ 而"程序性"恰好又为利益的实现提供了制度保障,相信法律会按照既有规则行事。在这样的前提下,法律信任能够通过以上三个方面为内在权威提供心理层面的支持,这是树立法律权威的关键因素。

二、法律信任是强化法律实效的重要方面

法律实效主要强调国家实在法效力的实现状态和样式,是应然的法律效力实然化的情形,是法律主体对权利义务的享有和履行的实际状况。④ 杜敏教授将法律实效分为两个层次,一是将法律规范所规定的权利义务转化为社会关系参加者享受权利、承担义务的实际行为,使法律规范获得实现,二是法的实施对社会产生的影响和作用。⑤ 它避免了法律效力停留在规范层面,而通过与现实的融合来实现法律所真正欲求的目的,同时为法律提供重新审视自己的重要依据。但是法律效力并不一定能够完整地转化为法律实效,因此谢晖教授提出了四种机制,即法律机制、观念机制、组织机制和经济机制。⑥ 其中的法律机制、组织机制以及经济机制所建立的基础是外化于个人的,而观念机制意味着个人对于法律机制的看法,它分为与现行法律体系分裂的法律

---

① 孙笑侠:《论法律的外在权威与内在权威》,《学习与探索》1996 年第 4 期。
② 孙笑侠:《论法律的外在权威与内在权威》,《学习与探索》1996 年第 4 期。
③ 孙笑侠:《论法律的外在权威与内在权威》,《学习与探索》1996 年第 4 期。
④ 谢晖:《论法律实效》,《学习与探索》2005 年第 1 期。
⑤ 杜敏:《论法律实效》,《西南民族学院学报(哲学社会科学版)》2001 年第 5 期。
⑥ 谢晖:《论法律实效》,《学习与探索》2005 年第 1 期。

观念和与现行法律体系整合的法律观念。前者不仅无助于法律实效的实现，相反有损于法律的权威性，例如以刑为主、行政司法不分、权力本位、宗族至上等中国传统法律文化观念。而后者主要强调的就是规则内化为观念，通过这种方式，则在其引导下的主体法律行为必然会使法律规范更好地表现在人们的交往行为中，从而使法律实效更为充分。[①] 而对于法律的信任而言，它所建立的心理基础并不仅仅在于强制、约束，而在于一种发自主体内在的驱动力。在法律机制、组织机制和经济机制完善的前提下，信任会使人们对于法律的"情感体验"更好，也就更有助于法律实效。

三、法律信任是促进社会交往的可靠保证

在目前我们国家的现代化进程中，居住空间的分异与社会生活对人与人之间关系的某些隔离打破了以往群居共生型的传统生存方式。人与人之间逐渐由"熟人社会"向"陌生人社会"过渡。我们无法迅速了解一个人的生活背景以及经历，如何处理在社会交往过程中信息的掌握成为了一个重要问题。而法律作为生活交往过程中的重要中介媒体起到了重要的作用。克劳斯·奥弗指出，"知道制度的全部含义和正当理由，使'我'这个参与的观察者可以决定我如何将信任给予他人，这些人虽然是陌生人，但仍然是一个制度政体内的共同生活者，而且'我'有理由期望他们的行为模式被制度所固有的明显含义所塑造和赋予特征。"[②]因此，"信任一项制度"意味着知道其构成规则、价值以及准则为参与者所共有，而且他们认为这些规则、价值、准则是有约束力的。[③]罗斯坦曾展开了一项1996年至2000年瑞典人关于政府机构与普遍信任相关性的调查，在十三个政府机构中，信任他人与信任警察和法院的相关性最强。总体来说，在社会交往的过程中所出现的不确定风险以法律保障的形式降低了人们内心的不安，让人们相信法律会以正当的方式保护自己的权利，惩治社会不信任的行为。因此，法律信任降低了双方交往过程中的风险预期，提高了合作的概率，也就为社会交往创造了更多可能。

---

① 孙笑侠：《论法律的外在权威与内在权威》，《学习与探索》1996年第4期。

② ［美］克劳斯·奥弗：《我们怎样才能信任我们的同胞》，载［美］马克·沃伦：《民主与信任》，吴辉译，华夏出版社2004年版，第39～81页。

③ ［美］克劳斯·奥弗：《我们怎样才能信任我们的同胞》，载［美］马克·沃伦：《民主与信任》，吴辉译，华夏出版社2004年版，第39～81页。

第七章　法律信任的结构与表征分析

从法律方法的视角来看,对法律文本的解释并非仅仅是一个"读者"阅读文本、解释文本的过程,而是"读者"和文本相互影响、相互建构的过程。与之类似,法律信任也不仅仅是一个单向的一方对另一方的态度或心理上的认知问题,而是一个信任主体和对象之间相互作用、相互影响的双向互动,进而有可能产生螺旋式上升或下降的过程。因此,有必要分析法律信任的结构,以及在这个结构框架内双方的互动问题。同时,对法律信任的表征进行分析,了解影响这些表征的因素是哪些,可以为把这种互动纳入良性轨道,即为螺旋式上升轨道奠定基础。

第一节　法律信任的结构分析

结构是指系统内部各构成要素之间相互联系与组合的方式或秩序。系统存在的方式就是结构,物质系统具有结构,心理系统同样具有结构。作为民众对法律体系相信、托付和支持的一种心理现象,法律信任同样具有鲜明的结构性。因此,对于法律信任结构的分析是我们进一步了解问题的关键。

一、法律信任的主体

从元认知意义上来看,只有作为生物意义上的人才具备心理活动的生理基础。在这里首先要纠正一个误区,即法律信任不一定必然涉及法律关系,作为信任主体的人,在作出信任的决定时,既可以按照法律制度、法律价值的相关要求进行法律活动,同时也可以在涉及多方法律关系的前提下进一步细化法律信任对象,施予信任。因此,在对信任信息进行加工、处理和筛选的过程中,需要具备一定的纠正、反思能力。其次,法律作为政治权力的参与要素,根据现代政治研究的成果,是公民社会的裁判依据,从社会契约的角度来看,是公民让渡自身权利形成的公益之载体,这些都离不开公民的参与。因此,有权参与政治社会一切行为的公民身份,是法律信任的资格要件。

但是在现实社会中,社会组织、团体乃至于政府作为政治社会的重要组成部分,日常活动中经常会涉及法律事务,某些法律文本也将他们视为法律行为的主体,是否也可以通过某种拟制行为将他们视为法律信任关系的主体呢?从认知能力来看,组织的确可以按照其行为目的,对于法律形成认知性的判断,具有一定的反思性。但是组织所背负的利益并不直接隶属于个人,虽然个人作为主要的构成因素,所进行的判断仍无法直接渗透于组织的外部行为。因为它有可能涉及多方面的磋商、表决,以此形成合意,即使组织在决策或者行动后所获得的利益会以某种形式回归个人,但此时又可能会涉及另外的分配关系,行为与获益之间并不直接相关。此外,现代政治体系的最大特征是科层制,而科层制的本质特征就是价值祛除。在这样的制度设计下,个人更无法将自我表达完整地转述出来,因此,法律信任的主体只能是公民。

二、法律信任的对象

法律这一概念指涉意义极为广泛,例如法律的规范化和强制性的表现形式即为法律制度,法律在观念和思想层面的对象化成果是法律价值和法律意识,法律的动态运行就是法律的实施过程,包括立法、执法、司法的各个环节。这样看来,对于法律相信和托付的对象是多层面的,表现为不同的结构样式。因此,我们急需解决的问题就是寻求一种理论来对法律信任的对象进行科学性的解释,科学研究纲领的讨论方法恰好为这一问题提供了新的思路。

(一)科学研究纲领的一般性介绍

科学研究纲领是科技哲学家伊姆雷·拉卡托什在批判和继承波普尔的证伪主义和库恩的范式理论基础上所提出的。他认为经验无法证明孤立的理论或者命题,孤立的理论或命题难以称之为科学的或者非科学的,"只有理论系列而非一个给定的理论才能被评价为科学的或伪科学的"。[①] 因此科学理论体系成为了科学研究对象的基本要素,这被拉卡托斯称为科学研究纲领。此外,拉卡托什认为,科学理论体系有其自身的组成方式,并不是任何形式的理论体系都可以形成科学理论体系。一个完整的科学纲领由三部分组成,即一个具有相同硬核,可变的保护带和正反启发法(heuristic)。硬核主要体现为不容放弃或者不可改变的哲学假定或者信念,它担负着理论体系的核心和基

---

① ［匈］拉卡托什:《科学研究纲领方法论》,兰征译,上海译文出版社 2005 年版,第54 页。

础的任务,"一个纲领的实际硬核并不像雅典娜出自宙斯之头那样一出现就是全副武装,它要通过长期的预备性的试错过程缓慢发展"。① 而保护带指附属在硬核周围的一组辅助假说或者假设,这些假说或者假设可以被经验和科学研究加以检验、证伪或者拒绝。保护带的作用就是保护硬核,"必须在检验中首当其冲,调整、再调整、甚至全部被替换,以保卫因而硬化了的内核"。② 因此一种理论体系受到反驳时,该理论的支持者不会立即放弃整个理论体系,而是对保护带作出调整和修改,而修改的方式就称之为启示法。启示法主要包括正面启示法和反面启示法,前者具有自我修正作用,主要功能是不断改进和发展科学纲领中可反驳的部分,通过调整和发展来保护科学研究纲领。后者具有禁止功能,是指禁止人们把经验反驳指向硬核,③而它们的最终的目的是保住理论的硬核。硬核虽然坚硬,但并不意味着它真的无法摧毁,"如果纲领不再能遇见新颖的事实,可能就必须放弃其硬核",④"……而我们认为主要是逻辑的和经验的原因"⑤,这时候整个理论体系完全坍塌。

(二)法律信任的分层结构

尽管法律包含着众多内容,但这并不意味着它们之间不存在理论的核心预设。实际上,当我们回顾经典文献的讨论主题,法律的价值一直成为理论探讨的核心。价值是一种"为我关系",是主体的意义探寻。⑥ 法律价值是法律运行的动力及最终目标,承载着法律灵魂的作用,"它的绝对超越指向的性质决定了它成为人类实践的永远的追求以及不断完善的动力"。⑦ 从历史层面考察,各种法律制度虽几经变化,但是内在核心仍然体现着对法律价值的追求。立法者按照法律价值的指引订立法律,司法者遵循法律价值的内在含义

---

① [匈]拉卡托什:《科学研究纲领方法论》,兰征译,上海译文出版社 2005 年版,第55 页。

② [匈]拉卡托什:《科学研究纲领方法论》,兰征译,上海译文出版社 2005 年版,第54 页。

③ 赵胜男:《"硬核与保护带"视野下的包容性增长》,《皖西学院学报》2011 年第 4 期。

④ [匈]拉卡托什:《科学研究纲领方法论》,兰征译,上海译文出版社 2005 年版,第55 页。

⑤ [匈]拉卡托什:《科学研究纲领方法论》,兰征译,上海译文出版社 2005 年版,第58 页。

⑥ [匈]拉卡托什:《科学研究纲领方法论》,兰征译,上海译文出版社 2005 年版,第59 页。

⑦ 卓泽渊:《法的价值论》,法律出版社 1999 版,第 10 页。

裁判案件,任何法律制度、裁判行为无论多么精致,只要没有价值的有效体现,就难以得到民众的信任与支持。可以说,法律的价值承载着法律信任理论的硬核,它既立足于人的最基本需求,同时具有超验属性,它具备最为广泛的接受者,并拥有强大的解释能力,以此实现个人对于法律制度的判断、接纳与遵从,从而建立起有序良善的社会生活。

法律制度则是法律价值的外化形式。法律制度作为法律的构成载体,既承担着传承法律价值的重要使命,同时还要回应社会生活的实践变化。在现代化进程中,制度化已经成为各个国家政治生活的重要特征。没有制度的约束,人类的一切生活都会变得难以预测。亨廷顿认为:"复杂社会里的政治共同体依赖于该社会政治组织和政治程序的力量。而这种力量的强弱则又取决于这些组织和程序获得支持的广度及其制度化的程度。"[①]法律作为政治共同体实现调控的重要方式,自然同样依赖于制度化所产生的力量。"假如人们普遍地不认同这些制度,假如人们将它们视为异己的负担,比如,人们对那些论证其合法性的人和执行它们的人抱有鄙夷或不信任的态度;那么这些制度还有可能保持长久吗?显然不能,没有哪种纯粹的法律制度能够经受民众高度的疏远或怀疑,也没有哪种法律体系能够在法律无法获得高度信任和尊重的情况下有效运转。"[②]法律制度降低了判断风险,纠正了社会上出现的混乱无序的情况,减少了人们的搜寻成本,保证了政治运行的确定性与合法性。

而作为实际操作层面的法律人成为了法律信任理论的保护带。就法律人的概念而言,本文以法律职业为主,包括法官、检察官、律师等参与立法、司法活动的人员。毋庸置疑,法律人是法律制度下的重要构成要素,民众与法律的互动过程主要表现在法律人与民众之间的互动,他们是否认真履行其职责对于法律信任的影响至关重要。因此,法律人可以被视为法律信任对象的一个独立结构。法律制度的内在角色定位限制了法律人的表达和行动的方式,尤其随着现代社会中科层制的发展,这种分工作用愈加明显。帕森斯认为:"法律人在社会结构中的地位就是一种间质,是立法机关、行政机关和普通公众之

---

① [美]亨廷顿:《变化社会中的政治秩序》,王冠华译,三联书店出版社 1989 年版,第 11 页。

② [澳]菲利普·佩迪特:《共和主义:一种关于自由与政府的理论》,刘训练译,江苏人民出版社 2006 年版,第 268 页。

间的缓冲器。"①法律人借助于专业理论,将纠纷引入司法过程,通过正当的诉讼程序为双方提供解决方案。"法律人处在官方与民众的中间,又处于法治活动的内部,有独立立场与自治的空间,他们能够更好地促进法治秩序的建构。"②因此,对于法律人的信任成为了进入司法程序的第一道门槛。在现代社会中,以往的熟人社会行为模式逐渐式微,人与人之间的判断逐渐由传统的血缘、地缘方式向专业化、角色化靠拢。角色学的经典理论认为,一个角色的承担者所处的特定位置或地位,是个体判断对方是否值得信任的重要依据。③这种信任的判断不依赖于过去的交往经验,而在于"角色、地位"作为判断他人可信度的"替代"信息。当然,这些"角色、地位"之所以可作为信任判断的替代信息,其基础在于制度内部机制的约束,用以保证承担某角色的人符合该角色对责任和能力的要求。④

按照这样的逻辑推演,我们信任专家与该专家的"扮演者"是无关的,有些角色凭借最初的印象便可唤起信任与不信任,例如对于父母、朋友、老师的信任以及对赌徒、妓女的不信任等经典例证。但是现实之中每一个角色所能够承载的期望超出了预期,或者期望之间出现混同,最终导致期望落空而产生不信任,其最主要的原因在于功能相近所造成的角色混同。例如,我期待法官能够秉公执法主持正义,但我还希望法官能够表现出关爱、同情乃至帮助的行为。但是随着社会发展,一种固有的社会角色也会随之被打破,"随着社会角色的转型和角色分化的发展,当社会发展出以系统的方式依据角色期待的内化界限时,风险就变成了角色期待所固有的属性"。⑤ 所有的这些都从实践层面给予角色以复杂性,塞利格曼指出:"不是被动的预期而是行动所根据的期望的坚固性,使信心显示出自己的特色,当角色的结构被准确而清楚地表达出来,且角色的要求有约束力时,一方即可以得到另一方将依据规则进行扮演的保证,另一方面,只有存在角色的可磋商性(role negotiability)——我们可称它为角色的'开放的空间'——或角色期待,当人类互动的整个舞台不再为行为的外部归因模式所包围时,信任才开始出现。"法律人作为社会角色中的一

---

① [美]帕森斯:《现代社会的结构与过程》,向阳译,光明日报出版社 1988 年版,第105 页。

② [日]青井和夫:《社会学原理》,刘振英译,华夏出版社 2002 年版,第 65 页。

③ 秦启文、周永康:《角色学导论》,中国社会科学出版社 2011 年版,第 318 页。

④ 秦启文、周永康:《角色学导论》,中国社会科学出版社 2011 年版,第 318 页。

⑤ 秦启文、周永康:《角色学导论》,中国社会科学出版社 2011 年版,第 318 页。

种,实际上受到法律价值与法律制度的双重限制,同时也受到了多种期待层面的影响,法律人通过专业化的处理方式赢得尊重与信任,对于硬核自然产生了保护的作用。相反,一旦法律人得不到信任,处理的方式无非就是改变法律人的角色设计,以此来保护法律价值与制度的完整性。

从硬核与保护带之间的关系来看,法律信任的硬核统领着整个法律的价值与方向,并约束着保护带本身结构,处于保护带之中的法律人越是靠近硬核就越会受到硬核的影响而具有稳定形态,而处于外部边缘性的保护带则要根据现实之中的发展来改变自我,以保护硬核的存续。法律不信任作为一种心理现象,首先发生于法律信任的保护带结构,常见的就是对于法官、律师的不信任,在这种情况下,法律体系内部就需要通过重新树立法律人的形象来改变对于法律不信任的现状。而一旦保护带在受到信任冲击后没有自我调节或修复,那么法律不信任就有可能进一步冲击硬核部分。

第二节　中国民众法律信任的表征及其分析
——以互联网舆情为例

前文分别对转型社会与法律信任进行了理论方面的陈述,但转型社会作为一种全方位的社会变革现象,它的“形成方式”“社会内容”以及“个体性格”如何对信任产生影响,又如何指引信任的未来发展方向依旧是悬而未决的问题。从功能层面来看,转型社会需要法律能够以一种强势的姿态解决社会中可能出现的分歧,而法律同样需要转型社会提供维系法律权威的价值基础。“正是社会转型过程孕育着对法治的需求,法治才成为全社会自觉而明确的共同愿望,法治的社会基础才逐步巩固起来,法律治理才取得了重要的成就,而反过来法律治理对社会转型的进程也产生着越来越大的影响。”①法治的实现不仅仅在于法律体系的完善,更重要的是民众对于法律的相信、托付和支持。因此,本节的脉络以中国问题为导向,展示法律信任的现实状况以及成因。

一、中国民众法律信任的现状

如果按照亚里士多德的法治二要素理论来看,在我们目前的法治建设过程中,法律文本虽然存在着不同方面的争议,但被冠以恶法名义的法律却鲜有

①　叶传星:《论我国社会转型对法律治理的挑战》,《法商研究》2009 年第 2 期。

耳闻。而主要的问题都集中于法律实施,即法律文本是否得到有效的尊重,法律程序是否得到公正的贯彻,法律结论是否得到普遍的认同。从目前的法律现状来看,似乎文本与现实仍然存在着巨大的张力,一些学者就曾对法律权威、立法民主、法律文化等方面进行讨论,实际上从指向对象看来,仍然逃不出法律价值、制度以及法律人的限定,而这些都与法律信任度较低存在密切的关系。

但是选择何种方式才能够完整地表达出法律信任度的高低呢?是否可以借助调研数据进行直观性的分析?从调查方式来看,类似英格尔哈特的WVS① 所进行的大规模民意调查所得到的结论让人兴奋,他曾多次调查世界不同区域的信任程度,并以国家或者地区为准进行排序。但是对于调查结果进行解释并不是一件非常容易的事情,这些问卷中大多以"你信任别人吗?"这样的问题进行汇总整理。对此,罗姆·阿尔在他的书中提出质疑,他指出在英格尔哈特的信任调查问卷中,"新教徒所提供的答案统计不同于天主教徒所得到的答案统计",②他忽略了可能存在的文化差异所带来的统计误差。笔者也赞同这样的质疑,这样的调查方式对于信任所包含的无限可能并未进行限定,如何保证内容与结论的关联呢?

在这样的矛盾中,我们对于信任问题的调查选择了另外的方式,既考虑情境化的导入以及数据的直观分析,同时要注意样本来源收集范围的深度和广度。在这样的限定范围下,笔者选取了 2011 年至 2013 年"中国互联网舆情分析报告"③作为分析法律信任问题的出发点。如此考虑的原因主要出于以下几个方面:第一,较一般的对话交流方式而言,互联网能够更加自由全面地表达个人观点和意见,能够清晰直观地反映出民众对于某一些事件以及背后根源的直观看法;第二,该舆情分析报告的样本量足以满足一般调查的基本要求;第三,该分析报告并没有以具体的事件作为分析导向,较为客观中立。当然,由于网民并不等于中国民众的全部,还有大量的声音在民间而不在网上,因此以互联网舆情作为样本并不能完全代表中国公众的信任问题。尽管如

---

① WVS 全称为 world value survey,是 1981 年由英格尔哈特主导的以世界价值观为调查对象的一个长期非营利性项目。

② [美]罗姆·阿尔:《信任及其替代物:政治过程的心理基础》,载[美]马克·沃伦:《民主与信任》,吴辉译,华夏出版社 2004 年版,第 231~254 页。

③ 谢耘耕:《中国社会舆情与危机管理报告(2011)》,社会科学文献出版社 2011 年版;谢耘耕:《中国社会舆情与危机管理报告(2012)》,社会科学文献出版社 2012 年版;谢耘耕:《中国社会舆情与危机管理报告(2013)》,社会科学文献出版社 2013 年版。

此,互联网舆情仍然具有很强的代表性,中国互联网络信息中心最新发布的
《中国互联网络发展状况统计报告》显示:截至 2017 年 6 月,中国网民规模达
7.51 亿,互联网普及率为 54.3%,其中手机网民规模达 7.24 亿,手机上网使用
率为 96.3%。这意味着中国有一半以上的人可以通过互联网发出自己的声
音,由于任何研究的样本总量都不可能包括所有个体,因此尽管对网民法律信
任的数据挖掘或研究不能代表全部,但仍然具有很高的参考价值。

(一)2011 年—2013 年中国互联网舆情现状

这三年是中国互联网舆情发展极为迅速的三年。相对于之前传统社会舆
情发展的渐进化、被动化,新型舆情发展无论从形式还是内容都有了重大突
破。就形式方面来看,网络社群(SNS)、移动社交出现了井喷式的发展,微信、
微博等社交应用受到了年轻群体的青睐,在聊天、交友、会议以及社会动员等
方面展现出巨大的优势。在网络信息爆炸般增长的今天,传统媒体明显对信
息量和传播速度的劣势感到不安,官方媒体也同样开始借助于新媒体形式来
扩大自己的影响能力。据统计,2013 年末政务微博开通近 20 万家,已成政府
新闻发布和突发事件处置的"标配",党政部门通过政务微博第一时间通报权
威信息,并能迅速了解网络民意的变化,成为了舆论公关的重要窗口。此外,
个人逐渐衍生成社会舆论的潜在中心,通过社交媒体分享自己的意见以及看
法,与此同时在频繁的交流下又诞生出诸多意见领袖,他们对于社会热点问
题进行报道、评价,以传媒中介的方式逐渐引导民意。在一些突发事件和公共
议题上,网络"意见领袖"的影响力常常超过媒体和政府在微博中的传播力,据
统计研究显示,平时有大约 300 名全国性的"意见领袖"影响着互联网的议程
设置。[①] 正是在这种多元表达机制的维持下,互联网成为了舆论讨论的主要
战线。

从传播内容来看,网络问政、社会民生问题逐渐成为舆论关注的焦点。
2012 年的四川什邡市钼铜项目、宁波的 PX 项目、2013 年的香港奶粉限购令、
延迟退休之争,都引发了民众对于政府决策处理方式的质疑。对比互联网信
息的快速传播,政府信息公开的迟滞屡屡遭受网络舆论的抨击,在一些突发事
件中,一些相关部门经常陷入"塔西佗陷阱",[②]政务信息的非透明化导致了政

[①] 谢耘耕:《中国社会舆情与危机管理报告(2013)》,社会科学文献出版社 2013 年
版,第 8 页。

[②] "塔西佗陷阱"得名于古罗马时代的历史学家塔西佗。通俗地讲就是指当政府部
门失去公信力时,无论说真话还是假话,做好事还是坏事,都会被认为是说假话、做坏事。

府公信力的下降,甚至出现网络舆情溢出引发社会群体性事件发生。[①] 这些既体现了民众权利意识、参政意识的增强,同时也从一定程度上反映了民众表达内心诉求的非理性化。总之,互联网舆情表达快捷、信息多元、方式互动,同时网络本身的开放性和虚拟性减轻了心理层面的负担,互联网已经成为了反映社会舆情的主要载体。

(二)中国互联网舆情下的法律信任状况

在近三年的网络舆情热点中,法律事件所占比重逐渐上升。据统计,2011、2012 年发帖总数最高的二十件网络事件中,涉法事件仅为为三件、四件,占发帖总量的 6.4% 和 8.1%,而 2013 年突增至十一件,占发帖总数量的 76.5%。从关注内容来看,以药家鑫案、夏俊峰案、李某某案、陕西房姐案为代表的舆论事件直接反映出了社会阶层之间由于政治、经济地位产生的矛盾冲突内化至法律的趋势。以刘铁男案、刘志军案、王立军案、上海法官嫖娼案为代表的舆论事件则主要延续了传统社会舆论对于反贪反腐的关注,其中刘铁男案、上海法官嫖娼案都起源于微博等新型媒体,开创了网络反腐的新局面。以曾成杰案、长春盗车杀婴案为代表的舆论事件主要关注于司法审判与民意审判之间的相互博弈。这些案件虽然指涉的内容有所区别,但都从不同程度上反映出我们国家的法律信任状况。

1.民众对法律人的信任度较低

社会心理学中有一种理论称之为晕轮效应,又称为光环效应,是指认知者一旦对他人形成好的或不好的总体评价之后,会影响到对他人目前或者将来其他方面的特征的推论。它是个人的主观评价泛化、定性的结果,就像日月的光辉在云雾的作用下,向周围弥散、扩大而形成的光环晕轮一样。[②] 作为沟通民众与法律的重要中介,法律人的信任度影响着民众对法律的初始印象。而我们国家目前法律人的信任状况并不乐观,并表现出"接触频率与信任程度呈反比例"的奇怪现状。根据 2013 年公布的中国社会舆情与危机管理报告,在涉警涉法舆情案件中,涉事主体占比最高的是公安系统,并且连续三年占比居首位,分别为 72.9%、69.2% 以及 83.1%,排在第二位的则是法院系统,三年来占比分别为 20.8%、15.4% 和 13.1%。[③] 在 2011 至 2013 年的中国互联网舆情

---

① 例如四川什邡市钼铜项目、宁波的 PX 项目都曾引发游行示威等类似活动。

② 李文华:《现代社会心理学》,华中科技大学出版社 2007 年版,第 106 页。

③ 谢耘耕:《中国社会舆情与危机管理报告(2013)》,社会科学文献出版社 2013 年版,第 56 页。

热点事件中,药家鑫案、李某某案的辩护律师在事件中同样成为了舆情讨论的风暴核心,律师的职业操守、人格人品都成为了舆论的谈资。除了民众对于法律职业群体存在消极的刻板印象外,法律职业群体自身的不规范更加深了这种不信任的态度,上海法官集体嫖娼案、深圳 5.26 飙车案恰好将法律职业群体与社会深层舆论焦点紧密地结合在了一起。搜狐曾以"深圳 5.26 飙车案,公众不信任警方?"为标题进行了一次网络调查,参与调查人数共计 15328 人,其中选择"不信任已成为一种习惯"的网民占调查人数的 61%。因此,除了民众对于法律群体原本的不信任感外,法律群体自身行为的失范同样加深了这种印象。

2.舆论审判、上访投诉等"类司法形式"逐渐消解法律权威

20 世纪 90 年代末期发生的辛普森案无疑是法律与舆论对垒的经典案例。公众舆论大都认为辛普森就是杀人犯,然而控辩双方在法庭内鏖战最终的结果却是无罪。舆论认为他有罪,法庭却判决他无罪,这判决又是如何经得起舆论考验呢? 当公众对案件的判决结果兴起新的舆论时,发现法官给公众的答案还是经得起考验的,它足以改变许多那些曾经认为有罪的看法,给公众传输了一种强烈的价值观——纵使他存在百分之九十九的嫌疑,是否有罪应根据法律程序、法律规则进行审查判定,法律不应当牺牲自身的权威性来抚慰舆论。而在我们国家,司法审判也多曾遭遇舆论围营,药家鑫案、李昌奎案、李某某案都曾出现司法与舆论的纠葛,甚至一些司法官员要通过新闻发布会的形式解释司法审判的进程,澄清所谓的"误解",而结果常常适得其反,司法机构同样陷入塔西佗陷阱。实际上,裁判行为能否取得认可,既依赖于独立公正的司法制度的支持,同时还需要完善的说理、公正的司法程序。司法机关在舆论中无所适从、牺牲立场安抚舆论的行为更加引发了公众对于司法制度的不信赖。

同时,我们国家的信访制度以类司法功能的优势消解着司法权威。2009 年初中国青年报调查中心委托腾讯网针对举报方式进行一次调查,其中网民选择的举报方式依次为:网络曝光(35.8%)、传统媒体曝光(31.3%)、向纪委举报(17.2%)、向检察院举报(11.4%)、向上级政府机关举报(3.3%)、向公安部门举报(0.5%)。在健全的法治环境下本应成为首选的检察院和公安部门,网民意向却如此之低,以至于有网民感叹"信法不如信访"。其中,信访制度作为一项解决民意诉求、维护社会稳定的行政机制,它的地位和功能存在着一定的争议。1954 年,中国的信访制度正式确立,它在当时的政治环境下弥补了制度设计的不完善,对政治、经济、社会的稳定起到了辅助性作用,体现了我们

党关心群众、密切联系群众的宗旨。而在当代,信访制度出现功能性错位,对于法律制度的影响则体现在以行政权力的过度干涉消解法律的权威性。于建嵘曾经对 632 位进京上访的农民进行问卷调查,其中 401 位在上访前在法院起诉过,占总数的 63.4%,其中法院不予立案的有 172 位,占 42.9%,认为法院不依法办事而判决败诉的 220 位,认为法院判决胜诉没有执行的 9 位,占2.2%。[①]在上访者的观念中,信访制度受理条件宽松、层级次数相对较少、办理期限较短,这使得信访与传统的诉讼模式相比,具有快捷、经济、便利的优势。在信访制度冲击下,法律制度的权威性受到了一定程度的影响。

3.对于法律公平公正的价值追求日益强烈

尽管法律第一线的法律人、法律制度都饱受诟病,但是公众舆论对于法律事件的关注却呈现逐渐上升趋势,这也体现出公众对于公平正义等价值理念的追求。近年来的一些大案要案以及新型法律规范的出台,相继引发民众的热烈关注以及讨论。在王立军案、薛蛮子嫖娼案、甘肃初中生发帖被刑拘案、新婚姻法的颁布出台等法律事件中,民众除了对案件细节以及法律条文进行激烈讨论外,也逐渐开始关注事件背后的价值和原因。在新一届政府领导集体登台后,主政领导人的法学专业背景就曾引起了网络舆论的大探讨,关注的背后反映出民众对于未来"依法治国"以及"法律人之治"[②]的新期待。从内容层面来看,民众对于法律价值的追求仍处于初级阶段,对于"无罪推定""保护隐私"等现代法律运行规则报以怀疑的态度,而传统意义上类似于"杀人偿命"的朴素法律观念仍然左右着舆论的倾向。但总体来说,对法律的核心价值的关注仍在逐渐升温。

二、主体视角下信任危机形成的原因

尽管改革开放以来,中国的社会经济水平状况取得了较为可观的成果,人民生活水平得到了提高,法治发展同样取得了相当大的进步,但是颇为吊诡的是,法律信任程度并没有与社会经济发展呈现正相关性。就目前的状况来看,法律信任面临着巨大的压力和挑战,法律信任的环形结构在不断地受到侵蚀,对于法律人、法律制度的质疑引发各类舆情事件。因此,借助于之前信任理论的结构要素,以主体视角来分析我们国家法律信任的成因,是本部分的主要

---

① 于建嵘:《中国信访制度批判》,《中国改革》2005 年第 2 期。

② 程燎原:《"法律人"之治:"法治政府"的主体性诠释》,《西南民族学院学报》2001年第 22 期。

内容。

(一)公民心理结构方面的需求落差

法律信任需建立在法律认知的基础上,对所获取的法律信息经过加工、转换,以此来形成信任心理,而对于法律信息的认知又依赖于一系列信息传导的过程。传导机制的效果取决于个体对于该信息需求程度的大小,这种需求既可能是为了寻求现实事件的解决,也可能是由于某种偏好而引发的关注。在需求的指引下,每一个人都会调整活动过程中的内心倾向和动力,进而引导行为。从法律的特征来看,它依赖于政治共同体,通过设定权利义务来规范行为。面对纷繁复杂的社会,个人需要一个权威性的裁决来解决生活中所遇到的纠纷,产生了对于权益处理方面的需求,而"法律提供了社会生活得以发生的普遍架构,它是一个指导行为、解决纠纷的体系,并且主要具有干预任何种类的活动的最高权威"。[①] 在这样的理想情况下,法律自然引发了需求,在公权力的监督下同样让民众能够得到一个较为稳定的预期。汤姆·泰勒就曾指出,人们为什么愿意认同法律的权威?那是因为个人与社会组织的关联存在一种心理模式,即参与社会组织的个人都是自利的。[②]

在这样的前提下,如何满足公民的需求就成为了法律所面临的问题。然而,在民众眼中,法律能否满足其需求存在两个层面的问题,第一层以公民的认知为出发点,强调法律能否按照其结构性的要求,来实现公民的法律需求,这意味着公民内心信任的心理变化直接来源于法律的实施效果。例如上海法官嫖娼案,身为执法者却公然违背法律的强制性规定,直接影响到了公民对法律的信任程度。第二层则跳出了法律的边界,以社会结构、内容上的变化来决定法律需求的大小。尤其在转型社会中,新旧制度的衔接不畅很有可能导致人们的"期望革命",其基本原理为:现代化会提高人们的社会期望值,而这种期望与社会的实现能力呈现出一种相关性,即两者呈现出同步增长,但并非同步性的增长,社会的实现能力总可能落后于期望值的提高,两者之间存在着一定的差距。[③] 这一点也在罗斯金的论述中有所涉及,如图7-1所示,他认为,"实线代表一个处于现代化进程中的社会的实际的经济变化——通常是向上发展的,虚线代表人们的期望。在一个仍处于传统状况的社会中——图的左

---

① [英]约瑟夫·拉兹:《实践理性与规范》,朱学平译,中国法制出版社2011年版,第174页。

② 杨清望:《论法律服从的产生机制及实现途径》,《政治与法律》2012年第2期。

③ 上官酒瑞:《现代社会的政治信任逻辑》,上海人民出版社2012年版,第153页。

边——实际的情况和人们的期望都很低,但随着增长的开始,期望值开始上升,并且快于实际的经济发展速度,然后,可能会出现某种情况导致经济衰退——欠收、主要出口商品的价格下降,或太多的外债——同时期望受挫"。①因此,转型所带来"期望与收益"无法实现,引发了"不断增加的受挫感"②对于法律的不信任就有可能出现。

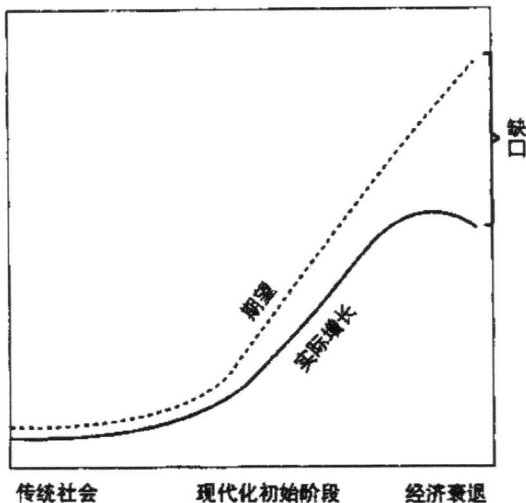

图 7-1 期望曲线

资料来源:[美]米切尔·罗斯金等:《政治科学(第六版)》,林震等译,华夏出版社 2001 年版。

(二)政治功能结构方面的职能混同

亨廷顿曾指出:"高度制度化的政体的突出特征就是它给权力标出了价格",③而它的前提之一就在于"明确而稳定的制度化结构"。④ 从功能角度来

①　[美]米切尔·罗斯金等:《政治科学(第六版)》,林震等译,华夏出版社 2001 年版,第 394 页。

②　[美]米切尔·罗斯金等:《政治科学(第六版)》,林震等译,华夏出版社 2001 年版,第 394 页。

③　[美]亨廷顿:《变化社会中的政治秩序》,王冠华译,上海人民出版社 2008 年版,第 77 页。

④　[美]亨廷顿:《变化社会中的政治秩序》,王冠华译,上海人民出版社 2008 年版,第 77 页。

说,法律的目的就在于保障公民权利、维护社会秩序稳定、制止和打击犯罪,在这样的预设下,民众相信法律能够提供完善满意的公共服务产品。但是实际上,实现社会治理的方式并不完全具有固定性,一旦原有体系无法发挥预期作用,所形成的真空范围并不会被搁置,而是被其他类似方式所代替。什托姆普卡就曾指出:"信任缺失的社会,其所产生的真空状态将被某些提供相似功能并满足对确定性、可预测性、秩序和其他相似的东西的渴求的被选的安排所填充,这些就是信任功能的替代品。"① 郑也夫也曾以意大利黑手党以及中国的青帮为例,指出以上两种社会现象都是在政治权力真空下所出现的替代物,"当这个秘密社会信任程度高于主流社会,秘密社会这个子系统因此才比社会大系统更强悍。"② 一旦这些替代品履行了原有信任机制所展现的功能,便会不断地扩大自己的影响,对原有信任秩序发起冲击。

行政部门作为国家公权力的主要掌控者,通过创造公共产品、提供公共服务、建构公共秩序等方式,来满足公民在日常生活中的公共需求。在公共参与活动中,对于行政部门的依赖很容易产生对其他职能机关的功能忽视,而就司法领域而言,行政干预司法,甚至代替司法的事件时有发生。在本文的论述中,就曾提到了行政机关通过建立信访制度来消解司法权威的调查研究。除了机构职能在设计方面存在"类司法化"的问题外,司法机关从设立、任免、财政隶属以及领导体制等方面都与行政机关存在重合,司法机关从源头上失去了独立性的机会。在这样的前提下,通过行政机关反映问题"速度快、效率高",甚至以行政命令影响司法判决,在法治意识尚未完全形成的转型过渡期,这样的方式无疑满足了公民机会主义的生存原则,因此成为了解决问题的首选,法律信任也就无从谈起了。

三、对象视角下信任危机形成的原因

在解释信任的宏观生成机制中,除了主本视角下的法律需求与功能满足外,法律自身的变革方式也提供了进一步解释的空间。因此,以法律信任的对象为视角,来分析影响法律信任产生的纵向原因,是本部分的主要内容。

（一）法律地位方面的现代化转型

就传统意义上来看,法律实施程度的高低,与社会信任体系呈现一定的关

---

① ［波兰］什托姆普卡:《信任:一种社会学理论》,程胜利译,中华书局 2005 年版,第 4 页。

② 郑也夫:《信任论》,中国广播电视出版社 2001 年版,第 158 页。

联。参照费孝通的差序格局理论，①传统社会的交往由于局限于一定范围的时空内，人与人主要以血缘、亲缘为基础建立起一种同心圆式的信任关系，靠同心圆越近，关系程度越深，信任度也越高。韦伯将这种信任关系称之为特殊主义信任，并对传统中国的信任结构作出解释："作为一切买卖关系之基础的信赖，在中国大多是建立在亲缘或类似亲缘的纯个人关系的基础之上的。"②中国人"对于未知物或不是直接观察到的事物，表现出一种超乎寻常的特别的恐惧，无法根除的疑虑"。③ 考虑到传统社会的生产发展状况以及科学技术的局限，这种信任模式存在着一定的合理性，它有助于更好地作出符合自我生存要求的决策。但它却又易于遭到不断发展的社会流动性的冲击。传统社会中的法律同样受到了该种模式的影响，主要由于它以面对面的关系结构为基础，很难与第三者参与的、客观的、抽象的、确定的公共性相衔接，很难发展出以实在法规范和审判制度为保障的信用（credit）体系。④

从统治方式来看，这种信任关系所建立起的以"家"为核心的社会连带模式成为了皇权统治过程中最为重要的因素。在不威胁皇权统治的情况下，"出礼入刑"以及"德主刑辅"的法带有极强的伦理色彩，甚至在大多数情况下，法律要让位于伦理规范，是否符合伦理成为了法律"公正"的判断标准，家族家规甚至有了准法律的地位。例如自西汉以后的历代统治者都将"亲亲相隐、屈法为孝"作为指导立法的重要原则之一，并把"为亲者隐"的范围渐次扩大，以维护家族内部的信任以及等级秩序。而这样一种以伦理取代法律的统治模式，又反哺了熟人社会信任关系。虽然传统中国有"明于五刑，以弼五教，期于予治""夫信者，人君之大宝也。国保于民，民保于信；非信无以使民，非民无以守国"的说法，期冀借助法律手段建立起君王的威信，但是统治者的目的还是借"弼教"之口实，为推行重典治国政策提供思想理论依据。并且由于传统的天人合一的世界观以及秩序原理的道德指向妨碍了向法律信任方面的进化，再加上随之出现"刑乱国用重典，重典治吏"的统治思想，因此法律失去了独立发展的契机。

在这样的传统社会，个人很难走出原有的特殊信任关系圈，随之而来"造

---

① 费孝通：《乡土中国 生育制度》，北京大学出版社 1998 年版，第 26 页。

② ［德］马克斯·韦伯：《儒教与道教》，洪天富译，江苏人民出版社 2008 年版，第 242 页。

③ ［德］马克斯·韦伯：《儒教与道教》，洪天富译，江苏人民出版社 2008 年版，第 238 页。

④ 季卫东：《法治与普遍信任：关于中国秩序原理重构的法社会学视角》，《经济管理文摘》2006 年第 15 期。

成了中国历史上社会范畴的缺失,公共理性精神的阙如,导致中国人对家族以外的尤其是非人格的制度的普遍不信任"。① 但是随着现代社会分工的日益精细化、社会系统的复杂化,打破了传统以往的社会连接模式,个体在社会模式的变迁过程中承受着信息传递的不确定性所带来的风险,对于沟通合作的要求程度越来越高。传统信任一方面受时空的限制,一方面在现代社会的冲击下逐渐式微,社会维系的纽带从传统的血缘、亲缘、地缘逐渐过渡到以社会分工为导向的个体原子主义模式,形成了一个深刻的悖论:需求与打破同时进行。现代性的法律作为一种理性化、自治化的调控手段契合了现代性社会对于管理方式的需求,甚至可以说,现代性社会主要以法理权威为基础作为其基本运作依据。② 当下中国社会正在逐渐向该目标靠拢,试图以经济体制改革作为突破口,逐渐带动其他方面的深化改革。但是随之带来的深刻悖论在于经济体制的稳定性需要依托于完善的法律机制,而我们的法律实践仍然缺乏信任的支持,这样所带来的后果又导致了经济发展的不均,反而又一次加深了对于法律的消极印象。

(二)法律职业方面的专业化转型

吉登斯指出:"负责系统运作的个人和团体是非专业人士得以进入系统信任的入口。"③在知识专业化日益加强的今天,专家能够帮助我们完成专业性较强的活动,我们信任医生,并非因为知悉这名医生的个人经历、从业状况乃至于精神状况,而是建立在这样的一种事实之上:即信任医生作为专家所具备的专业能力。它超越了传统社会中所依赖的面对面的熟知交往模式,并通过专业资质的准入机制来对社会全体成员做出承诺。按照现代性的逻辑发展,法律人自然也应当成为专家信任系统的一员,它既满足了法律作为一种实践理性所要求的专业化发展要求,也同时满足现代社会不断演变发展的规则需求。

就中国而言,法律人专家化所具备的硬性条件似乎都已准备就绪,法律职业的准入、法律理论的探讨研究、甚至对于法律人的装束、法庭的布局模式都做了充足的准备工作。然而在现实中,民众对于法律人仍然难以建立起足够的信任。实际上,从中国的历史传统来看,法律人没有形成完整意义上的职业

① 季卫东:《法治与普遍信任:关于中国秩序原理重构的法社会学视角》,《经济管理文摘》2006 年第 15 期。

② 刘祖云:《社会转型:一种特定的社会发展过程》,《上海教育》2006 年第 2 期。

③ [英]吉登斯:《现代性的后果》,田禾译,译林出版社 2000 年版,第 79 页。

群体,它的功能主要由皇帝、士族、官僚、胥吏、乡绅、长老等分别承担,仅有个别的讼师、律学家保持着法律职业的基本特征。在这样的附属身份下,中国传统意义上的法律人通过证成政治统治的权威性求得夹缝中的生存。从秦朝刻薄寡恩的法律宗旨转变为引礼入法,礼法合一的统治方式,将法律塑造为维护专制统治的工具,并随着专制制度的不断完善反而巩固了中国的法律模式,法律人完成了中国传统法律思想的工程化构建,但同时也葬送了法律创新性、独立性的可能。在这样的法律模式之下,法律人已无力再对法律的内涵乃至于价值进行更深入的探讨,只能完善现有法律体系,注解已有的法律文本,中国法学因此停滞。

在司法实践中,立法与司法角色不分。隋唐时期的死刑复奏制度、明清时期的会审制度,统治者同时享有司法权与立法权,在法律知识体系不健全且未得到应有的重视下,统治者自身素质决定了案件是否能够得到公正有效的审理。就地方来看,传统中国社会的早期,司法权与行政权存在着职能上的划分,如周朝大司徒下所管辖的乡、隋大夫等官员,分别掌握着各地的行政,大司寇所管辖的乡士、遂士、县士分别掌握着国家的刑事案件。但随着传统社会的逐渐变化,行政与司法逐渐开始融合,其中非专业化的人士居多,缺乏专业化的法律教育,其间也有个别朝代推行了有关类司法准入的选拔机制,例如隋唐的"明法科"、宋代的"律令"等考核机制,但监察机制的不完善,缺乏持久性的专门法学教育,司法原本具备的效用大打折扣。而作为司法行政环境下的衍生品——讼师等司法从业人员承担着行政权力带来的压力,甚至社会舆论与官方舆论都统一口径,诋毁讼师,戏剧文学中多见到嘲笑讼师的艺术作品,而一些官府甚至直接以"讼棍"相称。由此来看,法律人在传统中国并未取得肯定性的地位,随着传统社会的瓦解,法律人群体又得到新的生长契机,但由于传统文化长期传递的刻板印象,许多民众对于法律人仍然持有一种消极性偏见,它建立在文化基础之上,短时间难以消融。当前还存在这样一种现象:虽然大部分律师能够兢兢业业,基于事实和法律做出专业性判断,但也有部分律师怠于提高自己的专业水平,却乐于网上炒作,对某些事实尚未清晰明了的案件提出一些吸引眼球的观点,在案件事实确认之后却往往被"打脸",这也引发了很多公众的反感,进而强化了人们心目中的"讼棍"形象,降低了法律人的社会评价。尤为重要的是,作为法律人群体中相对人数虽然不多但影响力却远超人数的法官群体,也存在着信任危机。尽管平心而论,中国的法官已经提供了较为高质量的公共产品:公平的司法裁判。但中国有 20 万法官,即便 99% 的法官都有良好的职业伦理和职业能力,1% 不具有这些职业伦理与技能的法官也有 2000 人之众,这些人做出的违法或不合理的判决也会是一个很大的数字,加上那些"好法官"做出的合法合理的判决也未必不存在争议,这给这一群体带来公信力上的负面影响。因此,十八届四中全会才强调要提高司法公信力。总之,法律职业的专业化转型仍有很大的提升空间,这一提升的过程,就是法律信任日渐提升的过程。

(三)法律意识方面的自主化转型

在西方式的法治话语中,权利作为公民生而具备的自然属性,承担着现代社会的基础性作用。在此意义上,权利意识又是对于权利本身在实践方面的强调,是对权利的认知、理解和态度,是人们对于实现其权利方式的选择,以及当其权利受到损害时,以何种手段予以补救的一种心理反应,它构成了公民意识和宪法精神的核心。具体说来,它既强调了对于自我权利意识的保护,同时依赖于对于其他社会成员权利的认同与尊重,即"自己权利的确立是以尊重他人的权利意识为媒介的,他人权利的承认和尊重是以自己固有权利得到确认为媒介的"①。一旦缺乏权利意识,权利所依赖的法律制度根本无从发挥作用,因此,权利意识与法律信任存在着必然联系。

如果以西方社会的权利意识话语作为参照来看,传统国人缺乏权利意识。一直以来,中国传统中家是社会结构的基本点,个人淹没于礼法之中,从根本上否定了个人单位的社会结构意义,更无从涉及个人权利意识。另一方面,传统的农业经济生产方式与儒家的伦理规范相互强化,将个人束缚在了土地与亲缘之中,每个人都陷入到了这种相互依附、相互保护的关系中,大家所关心的不是个人的得失,而是家庭内部、邻里族内的和谐稳定。按照征汉年的说法:"社会成员需要认知的是自己在社会中的身份地位,并不需要去了解纯粹个人的权利,故也就没有明晰权利义务的需要,更谈不上权利意识之说。"②按照这样的推断,权利意识在传统中国无从谈起。

近代以来,西方式的各种思想伴着中国社会的风雨飘摇进入我们的眼中,法律领域出现了大规模的法律移植,权利意识也就随着中国近代的法治建设渐渐浮现,此时的权利意识沾染了浓重的救国意味,国家的生存依赖于权利意识的觉醒。梁启超在他的《新民论》中就曾记载:"权利思想者,非徒我对于我应尽之义务而已,实亦一私人对于一公群应尽之义务也。"这种急于解决国家

---

① 〔日〕川岛武宜:《现代化与法》,王志安等译,中国政法大学出版社 1993 年版,第 69 页。

② 征汉年、马力:《论权利意识》,《北京邮电大学学报》2007 年第 6 期。

存亡危机下的权利意识存在着进步之处,但是它仍然是启蒙式的、不完全的权利意识。新中国成立后,《中国人民政治协商会议共同纲领》《中华人民共和国宪法》等官方文本都明确规定了公民的政治权利。但是随之而来的"文革"摧毁了这一切,在"共同的利益和共同的理想之下",个人权利意识泯灭在了集体主义至上的口号之中,法律在领袖崇拜的话语权中凋零。"文革"结束后,国家认识到了经济建设的重要性,以改革开放的发展策略打开了以往封闭落后的农村经济体制,并以对外开放的政策支持吸引外资,以经济发展带动社会的全面进步。同时,国家又以宪法的形式重新确立了公民的基本政治权利,在这样的前提下,公民从以往的集体主义至上的意识转换至开始关注个体权利,每个人的权利要求开始呈现纵深化发展,对于法治的呼唤也愈加强烈。

必须承认,国家从社会的各个领域的逐渐褪去为个体权利意识的形成提供了充足的空间,尤其体现在了经济领域,改革开放为每个人追求正当利益提供了充分的政策支持。在这样的前提下,人与人的密切关系更多情况下被利益所分割,国内市场的逐步开放,选择空间的多元开始潜移默化地改变以往个体依赖的特征,在市场经济的推动下,传统意义上的熟人社会开始瓦解,市场经济理论开始侵蚀血缘、亲缘、地缘的控制边界。但是自主性的权利意识并未完全形成,这是因为经济体制所带来的变革是倾斜式的,区域经济发展的不协调导致权利意识发展的不均,并且由于这种变革只是"在路上",许多社会领域尚未形成符合权利意识发展的环境要求,自主性也就无法谈及。

第八章　法律信任的建构

从目前的发展来看,中国的法律信任既面临着成长机遇,又承担着转型重压,无论现在遇到了什么样的问题,我们都有理由相信,中国未来的法律信任状况会逐渐好转。由于信任问题依赖于内心期待与外在认知的相互博弈,法律价值、法律制度、法律人的外显行为以及社会效果无疑是弥合两者差异的关键。它们关联着法律的制度配置,同时还涉及个体认知机制的不断变化。具体来说,良善制度的搭建成为了法律信任的必要硬件,它有助于降低社会交往中所面临的未知风险,而在制度完备的前提下,信任心理又与法律需求和社会环境呈现相关性。这样来看,法律信任的培养是一项系统工程,需要从多方面进行"综合治理",治理的协调框架在哪? 具体如何治理? 这些都是亟待我们解决的问题。

第一节　法律信任的治理逻辑

对于原因的把握是解决问题的核心,而以何种方式来归纳原因又决定了解决问题的逻辑图示。按照我们上文的描述,主体视角下的原因大多站在了一个横向的角度,展示了公民的需求与法律行政化所引发的不信任原因,其中,法律与行政的混同涉及行政资源的合理配置问题,而心理结构的需求落差则与社会转型所带来的预期过高存在相关性;对象视角下的原因则从纵向的角度,展示了法律在转型过程中所面临的传统与现代的碰撞,其中,法律职业既依赖于制度的合理设计,也同时关联着公民的内心认同,法律地位、法律意识则更加偏重于社会长期形成的传统意识。实际上,亨廷顿就曾有过类似的说法,"复杂社会里的政治共同体依赖于该社会政治组织和政治程序的力量,而这种力量的强弱则又取决于这些组织和程序获得支持的广度以及制度化的程序"。① 这里的广度和制度化既包含着以组织和程序等方式来让大部分的人遵循规定,参与到政治活动中,同时也强调每一个人对于该种制度的主观看法可能会影响到参与活动的主动性。笔者认为,对于法律信任而言,这样的说法同样适用。就以法律的主观认同来说,它涉及了社会偏好等一系列观念形态的因素,从可操作性的角度来看,是一件耗时较长、转变较难的事情。就法律的直观需求来看,通过对现有制度的修改与完善,能够从某种程度上提高法律的运作质量与效率,相对于法律的主观认同来说,在一定的时间内是可期的。因此,法律信任的系统工程以时间长短为着手点,通过近期和远期两个层面的划分,循序渐进地进行完善,应当是一种较为理想同时具有较强可行性的逻辑结构。

一、法律信任的近期目标——以需求与功能为导向

法律需求与法律功能是两个相互关联的词汇。有学者从经济学的角度认为,法律需求是指"基于利益最大化的目标,愿意且能够对国家机关的立法、执法、司法活动进行购买的数量,是主观需求与客观实现能力的统一"。② 而法律功能则强调法律体系的运行好坏,是"在一定的立法目的指引下,基于其内在结构属性而与社会单位所发生的,能够通过自己的活动造成一定客观后果,并有利于实现法律价值,从而体现自身在社会中的实际地位的关系"。③ 在这两个概念中,客观实现能力以及内在结构属性的好坏均不以法律行为所引发的最终后果为准,而是以法律制度能否以合理有序的方式展开运行作为最终判断标准。其中,制度能否保障控辩双方的基本权利、能否以公开透明的方式行使和限制权力、能否抵御其他权力机构对于司法审判的影响等都影响着民众的法律认知,从而也进一步影响着法律的实效。在这样的前提下意味着,推进法律信任的现代化成长必须提高制度化的配置水平,以此来限制权力恣意行使,保障法律的良性运行。

---

① [美]塞缪尔·P.亨廷顿:《变化社会中的政治秩序》,王冠华等译,生活·读书·新知三联书店 1989 年版,第 13 页。

② 曾鹏、蒋团标:《经济学视角下的法律需求研究》,《广西师范大学学报(哲学社会科学版)》2006 年第 1 期。

③ 付子堂:《社会学视野中的法律功能问题》,《郑州大学学报(哲学社会科学版)》1999 年第 5 期。

仅从时间方面来看,相对于价值培养、文化塑造等意识层面的问题,制度方面的建构、完善具有一定的比较优势。这一点主要体现在三个方面:第一,制度的内在机理建立在现有理论的预设之中,而这种预设并不意味着绝对正确,在现实与理论的角逐中,制度必须在有限的时间中主动回应现实提出的需求,而不是过度追求理论的完美;第二,制度的建构以及维护有赖于公共资源的合理投入,并不过多依赖于社会主观性的认同,甚至可以说,制度的建构是公权力机关通过资源调配而主动进行的;第三,制度具有一定的环境适应能力,可以根据社会环境、结构的变化改变自身的运作机理。因此,从这三方面来看,制度更具有操作性、可预期性,它可以作为法律信任培养的近期目标。

二、法律信任的远期目标——以意识与观念为目标

法律制度是法律意识和法律地位的重要前提,但除了制度因素外,经济、政治、文化等社会因素同样会对两者产生作用。就法律意识而言,按照李步云教授的观念,它"直接来源于法律这一特殊的社会现象,是法的内容、法的形式和法的精神在人们头脑中的反映或映象"。[1] 它主要表现为探索各种法律学说,对现行法律进行评价和解释,表达自己对权利、义务的认识以及对法、法律制度了解、掌握和运用的程度,以及对行为是否合法的评价等内容,具有一定的历史传承性。而法律观念则是指介于感性和理性阶段之间的一种特有的法律意识反映阶段,它既包括人们对法律的零散的、偶然的、感性的认识,也包括一些系统的、必然的、理性的认识。[2] 从内容来看,法律意识的内容既包含了法律思维的相关内容,也涉及了法律观念,虽然它们在认识的内容深度上存在差异,但它们都关涉到法律信任的心理认同。就它们的变化过程而言,法律意识与法律观念具有相对稳定性。首先,现实生活的发展变化要快于法律意识与观念,"现实生活的发展变化通常不以人的主观意志为转移,而人们的法律意识归根到底却是来自实践"[3],这就导致法律意识观念无法迅速地实现内容更新。其次,传统法律文化展现出的"惯性"阻碍法律意识和观念的进步,在面对强势文化的冲击下会形成自我保护的状态,主要表现在忽略变化、排斥变革以及自我崇拜上。[4] 在这样的前提下,法律意识与观念的变革就遭受到了双

---

① 李步云、刘士平:《论法与法律意识》,《法学研究》2003 年第 4 期。
② 田科:《法律、权利与责任》,群众出版社 2008 年版,第 76 页。
③ 李步云、刘士平:《论法与法律意识》,《法学研究》2003 年第 4 期。
④ 白景坤:《组织的文化惰性及其矫正》,《改革与战略》2008 年第 6 期。

重的考验,既有对现实生活的反馈不足,同时又受到传统文化的阻碍。但这并不意味着法律意识与观念无法实现新的变革,只是说它们将要面对的问题较法律制度更为复杂,也更为长久。因此,法律意识与观念的改变是我们培养法律信任的长期目标。

综合考虑以上两种目标的不同特征,笔者将法律信任的治理方式分为三个层次:第一层次以制度建构为主,主要针对于法律信任的近期目标;第二层次则以意识培养为主,主要针对于法律信任的远期目标;最后一个层次以其他社会领域的配合为主,通过政治、经济两方面的相关内容来保障法律信任的逐步树立。

第二节 法律信任的制度建构

一、以程序公正作为制度建构的出发点

既有的市场经济理论以及实践表明,法律制度越是完善,并且在实际运行中越有效率,博弈双方的不守信成本就越高,对不守信行为的震慑力就越大。[①] 在不同的制度和权利安排下,人们的行为或选择便不同,随之产生的价值与代价也会相异。无论我们构建何种样式的法治模式,从形式逻辑来看,完善制度的搭建理应是当务之急。它与法律的价值、法律的实施并不存在先后问题,而是建立之后的双向互动关系,即制度在形成基本完备的体系后不断与法律价值、法律实施进行交融、碰撞,进而不断成长的模式。而制度的核心在于程序方面的内容是否符合公平正义的理念,它以既定的方式推动和引导法律行为,并纠正不公。因此,若要完善我们国家的法律信任模式,制度层面的程序要素应当引起足够的重视。

从理论研究来看,关于程序公正的讨论一直是传统法学的显学,程序作为一种辅助裁判行为的方式,引导抗辩双方顺利完成司法行为,同时又作为一种法律的内在价值体现法律的公平与公正,就像美国大法官道格拉斯曾指出的那样:"正是程序决定了法治与恣意的人治之间的基本区别。"科恩认为,在现代社会中,这样的规范能够限制偏袒和武断,保护优秀的价值,这是整个社会

---

① 白春阳:《现代社会信任问题研究》,中国社会科学出版社 2009 年版,第 171 页。

形成普遍信任的"必要条件"。① 关于程序之于法律的意义以及如何建构合理的法律程序，我国近十余年已经有了诸多的研究成果，在法律的实施过程中应遵守程序正义，这一理念已经深入人心。公正的程序可以让对立的群体之间充分地交流，有助于基本共识的达成。季卫东指出，程序既是限制恣意的责任机制，同时又是一种理性选择的保障，能够"使法的变更合法化，使人的选择有序化"②。

从社会心理学层面来看，正当的程序能够提高人们对于司法结论的接受程度。美国学者汤姆·泰勒在进行了大规模的社会调研之后发现，正当的程序会影响乃至支配人们对结果的评价，对于经过正当程序后达成的结果，人们具有很高的接受度，这意味着正当程序能让人们更容易相信法律和实施法律的人。他以美国的司法警察为研究对象，得出这样的结论：警察个人职业技能的高低与信任程度并无直接性关联，当警察通过公正的程序行使权力时，对于警察的信任度则呈现上升趋势。③ 另一位学者甘高则通过实证研究认定，不同的纠纷解决方式会给当事人带来不同的公平感，而这种公平感与纠纷解决的结果无关。这意味着经历了正当程序之后形成的结果，不管其内容如何，都具有更高的可接受性，因而更值得人们信赖。也就是说，正当程序会让人们对规则本身的内容和实施产生信任感。④ 我国也有青年学者对公平程序对于结果的可接受性的影响进行了社会实证研究并指出，如果程序不正当，人们就会产生对实体和程序的双重不满，更加不利于人们接受立法结果。相反，通过程序公正使公众接受立法结果是一个具有现实意义的选择；此外，相对于实体而言，公众对于程序公正的标准较容易形成一致的评价。⑤ 这些结论都表明，各方均有表达机会、官方的中立性、充分交流、信息公开等内容有助于人们接受法律的结果，进而增强对法律制定与实施的信任，乃至对于立法者、执法者和裁判者的信任。

---

① Cohen J. Trust，Voluntary Association and Workable Democracy：the Contemporary American Discourse of Civil Society，*Democracy and Trust*，*Cambridge University Press*，1999.

② 季卫东：《论法律程序的意义》，《中国社会科学》1993 年第 1 期。

③ Tyler T R. What is Procedural Justice?：Criteria Used by Citizens to Assess the Fairness of Legal Procedures，*Law and Society Review*，1988，Vol.22，No.1，pp.103-136.

④ Gangl A. Procedural Justice Theory and Evaluations of the Lawmaking Process，*Political Behavior*，2003，Vol.25，No.2，pp.119-149.

⑤ 冯健鹏：《平等的程序与程序的平等》，《法学评论》2012 年第 6 期。

二、以监督机制作为制度建构的生长点

从现代社会的一般政治结构来看,制度化不信任机制是内嵌于政治系统的次生环节,它一般不是直观地表达对于权力滥用的不满,而是在民众与权力机构的互动过程中所表现出一种预期与反馈之间的不协调,而这种不协调是利益偏离在人们意识中的表现。从人类的社会变革发展过程来看,无论是三权分立、司法审查或者是定期选举,它们都包含着对于权力不信任的制约精神,而民众的权利意识当中,也暗含着对于权力的警惕。例如在言论自由的保护下,现代社会的公民以合法的形式表达对于公权力的不满,以此来激励权力机构认真对待民众的信任委托。因此,信任赋予我们对于未知生活的期待,而不信任机制避免我们面临更大的不确定风险,"它们为那些愿意参与信任的人提供了保障,为那些试图背叛信任的人设置了障碍,并为背信行为安排了矫正机制"。① 而一旦不信任机制没有发挥应有的疏导作用,随之而来的便是不信任的随意流转,乃至于对原有信任机制的直接冲击。因此,如何将不信任防范机制与我们国家的历史国情、社情民智以及文化传统相契合,是公共权力良性运行过程中所要面临的重要问题。

面对政治腐败、权力寻租等一系列超越信任赋予范畴的违法行为,法律通过既定的程序规则进行惩治,但是法律同样承担着一部分的权力职责,如果不对于法律的承载机构建立不信任防范机制,同样会导致类似的危险。而我们国家的政治架构中,不信任监督机制还比较初级,还很难充分发挥应有的作用,一些彰显现代性的制度安排仍处于缺席状态。其所造成的结果便是权力滥用而无人监管、社会潜规则代替了制度规则,因此,我们目前的首要任务就是通过不信任防范机制的设计,规范权力行使的边界,建立起周全自洽的权力运行框架,使现代政治社会能够在制度的保障下平稳运行。

三、以职业规范作为制度建构的关键点

就现实情况来看,我们国家尚未形成独立意义上的法律人。从各国的法治发展进程来看,独立专业的法律人群体是支撑整个法律体系的重要条件,是实现民主法治的重要力量。它的独立主要体现在三个方面:专业的独立性、道德的独立性以及政治的独立性。专业化的法学知识以及技能是作为一个法律人区别于其他行业从业人员的主要特征,它既依赖于法律所独有的知识体系,

---

① 上官酒瑞:《现代社会的政治信任逻辑》,上海人民出版社 2012 年版,第 356 页。

又通过严格的准入制度保证法律人队伍的专业化。而道德的独立性体现在法律职业过程之中,作为法律人,并不以传统的社会道德伦理左右自己的判断,而通过法律内在的价值引导自己的道德选择。而政治的独立性则体现在法律不应过多受到行政行为的干涉,从原初意义上来看,处于不同发展阶段的两种事物的确存在着重合关系,传统社会中法律作为政治体系的一部分,它建立在皇权统治的基础上,但是内在功能上的冲突逐渐引导着法律与政治的分离,政治的一些特征会干预法律做出正确性的选择,因此,如果以追求法律的真善美作为目标,那么政治意义上的独立性就是必然选择。

以上三种独立性实际上构建起了法律人的一种角色印象,它有助于引导普通民众在遇到法律纠纷时向专家寻求帮助,逐渐树立法律人的权威感。因此,反观我们目前法律人的现状,以制度、道德、政治三方面入手来重新建立起法律人的权威理应成为法治建设的关键。具体而言,从制度方面,借鉴西方的成功经验,改革我们目前的法学教育以及职业准入制度,从实践理性的方面出发,要求法律人具备理论知识与实践经验;从道德方面,以宣传教育或考核的方式,培养法律人独特的道德体系;从政治方面梳理我们目前党、政府、人大和法院的关系,通过构建新型的相互监督机制来减少政府对于司法的过度干预,从政治与经济两方面保障法律人的真正独立。

第三节　法律信任的意识培养

一、以公民精神作为意识培养的前置性环节

"那些先进的现代制度要获得成功,取得预期的效果,必须依赖于它们的人的现代人格、现代品质。"[1]换句话说,培养信任意识不单纯取决于配置符合现代性要求的制度,同样还需要融入一定的心理因素,而就现实意义来看,公民精神是我们国家法治进程的必经之路,这种精神是对公共事务的一种信念与承诺,一种责任与义务,也是公共品德和素养的一种体现。[2]公民精神这一术语来自英文"civility",在古希腊时期,特指城邦中公民的德性,也被称为"公

---

① 殷陆君:《人的现代化:心理·思想·态度·行为》,四川人民出版社 1985 年版,第104 页。

② 党秀云:《公民精神与公共行政》,《中国行政管理》2005 年第 8 期。

民德性"或"公民美德"(civic virtue)。亚里士多德曾对这种德性有过这样的论述:"他应该懂得作为统治者,怎样治理自由的人们,而作为自由人之一又须知道怎样接受他人的统治——这就是一个好公民的品德。"①这强调了其中的公共性,强调公民要关注政治、关注现实、对城邦这一共同体有责任意识,要积极主动地参与城邦治理。

因此,公民精神内在要求公民自身的自主性,并基于这种自主性,以主人翁的身份关心公共事务,以负责的态度积极参与自己所在地区的治理。托克维尔曾经这样称赞美国的公民精神与乡镇(社区)建设:"他们关心自己的乡镇,因为他们参加乡镇的管理;他们热爱自己的乡镇,因为他们不能不珍惜自己的命运。他们把自己的未来和抱负都投到乡镇上了,并使乡镇发生的每一件事情与自己联系起来。他们在力所能及的范围内,试着去管理社会,使自己习惯于自由赖以实现的组织形式。"②然而,无论古代先哲还是启蒙时代的思想家,无论西方还是转型期中国的学者,都没有将公民精神视为一种可以轻易获得的素养。这也是为什么古希腊时代把公民精神称为"公民美德"的缘故——既然被称为"美德",就不是先天具有也不是轻易就能得到的一种德性,而是需要培育、需要修养的品质。因此,亚里士多德才强调:"不是每一位公民都如此,而只有政治家和那些独自一人或同其他人一道领导或有能力领导公共事务的人才是如此。"③在当前中国,在古代文化濡染之下,在当前政府主导型的改革背景"嵌套"之中,公民精神的培养需要克服种种困难、解决诸多问题,方能前行。

本课题研究的核心内容之一是法律信任的培育,而这一信任的培育和公共精神密不可分。按照正常的逻辑,本课题应该就如何培育公共精神展开整体性、全局性的分析,并在此基础上提出意见和建议。但这一论题太过宏大且难于操控,为了避免将研究变成对"法治""自治""精神文明"等法学研究的"大词"的堆砌,本课题选择了从实践出发,进行经验研究。而经验研究固有的问题是只能就某一个地区或某一类事物进行研究,只能管窥问题或事实的部分。虽然我们有可能"窥一斑而见全豹",但也有可能只"窥到了一斑",而这一斑未必是"全豹"的一斑,从这一斑推导出的未必是问题的全部,难免有以偏概全的

---

① 〔古希腊〕亚里士多德:《政治学》,吴寿彭译,商务印书馆 1965 年版,第 124 页。

② 〔法〕托克维尔:《论美国的民主》,董果良译,商务印书馆 1997 年版,第 76 页。

③ 〔古希腊〕亚里士多德:《亚里士多德选集政治学卷》,颜一编,中国人民大学出版社1999 年版,第 82 页。

嫌疑或弊端。在此,笔者更多的是带着一种"解剖一只麻雀"的心态来进行研究,或许它只是一只麻雀,可能还有其他的鸟类,它们跟麻雀有很大的不同,但"麻雀虽小五脏俱全",我们至少可以把麻雀这种鸟的结构搞清楚,从中发掘到或看到某一类问题。由于本文的调研是在城市中进行,因此只限于对城市中的某类问题提出具有一定解释力与合理性的探讨,甚至这一范围还要进一步限缩:由于本课题的研究场域是沿海较为发达的城市,因此其结论在一些不那么发达的城市未必具有可操作性。即便如此,笔者认为对于类似经济和文化地区的城市,仍有一定的参考价值。为了完成本部分的调研任务,课题负责人联系相关部门,要求自己的研究生以"坐班"方式进行参与式调研,在社区和街道"工作"了两个多月并每天做好工作日志,尽量让自己的研究能够立足于事实,接好地气。

(一)在社区自治中为公民精神提供空间

由于公民精神的培育是一个复杂艰辛的系统工程,限于笔力,同时也为了避免过度"旁逸斜出",加上笔者所做的经验研究主要立足于社区而进行,因此笔者仅仅从社区自治对公民精神的培育的角度进行论述。笔者主要借助的理论工具,是 20 世纪 60 和 70 年代心理学界和社会学界所使用的交换理论中的重要分支:资源依赖理论。在《组织的外部控制:对组织资源依赖的分析》一书中,杰弗里等人指出,组织渴望生存,而生存的关键是资源。组织无法掌握自己生存所需的全部资源,为了生存,它必须设法获取这些资源。资源存在于环境之中,环境由不同的组织系统构成,因此组织为了获取这些关键性的资源,必须要和其他的组织系统相互交易,组织由于资源的需求对其他组织产生了依赖性,所有的组织在某种程度上都依赖于其他组织或外部环境。但是,资源具有分散性和稀缺性,同时还具有不稳定性,环境不断地改变,因此组织为了持续并稳定地获得资源,需要对那些为组织提供资源的外部合作者的需求进行管理。① 这里的资源,不仅仅限于物质财富,还包括那些可使得人们满足的必要且重要的经济、政治、社会以及与此相关的各种需要的东西。

笔者对 X 市 S 区的 Z 社区进行了调研,发现即便在经济发达的地区,作为基层群众性自治组织的居委会也难以甚至无法以自身力量解决经费问题。现在居委会的资金来源,基本都是来自政府。居委会的日常办公经费、办公场所、人力资本都是由政府负担,政府掌握着居委会绝大部分的经济来源,政府

---

① 〔美〕杰弗里·菲佛,杰勒尔德·R.萨兰基克:《组织的外部控制:对组织资源依赖的分析》,闫蕊译,东方出版社 2006 年版,第 14～30 页。

的资金对居委会而言是十分重要且很难被替代的。居委会解决社区问题、进行社区服务与建设除了依赖政府为其提供合法性资源,还需要依赖政府的公共权威资源。对于居委会而言,在解决一些街区问题时,依靠政府的公共权威能为居委会提供一些稀缺政治资源,还能为居民提供一种信用,这种权威资源能够帮助居委会树立一种不同于其他社会组织的威望,树立居委会在居民心目中的权威性,从而让居委会在社区的诸多活动得以顺利开展。但是,居委会不能满足政府所需要的全部政绩资源和组织资源,政府可以通过经济改革、发展第三部门等方式累积政绩资源,政府也可以通过建立基层机构等其他方式来落实自身意志。因此,政府对居委会资源的依赖并非绝对的,还存在其他替代方式,这就造成了政府对居委会资源的依赖程度远不如居委会对政府资源的依赖程度。

当政府资源处于一种垄断性地位的时候,政府以这种垄断性的资源为基础,将自己的意志强加于居委会,这种资源就变成了权力。权力是指在社会关系中将自己的意志,即使在有反抗的情况下,能够强加于他人的一种机会和过程。[①] 政府借由这种资源,针对不同的问题向居委会施加不同类型与程度的压力,以实现自己的意志,达成自己的目标,居委会则以服从来换取这些生存所必需的资源。在这里,服从主要是以依赖为基础,服从主要是为了交换。[②] 于是,我们进一步看到,居委会高度依赖政府资源伴随而来的就是政府对居委会的各种要求,这些要求是这种依赖关系的副产品,居委会很难拒绝,因此其自主性、独立性、自治性日渐消退。

同时,居委会与政府之间的依赖结构,与居委会与社区之间的依赖结构相比,由于居委会对社区的资源依赖没有居委会对政府资源依赖的程度深,因此在社区的要求和政府的要求发生冲突的时候,居委会也多会选择倒向政府一边。这样的一种资源依赖结构,使居委会受到政府组织的强有力的控制,表现在居委会无法拒绝一些政府提出的可能损害居委会自治组织性质、加重居委会负担的行动。

组织自身的资源约束深深限制了居委会和政府关系的改变,在资源依赖与资源约束的困境下,政府和居委会关系依靠其他的制度变革也难以取得突

---

① 李汉林:《中国单位社会:议论、思考与研究》,中国社会科学出版社 2014 年版,第 39 页。

② 李汉林:《中国单位社会:议论、思考与研究》,中国社会科学出版社 2014 年版,第 40 页。

破性的效果。居委会难以实现与政府的平等合作关系并致力于社区自身的发展，于是最终我们看到法律构建的政府与居委会之间的"指导——协助"关系并没有实现，居委会基本被政府控制住。在政府控制居委会的情形下，居委会无法有效履行自治职责，无法有效地为居民服务，城市社区自治的实现也因而受到影响。

以居委会和政府关系作为切入点可以窥见整个城市社区自治现状，居委会和政府之间应建立起法律规定的"指导——协助"关系，建立起这一关系不仅是依法治国的需要，也是自治组织和政府平等合作治理社区的体现。然而，真实世界中的政府呈现出一种控制居委会的倾向，并存在过度干预居委会自治事务的现象。笔者发现导致这一关系的症结可能是居委会对政府资源的过度依赖，居委会和政府是一种非对等的资源依赖关系。为了改变这种现状，真正实现宪法和法律构建的基层群众性自治制度下的居委会组织回归"自治性质"，进而培养有利于实现法治的公民精神，我们要从改变居委会的资源约束困境入手，考虑重新合理设定居委会规模、建立居委会和政府之间的资源交换关系，并努力拓展居委会资源来源的其他渠道。

（二）在社区大学中培育公共精神

中共十八届三中全会《决定》提出要"改进社会治理方式"，"激发社会组织活力……适合由社会组织提供的公共服务和解决的事项，交由社会组织承担。支持和发展志愿服务组织……重点培育和优先发展行业协会商会类、科技类、公益慈善类、城乡社区服务类社会组织"。社区大学作为推动社会治理、促进社会自治、提供社区服务的重要社会组织，顺应了这一重大决策的要求。值得注意的是，社区大学不仅有上述物质性功能，对于公民精神的培育，也有非常积极的作用，并最终有助于法律信任的培育。

笔者所调研的社区大学，位于 X 市 H 区，通过访谈和问卷，笔者了解到，该社区大学由台胞建议，经社区发展协会牵头，并与台湾城乡基金会、X 市城市学院等多方教研机构合作，于 2014 年 4 月正式挂牌成立。截至 2015 年 8 月统计时，该社区居民大学共拥有接近 100 名常驻或非常驻志愿教师，吸纳过 1300 多名学员。开课超过 100 堂次，直接参与学习人员近 10000 人次。该社区大学有固定场所，教学内容丰富，包含手工坊展示厅、舞蹈厅、形体厅、乐器室、练歌房、书画室、亲子室等多间教室。经过一年多的发展，该社区大学组织较为完善、设施较为完备、课程较为充实，能够为社区内居民终身学习与文化娱乐活动提供保障，并在此基础上，成为促进社区融合、提升居民素质的平台。

首先，作为社区大学核心内容的教学活动，有助于提升社区居民的文化、科学等各方面素养,培养公民的知性与德性。公民精神这个词的源起是在古希腊城邦时期,意在表达作为统治阶层的公民所需要具备的涵养与品质,公民是自由民,不同于当时人口中的大多数——奴隶。归纳来说,公民精神应当包括且不限于以下几种品质:第一,公共精神。即维护公共政治精神,作为公民权与城邦主权的享有者,公民应当参与并维护城邦公共政治的延续与发展。身为公民,应当具有维护城邦、参与城邦公共政治的品质。第二,民主精神。民主精神是公民精神的内核,它不仅仅指向对于民主的认同和参与,还包括公民能够善于参与民主决策,发挥民主体制的效果,具有真正的民主素质。第三,自由精神。自由是古希腊民主制的核心原则之一,这种自由构成了民主制的基石。公民精神中应当包括自我决定,按照自己意志选择生活方式的自由精神,只有当公民有能力决定自我的时候,他们才能做出并认可对于他们自己及他人的决定,同时,也体现出一种平等的精神。第四,自我解放与超越自我的精神。依据马克思主义原理,人类的历史就是一个不断地从必然王国向自由王国发展的历史。人类社会的发展,是人自我解放,并实现个人全面自由发展的过程。建立公民社会,就是一种超越个人,超越自我的进程,在这一过程中,公民们彼此互享、共荣与共同承担一切,实现对私人狭隘与束缚的超越。然而公民精神的这种知性与德性是极难达到的,它需要超乎普通人的素养。因此,为了培育公民精神,有必要提升与培育个人素养,使其了解与掌握相关知识。而身为教育机构的社区大学,正好具备了这种提升公民知识水平的功能。从国学修养到技能培训,从科普讲座到文化艺术课程,社区大学在"德、智、体、美"各个方面,都能提供各种课程。而伴随着这种科学、文化水平的提升,带来的是知性的培养,眼光的开阔,思想的深度,公民认识水平的提升,甚至在人生观、世界观、价值观方面都能有所改变,让参与过课程的公民更具有知性与德性,具备公民精神诞生的精神土壤。

其次,社区大学的诸多课程,直接提升了公民对于公民社会及社区的认知程度,锻炼了公民参与公共事务的能力。除却提升公民的科学、文化素养之外,许多社区大学还会直接开设公民教育与社区教育课程。这种课程的内容大多包括宪法、法律普及,公民基本常识、本社区的基本情况及文化传统介绍等等,以直接的方式,将国家、社会的诸多基本知识,公民参与治理的权利与方式等内容传授给学员,为他们参与国家、社会、社区等公共事务提供知识上的帮助。另外,社区大学从建立开始,本身便是一种公民参与的预演,吸引他们参与社区大学的建设与学习,同时也是在吸引他们参与到社区的营造当中,使学员在这种参与中得到锻炼,培养公民参与公共事务的热情。社区大学在建设之时,充分吸收了当地居民的意见,让公民直接参与到社区大学的规划设计与课程建设等组织工作当中,进而成功地吸引社区内居民对于社区大学建设这一社区重大公共事务的热情。公民精神的培育,公民对于公共事务的参与需要经验积累,并非每个公民在最初都能有充分的热情参与到公共事务当中,而这种成功的经验,能够使得参与进来的公民们获得充分的社区公共事务参与经验,同时也从这种参与中获得了对于未来的热情。这是以一种实践的方式,锻炼并培育了公民精神的萌发与成长。

社区大学的活动,能够提升公民素质,实现社会自治,推动社会治理的优化,这是毋庸置疑的。但同时,社会治理水平的提升,本身也能够带动公民素质的提升。上层建筑对于制度下的个体也产生着重要影响。首先,优秀的社会治理本身就是一个公民参与的试验田与培训所。公民素质的提升,除了有赖于基础教育与充分的智识之外,参与和体验更是必不可少的步骤。公民的素质与素养集中体现为公民精神的弘扬,而公民精神的基本内涵,是一种民主的精神、自由的精神、公共的精神。社会自治的实现,社会治理的提升,尤其是社区当中一套良好的公民参与决策与社区治理的体制,能够对公民素质的培育与发扬产生积极的作用。

总之,如果我们真诚地想要建设法治,培养人们对法律的信任,那么就有必要培养公民精神,通过不同的方式进一步开放公共领域,积极引导公民参与到政治活动和社会活动中来,让人们在自我治理的过程中,在参与公共治理的过程中,逐渐增强规则意识和公共意识,进而培养对法律的信任。

二、把法律意识培养作为重要实践方向

除了对于公民精神的培养外,对于法律知识信息的获取同样重要。美国传播学者约瑟夫·克拉帕曾提出过传播学理论中的"选择性理论"。该理论认为:对于受众来说,总是愿意接受那些与自己固有观念一致的或自己需要、关心的信息,回避那些与自己固有观念相龃龉的或自己不感兴趣的信息。① 社会心理学中也有一个概念称之为"知觉偏向",它主要强调个体在信息获取过程中所获得的第一印象有可能左右以后行为的选择。因此,人们对于法律信息的获取内容以及方式对于法律信任的形成具有一定的前提性意义,这就涉及了法律的宣传问题。笔者认为,除了加大对于宣传工作的重视外,首先我们要根据大众传播的新趋势,借助微博、微信等新媒体来扩大我们的受众基础,

---

① [美]韦尔德伯尔等:《传播学》,周黎明译,中国人民大学出版社 2013 年版,第 1 页。

并将被动灌输式的宣传方式改变为个性化、交互式的服务方式，[①]以此来迎合受众的需要。就宣传内容而言，除了提供贴近人民生活的案例、法律基础知识外，也要恰当地传递一些法律的基本精神、基本含义，通过长期的宣传教育来达到从知法到懂法的实质性转变。最后，还要通过相关的制度性建设，规范和完善法律宣传的一般行为，防止以不恰当的方式破坏法律宣传的权威性，实现法律宣传方式的模式化、体系化。

法律意识事关个人内心关于法律的感觉，难以用内在的标准进行衡量，因此，衡量人们的法律意识的方法，往往是通过观察人们在与法律打交道过程中所表现出来的行为与态度。笔者曾经试图对人们的法律意识能否培养、如何培养进行过经验研究，虽然这只是一个初级的局部研究，但作为试错的方式，仍有值得探讨的价值。由于整体意义上的法律意识在衡量标准的设置上也存在着种种问题，因此笔者从法律程序意识入手，尝试研究法律意识的培养问题。

出于研究的便利，笔者只设置了一个变量：法学教育。笔者的理论假定是：通过对法律程序相关知识与理论的学习，人们的法律程序意识会得到提高。为此，笔者在自己所在单位进行了行为实验，对此进行检验。笔者所在单位在 6 月中下旬到 7 月下旬有一个为期五周的短学期，按照官方的说法，设置这个短学期的目的是"给同学更多自主学习的时间和空间，鼓励同学开展自主性、研究性和实践性学习。内容包括实习、暑期社会实践、科研创新创业训练等实践教学课程。此外，各个院系还会专程邀请校外专家开课，邀请国内知名学者或校友开设讲座，与同学一起分享学术、科研和人生经历。除上述之外，形式多样的暑期学校、本科生导师学术沙龙活动、科研创新和学业竞赛等活动也会安排在小学期进行"。笔者开设了一门全校范围内的法学理论与案例研究的选修课程，要求选课学生为一年级本科生，并将选修该课程的同学随机分

---

① 2014 年 2 月司法部所下发的关于印发《2014 年全国普法依法治理工作要点》的通知中，第十八条就规定了"加大应用新媒体开展法制宣传教育的力度，加强各级各类普法微博、微信、QQ 群等平台建设，推动形成新媒体普法平台的集群优势和规模效应，扩大新媒体普法的覆盖面。组织召开运用新媒体普法研讨会，引导和鼓励应用新媒体开展法制宣传教育"。中华人民共和国司法部官网网站，2014 年全国普法依法治理工作要点，http://www.moj.gov.cn/index/content/2014-02/24/content_5299916_4.htm，最后浏览日期 2016 年 6 月 30 日。

为两个班。①

在开课之前,通过问卷对所有同学的法学知识进行了检测,除了部分法学院的同学法学知识略强之外,基本没有太大的差异。由于所有的同学均为一年级,因此法学院的同学之前只是学习过基础性的法学课程,没有对法律程序问题进行过专门学习。对于学习的内容,笔者进行了特意的安排与设置:虽然这两个班的课程名称一致,但课程的内容完全不同,一个班讲授普通的学理与案例,另一个班则完全讲授法律程序的意义、作用、在部门法中的程序性规定以及这些规定在具体案例中的实施等内容。在经历了五周二十节不同内容的授课之后,对所有同学进行问卷测试,测试的结果令笔者较为吃惊:包括法学院的学生在内,两个班所有的同学表现出的对法律程序的认知和应用并没有可辨认的区别。虽然学生们的专业不同,但通过对关于法律程序意识的试卷进行数据分析之后,笔者发现法学与非法学、人文社会科学与自然科学专业的学生并没有出现显著不同。这似乎意味着,程序法律意识是难以通过教育而产生的。

而这与现实并不相符。通过对真实世界中法官进行观察和访谈,以及对相关文献的梳理,我们可以发现,那些长期从事法律职业的人士,确实存在着较高的包括程序意识在内的法律意识,这种意识的表现方式多样,法律直觉是重要的表现之一。这种直觉,有人称之为法官的"法感"或"法权感"②,它是一种跟法律相关或由于长期浸淫于法律或法学知识而生的"感觉",跟法官的偏好和生活经历相关。耶林甚至将这种感觉描述为法律的"影子"③,这一影子是和法律及法律的实施不可分割的,就像一个物体的影子和它不可分割一样。在我国,也有学者倡导法官在实践中应尊重这种法感进行裁判。④ 由此可见,

---

① 为了避免一个班的同学上完本班的课程之后还到另一个班听课,笔者特意将一班的课安排在上午三四节,二班的课安排在下午的一二节。这是因为,对于同一门课,一个学生一般不会在冒着酷暑上了一次之后,在午饭和午休之后再冒着酷暑走到教室重新听一遍。事后的访谈和验证也表明,的确没有学生重复听课,这样就避免了样本被"污染"的可能。

② [法]耶林:《法权感的产生》,王洪亮译,米健校,《比较法研究》2002年第3期。

③ 耶林写道:"法律(法权)像一个拂晓时分出来的漫游者,法感则是漫游者的影子。在日出前法权处于冷清的状态,没有影子,日出后或太阳照耀时,影子从法权后面移到旁边,最后出现在法权的前面。"具体参见[法]耶林:《法权感的产生》,王洪亮译,米健校,《比较法研究》2002年第3期。

④ 如梁慧星教授在20世纪90年代给法官上课的时候就有这种主张。

在现实中,确实存在着"法感"这种法律意识。当然,这样的结果有很大可能与实验设置不周延有关,比如,在讨论过程中,苏力就提醒说是否题目的设计过于简单,过于接近常识,以至于人们不需要专门的法学知识和训练就能够做出回答。① 但是,即便将这些因素纳入考量范围,似乎也可以得出这样的结论:以法律程序意识为例,短期的教育难以产生明显的后果。因此,如果我们想要培养和提高人们的法律意识,需要建立一种长效机制,在长期的接触、学习、教育过程中逐步培养。甚至可以说,法律意识的培养是一个需要构筑底蕴的长期的过程。

第四节　法律信任的社会配合

除了制度、意识两个方面外,社会的其他领域所发挥的作用同样影响着法律信任度的高低。埃里克·尤斯拉纳在 1992 年"美国全国选举"的研究中指出,种族、年龄、教育程度、经济状况等都以不同程度的方式影响着信任的变化。② 如何借助其他社会领域的作用,来培养法律信任成为接下来讨论的主要问题。

一、以政府公信力带动信任领域的提升

作为行为规则的制定者和监督者,作为社会环境的维护者和保障者,政府承担着众多公共服务职能,它的行为具有强烈的示范效应和指引效应,如果政府的行政机关不能践约守信,除了引发政府的权威性危机外,更可能导致其他信任领域的晕轮效应。法律作为广义政治职能下的领域,从人员任免、制度安排以及司法职能等表象层面都与传统意义上的政府存在类似或者重合,因此,政府公信力的高低很可能波及法律信任的程度。

在当代中国,民众对于执政党以及政府的信任是维护社会稳定的重要方面,就目前的情况来看,政府的公信力状况也呈现出一种不均等的态势,即对基层政府信任程度较低,对于上层政府的信任度逐渐攀升的层次性结构。③

---

① 这是笔者在上海偶遇苏力教授时跟他交流时他的意见和建议,笔者谨致谢意。

② [美]埃里克·尤斯拉纳:《信任的道德基础》,张敦敏译,中国社会科学出版社 2006 年版,第 75 页。

③ 胡荣:《农民上访与政治信任的流失》,《社会学研究》2007 年第 3 期。

实际上,由于政治信任问题的过于庞杂,本文也无力继续对于政治信任问题进行展开,但是除了制度层面的约束外,腐败对于政治公信力的影响已经显而易见。作为政府应当清晰地认识到,腐败已经成为影响政治公信力的重要源头,因此,加大对于腐败的惩处力度,树立执政党员的榜样力量,依法治好"权"和"官",公众自然就会产生对法律和法律实施者的信任,法治秩序的建构就会水到渠成。

法治意味着社会公正的实现,按照慈继伟教授的说法,在当前中国,社会不公正的来源不是恶法被落实,而是整体而言基本公正的规范体系没有得到有效落实。① 这种规范体系只体现在文本而无法落实的现象,即所谓"具文化"。它会严重动摇人们对法律和法律实施者的信任与信心,反过来又会让"具文化"更加严重,这形成了"具文化"——信心缺位——更加的"具文化"——信心更加缺位这样一种恶性循环。这种循环将导致社会公正的落实危机和法治国家建构的危机。

这些没有被落实的规范都是人类道德的底线性要求,也是所有人的道德与社会共识。如不得行贿受贿、贪污腐败、枉法裁判、不得忽视与盘剥弱势群体的利益等等,从道德和法律上接受它们没有任何障碍,但很多时候恰恰是这些共识性和底线性的要求却无法落实。为什么会这样?在慈继伟看来,在腐败、寻租、权钱交易者的人生观中,金钱及其符号价值具有压倒一切的位置,当道德与伦理之间出现这种紧张关系时,让位的往往是道德。他认为这毫不奇怪,因为道德关涉个人如何善待他人,故而动机不足是一个永恒的问题,而伦理关涉个人如何对待自己,所以只要是自己真正想做的事情就不存在动机不足的问题。②

在他看来,中国传统道德文化的一个重要特点是官员具有道德指南和示范作用。在这种背景下,人们愿意遵守某个观范至少需要如下条件:(1)规范本身的正确性。但规范本身的正确性绝非人们遵守它的充分条件,比如都知道贪污不对,但贪官污吏层出不穷。(2)倡导这一规范的道德权威必须为人们所接受。也就是说,即便是一个非常具有道德正当性的规范,也不是谁来倡导大家遵守,大家就会遵守的。比如说,性工作者协会提出未婚女性要保持贞

---

① 慈继伟:《社会公正的落实危机及其原因》,载《转型期的社会公正》,梁治平编,三联书店 2010 年版,第 568 页。

② 慈继伟:《社会公正的落实危机及其原因》,载《转型期的社会公正》,梁治平编,三联书店 2010 年版,第 572 页。

洁,所有的人都会认为这是个笑话而置之一笑。(3)带头实践这一规范的道德榜样必须为人们所信服。① 比如,让孔繁森倡导廉政就比王宝森更具说服力。也就是说,要想使一个正确的或公正的规范被落实,规范本身的正确或公正是必要条件,但绝非充分条件,还需要看是哪个组织、哪个人提出的。如果这个组织或个人所持不正,哪怕他说的句句是真理,也无法让规范被有效执行。因此,在这里,不仅需要"知""行"合一,还需一个道德上没有明显瑕疵进而被公众所接受的主体进行合一。

在当今中国,中国共产党和国家是我们社会中最重要的道德权威,且党和国家的各级干部在我们社会中扮演着最重要的道德榜样角色。就普通人而言,让他们遵守规范,最重要的不是让他们知道规范的公正性和正确性,而是让他们看到道德权威和道德榜样确实在遵守和践行这些公正、正确的规范。从道德权威和道德榜样的守法行为中,他们才可能获得守法的内在动机。道德权威和道德榜样的行为具有中介性、示范性和引导性,如果他们无法做到严格遵守或实施法律,那么让普通人信任和遵守法律是绝无可能的事情。

因此,打破"具文化"和信心缺位这一恶性循环的突破点在于道德权威和道德榜样对规则和法律的严格遵守。在当前中国,毫无疑问就是中国共产党和中国共产党的干部应该成为打破恶性循环的突破点。他们严格、准确和无偏私地实施法律,并在此基础上倡导公众遵守法律,就会让普通人能够产生对法律和法律实施者的信心。因此,依法治国也好、法治国家也好,其核心在于党组织要严格依法行事,党的干部能够担当起道德榜样的角色,只要能够依法治好"权"和"官",公众自然就会产生对法律和法律实施者的信任,法治秩序的建构就会水到渠成。可见,如何才能让党组织和党员干部担当起道德权威和道德榜样,就成了构建社会信任、法律信任和法治国家的切入点。新一届政府上台伊始,其领导干部强调"将权力关进制度的笼子里","既要打蚊子也要打老虎",同时以身作则去奢靡、倡简朴,如果能够真正落实和持之以恒,将会成为成功打破恶性循环的关节点。

二、以包容性发展保障利益机制的均衡

法律信任在客体方面有别于传统人格信任,即它并不过多地依赖于利他主义的信任倾向,而是一种以利益保障为追求的信任模式,能否通过既定的法

---

① 慈继伟:《社会公正的落实危机及其原因》,载《转型期的社会公正》,梁治平编,三联书店 2010 年版,第 573 页。

律程序以及法律内涵维护个人利益不受侵害是信任生成的出发点,可以说,利益的多寡与均衡关涉到法律信任能否得以实现。从我们国家的经济发展过程来看,改革开放前,我们国家主要以计划经济为导向,人与人之间的经济收入相差无几,需求层次方面基本保持一致。而在改革开放之后,大量的经济资本从传统的生产方式中解放出来,社会财富出现了新一轮的高潮,但随之而来的则是政府与市场之间的角色失调、东西部之间和城乡之间的收入分配失衡、社会经济和政治发展的失序、社会劳动领域的失业和环保缺失导致的发展不可持续等问题,再加上我们国家自古以来就有不患寡而患不均的历史传统,不同需求所带来的冲击影响了民众的信任认同感。

有研究表明,普遍信任来自于乐观主义的世界观。在社会心理学家看来,乐观主义有两个核心的要素,其一是认为未来比现在好,其二是相信可以控制自己的环境,使它越来越好,进而增加个人的幸福感和对他人与社会的信任。① 这些信任的建立有助于形成对法律实施者的信任和法律规则本身的信任,从而为法治的实现奠定主观方面的基础。此外,乐观主义和信任是可以感染的,生活在友好的环境里,可以建立乐观主义和信任。就当前中国而言,营造这种乐观主义的现实可行的方式是改变经济增长方式,将原有的经济增长方式转变为"包容性增长"。"包容性增长"又被称为"共享式增长",是一种"广泛基础的增长"和"对穷人友善的增长",②主张要在可持续发展中实现经济社会协调发展,其根本目的则是让经济发展成果惠及所有地区和所有人群。其最基本的含义是倡导一种机会平等,让所有人公平合理地分享经济增长的成果。这意味着,我国经济政策应由"效率优先,兼顾公平"转为强调经济增长要以公平正义为基础。

对包容性增长的研究立基于国外学者关于贫困问题的研究之上。在贫困问题研究上最为著名和有影响力的学者当属阿马蒂亚·森和斯特罗贝尔等。曾获诺贝尔奖的印度经济学家森提出了"实质自由"及其对立面"能力贫困","能力贫困"是指欠缺实现自己愿望的可行能力。③ 斯特罗贝尔则进一步提出了"权利贫困"的概念,"权利贫困"是指即便权利主体具有过上自己想要之生

---

① Uslaner E M. *The Moral Foundations of Trust*, Cambridge University Press, 2002, pp.74-86.

② 蔡荣鑫:《从"增长"到"对穷人友善的增长"》,《经济学家》2007 年第 6 期。

③ [印]阿马蒂亚·森:《以自由看待发展》,任赜、于真译,中国人民大学出版社 2002 年版,第 61～62 页。

活的能力,但由于社会的实际运行事实上排斥和剥夺了其权利,主体根本没有机会运用这些能力。① 在此基础上,又产生了"社会包容"的概念,主张以此应对具有多重含义的"贫困"概念,以求增加社会福利、增强个人能力和公民的社会权利。在对我国经济发展过程中存在的分配不公,以及不均衡、不充分的享受经济发展成果等现象进行深入研究后,林毅夫、庄巨忠等学者在亚洲银行赞助下开展了"以共享式增长促进社会和谐"的课题研究。针对政府与市场之间的角色失调、东西部之间和城乡之间的收入分配失衡、社会经济和政治发展的失序、社会劳动领域的失业和环保缺失导致的发展不可持续等问题,他们认为应以包容性增长来应对。② 这同我国近年提出的"科学发展观"与"和谐社会"理念是可以相容的,也就是说不能单纯发展经济,而需要社会全面均衡地发展,使经济增长、社会进步与人民生活的改善能够相向而行。"包容性增长"的核心不在于"增长",而在于"包容性",在于其内在蕴含的公正、自由和秩序等价值。包容性增长意味着让更多的人更好地享受到经济增长的果实,意味着对社会财富进行更加公平地分配,让弱势者不再受能力贫困、权利贫困之苦,有相对平等的机会赢取财富和社会资源,能够更好地掌控自己的命运,意味着穷人和富人之间的分化不再那么剧烈,让身处转型期这一大时代下的小人物们都能享受到经济与社会发展的成果,能过上经济上相对富足和有尊严的生活。因此,对社会财富进行更为公平的分配,有助于乐观主义态度的形成并塑造对他人、社会、法律与法律人的信任。

中国法治进程中可能会面临着诸多问题,法律信任这一概念虽然不能"包治百病",但"富有营养",有助于社会肌体的康复和法律的有效实施。③ 借助于吉登斯的脱域机制以及拉卡托什的环形结构理论我们看到,中国法律信任结构呈现出法律人、法律制度、法律价值三层次渐进式的信任模式,作为环形结构第一层的法律人,承担着不信任舆论的直接冲击,法律制度也在大量的社会事件中引发质疑,而法律价值却在不断的冲击下更加接近法治的要求。其原因除了传统价值与现代理念的相互博弈外,更现实的问题在于法律制度的

① Strobel P. From Poverty to Exclusion: A Wage-Earning Society or A Society of Human Rights?, *International Social Science Journal*, 1996, Vol.48, No.148, pp.173-189.

② 林毅夫、庄巨忠等:《以共享式增长促进社会和谐》,中国计划出版社 2008 年版,第30~40 页。

③ 郭春镇:《从"神话"到"鸡汤":论转型期中国法律信任的建构》,《法律科学》2014年第 3 期。

搭建是否符合法治的内在要求、权力配置是否符合政治资源的合理分配以及法律意识是否符合现代公民的基本要求。因此,法律信任的培养是一项系统性工程,需要我们借助法律内与法律外的多方资源,通过划分不同阶段循序渐进地达到目标,这是解决法律信任问题的较为可行的途径。

结　论

谣言曾经在一定程度上影响甚至改变了历史,它曾经帮助埋葬了一个个旧王朝,助推新王朝的统治者脱颖而出。从"陈胜王"到"赤龙之子",再到"点检作天子",伴随着谣言的流传,旧王朝轰然倒塌,新王朝筑基起楼。它也曾经伴随着黑暗世代的军事弥赛亚和宗教利益的分割,将数十万无辜的女性送到火刑柱上,其中的部分"幸运者",会在被焚烧之前扼死。自媒体给谣言插上了新的翅膀,使得它不仅可以继续保持相对于日常言论的超速传播,而且让这种传播沿着光纤高速飞行,在飞行中不断自我完善、自我进化、自我免疫,其中有相当一部分转化为具有强大杀伤力的"超级病菌"。

我们的生活中、身体中充斥着各种细菌。有研究表明,刚出生的婴儿体内和体表并没有细菌,但在出生后几个小时,随着吃奶、喝水等,一些细菌便乘机进入体内"安家落户",之后"移民"越来越多,逐渐达到了百万亿之数,并与人类保持和谐共生。① 谣言与病菌类似,它与人们一直如影随形,在一般情况下,一般的话题,并不会给人造成损害。但是超级病菌则可能给"宿主"带来不可估量的伤害,因此,需要通过抗生素来进行治疗,同时强化"宿主"自身机体的免疫力。我们或者积极投入,或者半推半就地拥抱了互联网,互联网则不管不顾人们心中所想,直接把人们卷入了自媒体时代。在这个时代,超级病菌般的谣言形成的概率越来越高,对人的权利和社会公益的影响也越来越重大,因此,用法学界常用的一句话来形容:需要"认真对待"。

"认真对待"意味着要对自媒体时代的谣言进行治理。治理不是禁止,而是在承认它的存在具有一定程度的正当性与合理性的基础上,通过纵向和横向的权利义务配置来应对。治理的方式包含两个维度,一个是正向对谣言进行规制,另一个则是通过建构信任让谣言产生和传播的土壤稀薄化,进而使得谣言不易产生与传播,降低对人们的权利和社会公益的负面影响。对谣言进行规制和建构法律信任及内蕴于其中的人与人之间的信任这两个方式不是单

---

① 董良、董少广:《细菌与人类》,《初中生学习(低)》2015 年第 9 期。

向进行的,不是规制了谣言就能建构好信任,也不是要先建构好了信任再去规制甚至消灭谣言,而是两个方向、两个维度同时进行,彼此互相强化,螺旋式提升的过程。

研究如何规制谣言,需要了解其产生与传播的原因。根据社会心理学的知识,可以发现谣言的存在与社会环境、文化传统和信任缺失有密切的关联。在这个意义上,谣言有"地方性",规制谣言也需要了解地方性知识,同时谣言也有普遍性,只要存在着信任缺失或信任度不高的环境,就存在着谣言产生和传播的沃土。同时,谣言并非一经产生就会传播并产生影响,只有那些对受众而言比较重要、信息足够模糊且与受众的心理状态易于对接的谣言才会泛滥。

但是,没有必要把谣言当作洪水猛兽。谣言首先是一种言论,在网络谣言没有被证明其属于应予限制的范畴之前,在没有法定的限制且面临急迫而重大的危险而有必要限制之前,都应该受到关于言论自由规定的保护。网络谣言也有其正面的价值,即便是假的谣言,也可以从中发现某种"真"的社会心理。同时,它在某些情况下还能释放压力,有可能降低社会冲突的烈度。此外,在有些时候它还有助于进行舆论监督,监督权力和遏制腐败。当然,谣言带来的如妨害公信、损害声誉、影响稳定、引发冲突等问题也不容忽视,应采取不同的方式进行规制。规制网络谣言的方式包括事前、事后和贯穿始终三种方式,可以将其结合起来应对网络谣言问题。首先,为了规制网络谣言,应实行可追索的匿名,人们可以基于言论自由而匿名发言,但这种匿名应该是可追索的匿名。其次,对于那些符合被惩治条件的谣言发布者,必须依法进行惩戒,一是为了救济被侵害人的权利,二是警示潜在的侵权者。最后,要全程贯彻培养理性网络文化与"公平竞争"的思想市场,为此,要保障信息的透明和公开,尤其是政府的信息公开工作要做到位;要打击"买粉"这种滥用言论自由、在思想市场不公平竞争的行为,同时培养一种理性的网络文化。此外,对限制本身也应进行限制,应在坚持合法律性的前提下,对那些明显而即刻的危险,依照成本收益理念对那些损及他人正当且足够重要权利的行为,按照比例原则进行限制。

除了在正面对谣言进行规制,还要通过营建法律信任削弱谣言产生和传播的环境。我国当前身处转型期,尤其需要在转型过程中降低社会冲突烈度,平稳过渡到市场经济下的法治国家,实现各项事业的现代化。不同于被"神化"的法律信仰,法律信任更像是鸡汤,虽然它确实不能治愈所有疾病,解决所有难题,但是它对我们的健康很有助益,可以使我们的心理感觉更好。通过这碗"鸡汤",可以减少社会冲突、降低社会冲突烈度,降低谣言的负面影响,减少社会有效运行的成本。对法律的信任归根结底需要回到对人的信任和人的行为的预期这两个事物上来。我国应该建构法律信任,因为法律信任是树立法律权威的关键因素,是强化法律实效的重要方面,是促进社会交往的可靠保证。

法律信任不是一个单向度的一方对另一方的态度或心理上的认知问题,而是一个信任主体和对象之间相互作用、相互影响的双向互动,进而有可能螺旋式上升或下降的过程。通过对近些年来的案件与数据的分析,我们可以发现我国法律信任的现状是:法律人的信任状况较低,舆论审判、上访投诉等"类司法形式"逐渐消解法律权威,公众对于法律公平公正的价值追求日益强烈。

建构法律信任是一个系统工程,这项工程可以分为近期和远期两个层面工作。法律信任的近期目标是以需求与功能为导向建构有操作性、可预期性的制度,法律信任的远期目标是以意识与观念为目标,培养适于法律信任的法律意识与观念。为了达到法律信任的短期目标,首先,应以程序公正作为制度建构的出发点,建立让各方均有表达机会、官方的中立性、充分交流、信息公开的程序性规则。其次,以监督机制作为制度建构的生长点,通过不信任防范机制的设计,规范权力行使的边界,建立起周全自洽的权力运行框架,使现代政治社会能够在制度的保障下平稳运行。最后,将职业规范作为制度建构的关键点,实现专业的独立性、道德的独立性以及政治的独立性,逐渐树立法律人的权威感。为了达到法律信任的长期目标,首先要将公民精神作为意识培养的前置性环节。通过进一步开放公共领域等多种方式,积极引导公民参与到政治活动和社会活动,让人们在自我治理的过程中,在参与公共治理的过程中,逐渐增强规则意识和公共意识,进而养成对法律的信任。同时,建构法律信任要把法律意识培养作为重要实践方向,需要建立一种长效机制,在长期的接触、学习、教育过程中逐步培养。

除此之外,要做好法律信任的建构工作,需要一些社会配合。首先,可以将反腐作为提高政府公信力,带动信任领域提升的切入点。其次,以包容性发展保障利益机制的均衡。包容性增长意味着让更多的人更好地享受到经济增长的果实,意味着对社会财富进行更加公平地分配,这有助于公民形成乐观主义态度并塑造对他人、社会、法律与法律人的信任。因此,法律信任的培养是一项系统性工程,需要我们借助法律内与法律外的多方资源,通过划分不同阶段循序渐进地达到目标,这是解决法律信任问题的较为可行的途径。

总之,通过对网络谣言进行有效规制,通过长短期的策略与方法建构法律信任并最终建构人与人之间的信任,有助于我国相对平稳地渡过转型期,建成一个通过市场有效配置资源、通过包容性增长合理分配资源进而能保证社会稳定与和谐的社会；建成一个人与人之间有较高信任度从而使得法律在实施的各个环节得到信任、使得行政和司法及所涉法律职业者都具有公信力的法治国家。

参考文献

一、中文专著：

[1]周裕琼：《当代中国社会的网络谣言研究》，商务印书馆 2012 版。

[2]陈雪屏：《谣言的心理》，艺文丛书编辑部 1939 年版。

[3]蔡静：《流言：阴影中的社会传播》，中国广播电视出版社 2008 年版。

[4]周晓虹：《社会心理学》，高等教育出版社 2008 年版。

[5]高红玲：《网络舆情与社会稳定》，新华出版社 2011 年版。

[6]江万秀等：《谣言透视》，群众出版社 1991 年版。

[7]夏明钊：《谣言这东西》，海天出版社 1999 年版。

[8]梁漱溟：《东西文化及其哲学》，《梁漱溟全集》第 1 卷，山东人民出版社 1994 年版。

[9]郑也夫：《信任论》，中国广播出版社 2006 年版。

[10]于建嵘：《抗争性政治：中国政治社会学基本问题》，人民出版社 2010 年版。

[11]吴江霖：《社会心理学》，广东高等教育出版社 2007 年版。

[12]周叶中主编：《宪法》，高等教育出版社、北京大学出版社 2002 年版。

[13]沈宗灵：《比较宪法——对八国宪法的比较研究》，北京大学出版社 2002 年版。

[14]王四新：《表达自由：原理与应用》，中国传媒大学出版社 2008 年版。

[15]王四新：《网络空间的表达自由》，社会科学文献出版社 2007 年版。

[16]张新宝主编：《互联网上的侵权问题研究》，中国人民大学出版社 2003 年版。

[17]张新宝：《名誉权的法律保护》，中国政法大学出版社 1997 年版。

[18]《现代汉语词典（第五版）》，商务印书馆 2005 年版。

[19]王锋：《表达自由及其界限》，社会科学文献出版社 2006 年版。

[20]邱小平：《表达自由——美国宪法第一修正案研究》，北京大学出版社 2005 年版。

[21]陈新民：《行政法学总论》，三民书局 1995 年版。

[22]韩大元，林来梵，郑贤君：《宪法学专题研究》，中国人民大学出版社 2004 年版。

[23] 苏力：《法治及其本土资源》，中国政法大学出版社 1996 年版。

[24]城仲模编：《行政法之一般法律原则》，三民书局股份有限公司 1997 年版。

[25]任东来等：《在宪政舞台上——美国最高法院的历史轨迹》，中国法制出版社 2007 年版。

[26]李泽厚：《中国古代思想史论》，人民出版社 1985 年版。

[27]金耀基:《从传统到现代》,广州文化出版社1989年版。

[28]叶传星:《转型社会中的法律治理:当代中国法治进程的理论检讨》,法律出版社2012年版。

[29]王岩:《中外政治哲学研究》,世界知识出版社2004年版。

[30]彭泗清,郑也夫:《中国社会中的信任》,中国城市出版社2003年版。

[31]白春阳:《现代社会信任问题研究》,中国社会出版社2009年版。

[32]中央政法委:《社会主义法治理念读本》,长安出版社2009年版。

[33]郑永流:《法治四章:英德渊源国际标准和中国问题》,中国政法大学出版社2002年版。

[34]张文显等:《法理学》,高等教育出版社2007年版。

[35]周赟:《法理学》,清华大学出版社2013年版。

[36]卓泽渊:《法的价值论》,法律出版社1999版。

[37]秦启文、周永康:《角色学导论》,中国社会科学出版社2011年版。

[38]谢耘耕:《中国社会舆情与危机管理报告(2011)》,社会科学文献出版社2011年版。

[39]谢耘耕:《中国社会舆情与危机管理报告(2012)》,社会科学文献出版社2012年版。

[40]谢耘耕:《中国社会舆情与危机管理报告(2013)》,社会科学文献出版社2013年版。

[41]李文华:《现代社会心理学》,华中科技大学出版社2007年版。

[42]上官酒瑞:《现代社会的政治信任逻辑》,上海人民出版社2012年版。

[43]费孝通:《乡土中国 生育制度》,北京大学出版社1998年版。

[44]田科:《法律、权利与责任》,群众出版社2008年版。

[45]殷陆君:《人的现代化:心理·思想·态度·行为》,四川人民出版社1985年版。

[46]李汉林:《中国单位社会:议论、思考与研究》,中国社会科学出版社2014年版。

[47]马克思,恩格斯:《马克思恩格斯全集:第23卷》,中共中央马克思恩格斯列宁斯大林著作编译局译,人民出版社2007年版。

[48]梁治平编:《转型期的社会公正》,三联书店2010年版。

[49]林毅夫,庄巨忠等:《以共享式增长促进社会和谐》,中国计划出版社2008年版。

[50]刘建明:《舆论传播》,清华大学出版社2000年版。

[51]胡钰:《大众传播效果:问题与对策》,新华出版社2000年版。

[52]唐煜枫:《言论自由的刑罚限度》,法律出版社2010年版。

二、中文译著:

[1][法]让·诺埃尔·卡普费雷:《谣言:世界最古老的传媒》,郑若麟译,上海人民出版社2008年版。

[2]［德］汉斯·约阿希母·诺伊鲍尔:《谣言女神》,顾牧译,中信出版社2004年版。

[3]［美］奥尔波特等:《谣言心理学》,刘水平等译,辽宁教育出版社2003年版。

[4]［波兰］什托姆普卡:《信任:一种社会学理论》,程胜利译,中华书局2005年版。

[5]［美］马斯洛:《动机与人格》,许金声等译,中国人民大学出版社2007年版。

[6]［美］马文·哈里斯:《母牛·猪·战争·妖巫——人类文化之谜》,王艺译,上海文艺出版社1990年版。

[7]［德］乌尔里希·贝克:《风险社会》,何博闻译,译林出版社2004年版。

[8]［日］川岛武宜:《现代化与法》,王志安等译,中国政法大学出版社1993年版。

[9]［美］卡斯·R.桑斯坦:《谣言》,张楠迪扬译,中信出版社2010年版。

[10]［美］纳撒尼尔·霍桑:《红字》,姚乃强译,译林出版社1998年版。

[11]［法］古斯塔夫·勒庞:《乌合之众:大众心理研究》,冯克利译,中央编译出版社2004年版。

[12]［英］密尔:《论自由》,许宝骙译,商务印书馆2009年版。

[13]［美］亚历山大·米克尔约翰:《表达自由的法律限度》,侯健译,贵州人民出版社2003年版。

[14]［法］孟德斯鸠:《论法的精神》,张雁深译,商务印书馆1961年版。

[15]［美］约翰·D.泽莱兹尼:《传播法:自由、限制与现代媒介》,张金玺、赵刚译,清华大学出版社2007年版。

[16]［英］洛克:《政府论(下篇)》,瞿菊农、叶启芳译,商务印书馆1964年版。

[17]［美］亨廷顿:《变化社会中的政治秩序》,王冠华译,上海人民出版社2008年版。

[18]［英］以赛亚·伯林:《自由论》,胡传胜译,译林出版社2011年版。

[19]［美］博登海默:《法理学——法哲学及其方法》,邓正来译,中国政法大学出版社2004年版。

[20]［英］F·A.哈耶克:《自由秩序原理》,邓正来译,生活·读书·新知三联书店1997年版。

[21]［日］芦部信喜:《宪法》,李鸿禧译,月旦出版社1995年版。

[22]［德］尤尔根·哈贝马斯:《合法化危机》,刘北成、曹卫东译,上海人民出版社2009年版。

[23]［美］西里尔·E.布莱克:《比较现代化》,杨豫、陈祖洲译,上海译文出版社1996年版。

[24]［美］弗朗西斯·福山:《信任:社会道德与繁荣》,李宛蓉译,远方出版社1988年版。

[25]［德］卢曼:《信任:一个社会复杂的简化机制》,瞿铁鹏、李强译,上海人民出版社2005年版。

[26]［德］马克斯·韦伯:《儒教与道教》,洪天富译,江苏人民出版社2008年版。

[27]［美］埃里克·尤斯拉纳:《信任的道德基础》,张敦敏译,中国社会科学出版社

2006 年版。

　　〔28〕〔美〕马克·沃伦:《民主与信任》,吴辉译,华夏出版社 2004 年版。

　　〔29〕〔英〕吉登斯:《现代性的后果》,田禾译,译林出版社 2000 年版。

　　〔30〕〔德〕阿图尔·考夫曼:《法律哲学》,刘幸义等译,法律出版社 2011 年版。

　　〔31〕〔美〕汉密尔顿等:《联邦党人文集》,程逢如等译,商务印书馆 2009 年版。

　　〔32〕〔匈〕拉卡托什:《科学研究纲领方法论》,兰征译,上海译文出版社 2005 年版。

　　〔33〕〔古希腊〕亚里士多德:《政治学》,吴寿彭译,商务印书馆 1965 年版(2008 年第 9 次印刷)。

　　〔34〕〔法〕托克维尔:《论美国的民主》,董果良译,商务印书馆 1997 年版。

　　〔35〕〔美〕乔治·弗雷德里克森:《公共行政的精神》,张成福等译,中国人民大学出版社 2003 年版。

　　〔36〕〔古希腊〕亚里士多德:《亚里士多德选集政治学卷》,颜一编译,中国人民大学出版社 1999 年版。

　　〔37〕〔美〕杰弗里·菲佛,杰勒尔德·R.萨兰垂克:《组织的外部控制:对组织资源依赖的分析》,闫蕊译,东方出版社 2006 年版。

　　〔38〕〔美〕韦尔德伯尔:《传播学》,周黎明译,中国人民大学出版社 2013 年版。

　　〔39〕〔印〕阿马蒂亚·森:《以自由看待发展》,任赜、于真译,中国人民大学出版社 2002 年版。

　　〔40〕〔澳〕菲利普·佩迪特:《共和主义:一种关于自由与政府的理论》,刘训练译,江苏人民出版社 2006 年版。

　　〔41〕〔美〕帕森斯:《现代社会的结构与过程》,向阳译,光明日报出版社 1988 年版。

　　〔42〕〔日〕青井和夫:《社会学原理》,刘振英译,华夏出版社 2002 年版。

　　〔43〕〔英〕约瑟夫·拉兹:《实践理性与规范》,朱学平译,中国法制出版社。

　　〔44〕〔美〕米切尔·罗斯金等:《政治科学(第六版)》,林震等译,华夏出版社 2001 年版。

　　〔45〕〔美〕亨廷顿:《变化社会中的政治秩序》,王冠华译,上海人民出版社 2008 年版。

　　三、英文专著:

　　〔1〕Berenson B. *Rumor and Reflection*,New York,Simon,1952.

　　〔2〕Shibutani T. *Improvised News:A Sociological Study of Rumor*,Ardent Media,1966.

　　〔3〕Solove D J. *The Future of Reputation:Gossip,Rumor,and Privacy on the Internet*,Yale University Press,2007.

　　〔4〕Emerson T I. *The System of Freedom of Expression*,Random House Trade,1970.

　　〔5〕Berman H J. *Law and Revolution,II:The Impact of the Protestant Reforma-*

tions on the Western Legal Tradition，Harvard University Press，1983.

［6］UslanerE M. *The Moral Foundations of Trust*，Cambridge University Press，2002.

［7］Kierkegaard S. *Kierkegaard's Writings*，Ⅵ：*Fear and Trembling/Repetition*，Princeton University Press，2013.

四、中文期刊：

［1］江晓奕：《网络谣言传播现象探究》，《东南传播》2009 年第 4 期。

［2］巢乃鹏、黄娴：《网络传播中的"谣言"现象研究》，《情报理论与实践》2004 年第 6 期。

［3］姚天宇、王勇：《"钓鱼执法"的行政违法性及其规制》，《政治与法律》2012 年第 6 期。

［4］侯松涛：《试析朝鲜战争爆发后中国政府对相关谣言的应对与处理》，《中共党史研究》2008 年第 4 期。

［5］景军：《艾滋病谣言的社会渊源：道德恐慌与信任危机》，《社会科学》2006 年第 8 期。

［6］苏亦工：《文化与法——也谈贺麟先生文化体用观》，《中国高校社会科学》2014 年第 3 期。

［7］石慧敏：《传统文化心理与谣言传播中的公众态度和行为》，《中北大学学报》(社会科学版)2011 年第 3 期。

［8］王向峰：《结构主义遭遇到了怎样的德里达》，《社会科学》2010 年第 10 期。

［9］陈谦虚、刘昶：《叫魂案和乾隆的"合法性焦虑"》，《读书》2013 年第 4 期。

［10］刘河元：《网络谣言对大学生伦理道德的影响及应对策略》，《世纪桥》2012 年第 19 期。

［11］刘得明、龙立荣：《国外社会比较理论新进展及其启示》，《华中科技大学学报(社会科学版)》2008 年第 5 期。

［12］侯健：《言论自由及其限度》，《北大法律评论》2000 年第 2 期。

［13］王逸舟：《国家利益在思考》，《中国社会科学》2002 年第 2 期。

［14］任东来：《新闻自由与个人名誉的艰难平衡——关于美国媒体的诽谤诉讼》，《南京大学学报(哲学·人文科学·社会科学版)》2004 年第 3 期。

［15］沈逸：《应对"明日帝国"的挑战：全球化时代的资本、信息与国家》，《国际社会科学杂志》2010 年第 1 期。

［16］邢璐：《德国网络言论自由保护与立法规制及其对我国的启示》，《德国研究》2006 年第 3 期。

［17］郭春镇：《从"神话"到"鸡汤"——论转型期中国法律信任的建构》，《法律科学》2014 年第 3 期。

[18]孙笑侠、钟瑞庆:《"先发"地区的先行法治化》,《学习与探索》2010 年第 1 期。

[19]李蕾:《法治的量化分析——法治指数衡量体系全球经验与中国应用》,《时代法学》2012 年第 4 期。

[20]冯象:《它没宪法》,《读书》2000 年第 9 期。

[21]石磊、钱勇:《论中国传统社会超稳定结构中的道德博弈和生存博弈》,《上海财经大学学报》2005 第 1 期。

[22]薛民:《学术界关于现代化研究综述》,《学术月刊》1994 年第 3 期。

[23]方文:《转型心理学:以群体资格为中心》,《中国社会科学》2008 年第 4 期。

[24]郑也夫:《走向杀熟之路:对一种反传统历史过程的社会学分析》,《学术界》2001 年第 1 期。

[25]季卫东:《法治与普遍信任:关于中国秩序原理重构的法社会学视角》,《经济管理文摘》2006 年第 15 期。

[26]王绍光,刘欣:《信任的基础:一种理性的解释》,《社会学研究》2002 年第 3 期。

[27]蔡翔:《国外关于信任研究的多学科视野》,《科技进步与对策》2006 年第 5 期。

[28]马新福、杨清望:《法律信任初论》,《河北法学》2006 年第 8 期。

[29]范愉:《法律信仰批判》,《现代法学》2008 年第 1 期。

[30]陈金钊:《论法律信仰——法治社会的精神要素》,《法制与社会发展》1997 年第 3 期。

[31]刘春兵:《法律信仰:依法治国的内驱力》,《郑州大学学报》2003 年第 9 期。

[32]陆艺:《论法律信仰的生成机制》,《求实》2010 年版第 4 期。

[33]张永和:《法律不能被信仰的理由》,《政法论坛》2006 年第 3 期。

[34]范进学:《"法律信仰":一个被过度误读的神话——重读伯尔曼的〈法律与宗教〉》,《政法论坛》2012 年第 3 期。

[35]许娟:《法律何以能被信仰——兼与法律信仰不可能论者商榷》,《法律科学》2009 年第 5 期。

[36]蔡陈聪:《试析西方哲学史中的价值主观论和客观论——兼论价值范畴的一般本质》,《社会科学辑刊》1998 年第 1 期。

[37]马麟:《信任:一个新的法的基本价值,以行动中的法的维度思考》,《理论观察》2006 年第 2 期。

[38]孙笑侠:《论法律的外在权威与内在权威》,《学习与探索》1996 年第 4 期。

[39]杜敏:《论法律实效》,《西南民族学院学报(哲学社会科学版)》2001 年第 5 期。

[40]谢晖:《论法律实效》,《学习与探索》2005 年第 1 期。

[41]赵胜男:《"硬核与保护带"视野下的包容性增长》,《皖西学院学报》2011 年第 4 期。

[42]叶传星:《论我国社会转型对法律治理的挑战》,《法商研究》2009 年第 2 期。

[43]于建嵘:《中国信访制度批判》,《中国改革》2005 年第 2 期。

［44］程燎原：《"法律人"之治："法治政府"的主体性诠释》，《西南民族学院学报》2001年第22期。

［45］杨清望：《论法律服从的产生机制及实现途径》，《政治与法律》2012年第2期。

［46］刘祖云：《社会转型：一种特定的社会发展过程》，《上海教育》2006年第2期。

［47］征汉年、马力：《论权利意识》，《北京邮电大学学报》2007年第6期。

［48］曾鹏、蒋团标：《经济学视角下的法律需求研究》，《广西师范大学学报（哲学社会科学版）》2006年第1期。

［49］付子堂：《社会学视野中的法律功能问题》，《郑州大学学报（哲学社会科学版）》1999年第5期。

［50］李步云、刘士平：《论法与法律意识》，《法学研究》2003年第4期。

［51］白景坤：《组织的文化惰性及其矫正》，《改革与战略》2008年第6期。

［52］季卫东：《论法律程序的意义》，《中国社会科学》1993年第1期。

［53］冯健鹏：《平等的程序与程序的平等》，《法学评论》2012年第6期。

［54］党秀云：《公民精神与公共行政》，《中国行政管理》2005年第8期。

［55］［德］耶林：《法权感的产生》，王洪亮译，米健校，《比较法研究》2002年第3期。

［56］胡荣：《农民上访与政治信任的流失》，《社会学研究》2007年第3期。

［57］蔡荣鑫：《从"增长"到"对穷人友善的增长"》，《经济学家》2007年第6期。

［58］罗教讲：《当下社会"信任困境"的形成与破解》，《中国党政干部论坛》2015年第5期。

［59］陈力丹：《论舆论的不同信息形态及对舆论的引导》，《当代传播》1998年第3期。

［60］黄卫星、康国卿：《受众心理视角下的网络谣言生成与治理——以"艾滋女"事件为例》，《中州学刊》2011年第2期。

［61］严励，邱理：《自媒体时代网络谣言的产生与变迁》，《新闻与传播研究》2014第1期。

［62］姜胜洪：《网络谣言的形成、传导与舆情引导机制》，《重庆社会科学》2012第6期。

［63］马超：《转型时期网络谣言的产生与防控》，《中国报业》2016年第16期。

［64］雷霞：《"信息拼图"在谣言传播中的作用研究》，《新闻与传播研究》2014年第7期。

［65］王琼、刘建明：《谣言研究的方法论述评》，《当代传播》2011年第4期。

［66］张芳、司光亚，罗批：《谣言传播模型研究综述》，《复杂系统与复杂性科学》2009年第4期。

［67］刘勇：《从谣言传播公式看谣言的生成土壤及遏制机制》，《中州学刊》2012年第4期。

［68］王灿发：《突发公共事件的谣言传播模式建构及消解》，《现代传播》（中国传媒大学学报）2010年第6期。

［69］郭小安：《网络谣言的传播及治理》，《理论探索》2014年第6期。

[70]李永平:《谣言传播的本土语境及风险防控》,《当代传播》2011 年第 5 期。

[71]孙嘉卿:《微博谣言特征及辟谣策略研究——基于新浪微博的质性研究》,《中国出版》2012 年第 10 期。

[72]王亮:《新媒体环境下的谣言传播及防范研究》,《编辑之友》2013 年第 4 期。

[73]郭旭魁:《现代性理论视角下谣言传播解析与应对》,《编辑之友》2015 年第 11 期。

[74]孟鸿、何燕芝:《受众心理分析视角的网络谣言治理》,《重庆社会科学》2012 年第 10 期。

[75]文远竹:《试析微博中的谣言传播及其控制》,《电视研究》2011 年第 9 期。

[76]赵娜、李永鑫、张建新:《谣言传播的影响因素及动机机制研究述评》,《心理科学》2013 年第 4 期。

[77]陈虹、沈申奕:《新媒体环境下突发事件中谣言的传播规律和应对策略》,《华东师范大学学报》(哲学社会科学版)2011 年第 3 期。

[78]孙燕:《网络谣言的传播学分析——以"日本地震"和"温州动车事故"为例》,《新闻界》2012 年第 2 期。

[79]黄文义、王郅强:《转型期网络谣言传播过程及政府治理机制探析》,《国家行政学院学报》2014 年第 3 期。

[80]陈红梅:《网络谣言传播的特点及其应对》,《编辑学刊》2009 年第 6 期。

[81]赵丽涛:《我国深度转型中的社会信任困境及其出路》,《东北大学学报(社会科学版)》2015 年第 1 期。

[82]任一奇、王雅蕾、王国华、冯伟:《微博谣言的演化机理研究》,《情报杂志》2012 年第 5 期。

[83]戴佳、曾繁旭、黄硕:《环境阴影下的谣言传播:PX 事件的启示》,《中国地质大学学报(社会科学版)》2014 年第 1 期。

[84]徐勇:《网络谣言传播的动力机制》,《编辑之友》2015 年第 11 期。

[85]顾金喜:《"微时代"网络谣言的传播机制研究——一种基于典型案例的分析》,《浙江大学学报(人文社会科学版)》2017 年第 3 期。

[86]常健、金瑞:《论公共冲突过程中谣言的作用、传播与防控》,《天津社会科学》2010 年第 6 期。

[87]王理、谢耘耕:《公共事件中网络谣言传播实证分析——基于 2010～2012 年间网络谣言信息的研究》,《上海交通大学学报(哲学社会科学版)》2014 年第 2 期。

[88]唐小兵、梁涛:《谣言传播中的集体行动逻辑初探——基于新媒体用户谣言核实行为的实证分析》,《暨南学报(哲学社会科学版)》2012 年第 4 期。

[89]刘立刚、王艳蕊:《微博中的谣言传播与自我净化》,《新闻与写作》2013 年第 8 期。

[90]熊炎:《惩罚能抑制谣言传播吗?——以"转发超 500 次入刑"为例》,《新闻与传播研究》2014 年第 2 期。

[91]宋之杰、石蕊、王建:《权威信息发布对突发事件微博谣言传播的影响研究》,《情报杂志》2016年第12期。

[92]丁先存、王芃:《外国网络谣言治理及启示》,《中国行政管理》2014年第9期。

[93]张新宇:《网络谣言的行政规制及其完善》,《法商研究》2016年第3期。

[94]王海军:《论网络谣言的法律治理》,《中州学刊》2014年第7期。

[95]时延安:《以刑法威吓诽谤、诋毁、谣言?——论刑罚权对网络有害信息传播的干预程度》,《法学论坛》2012年第4期。

[96]李乐:《网络谣言刑事式追责问题探讨》,《福建法学》2012年第2期。

[97]窦玉前、郭丹:《网络侵权救济的法律调试》,《学术交流》2011年第3期。

[98]黎慈:《网络谣言的法律规制及完善》,《理论导刊》2014年第1期。

[99]陈鹏:《针对网络谣言的政府义务》,《浙江社会科学》2012年第2期。

[100]陶国根:《网络谣言治理与加强政府网络舆论引导能力建设——以湖北石首"6.17"事件为例》,《四川行政学院学报》2012年第2期。

[101]方家平:《网络谣言"考验"政务信息公开》,《信息化建设》2007年第3期。

[102]孙万怀、卢恒飞:《刑法应当理性应对网络谣言——对网络造谣司法解释的实证评估》,《法学》2013年第11期。

[103]刘莉、冯君颢:《网络谣言治理路径探究——基于2007年以来的数据分析》,《北京科技大学学报(人文社科版)》2017年第4期。

[104]孟卧杰:《防范与治理网络谣言的对策研究》,《云南行政学院学报》2014年第1期。

[105]时飞:《网络过滤技术的正当性批判——对美国网络法学界一个理论论争的观察》,《环球法律评论》2011年第1期。

[106]杨立新:《网络立法的现状与思考》,《信息安全与通信保密》2001年第6期。

[107]陈东冬:《网络谣言的治理困境与应对策略》,《云南行政学院学报》2012年第3期。

[108]郭春镇:《公共人物理论视角下网络谣言的规制》,《法学研究》2014年第4期。

[109]王国华等:《基于案例分析的网络谣言事件政府应对研究》,《情报杂志》2011年第10期。

[110]陈英凤:《用"自律"和"法律"破解网络谣言》,《上海人大月刊》2011年第10期。

[111]房书君、崔静、王明文:《法律信任及其在当代中国的建构》,《东北师大学报(哲学社会科学版)》2016年第1期。

[112]姜述弢:《构建法律信任:中国城镇化进程中社会矛盾之化解》,《学术交流》2013年第5期。

[113]刘小平:《需要何种法律信任》,《北方法学》2016年第3期。

[114]郭哲、刘琛:《法律信任在中国——以比较的视角》,《学术论坛》2010年第1期。

[115]陈新开:《论公民法律信任的构建》,《前沿》2015年第10期。

［116］刘国华、公丕潜：《论法律信任危机及其克服路径》，《理论探讨》2015 年第 2 期。

［117］黄金兰：《我国法律信任培育的基本路径》，《厦门大学学报（哲学社会科学版）》2016 年第 4 期。

［118］曹劲松：《社会信任关系的重构路径》，《南京社会科学》2015 年第 9 期。

［119］陈朋：《信任建构：现代国家治理的重要基础》，《中共中央党校学报》2014 年第 6 期。

［120］赵泉民：《论转型社会中政府信任的重建》，《社会科学》2013 年第 1 期。

［121］杨义凤：《制度建设还是道德约束——对社会变迁中信任建构的探索》，《兰州学刊》2013 年第 7 期。

五、英文期刊：

［1］Bowman S，Willis C. We Media：How Audiences are Shaping the Future of News and Information. The Media Center at the American Press Institute（2003），2015.

［2］Knapp R H. A Psychology of Rumo. *Public Opinion Quarterly*，1944，Vol8，No. 1，pp.22-37.

［3］Rasnow R. Rumor as Communication：A Contextual Approach. *Journal of Communication*，1988，Vol.38，pp.1-17.

［4］Fisher D R. Rumoring Theory and The Internet a Framework for Analyzing the Grass Roots. *Social Science Computer Review*，1998，Vol.16，No.2，pp.158-168.

［5］Lord C G，Ross L，Lepper M R. Biased Assimilation and Attitude Polarization：The Effects of Prior Theories on Subsequently Considered Evidence. *Journal of Personality and Social Psychology*，1979，Vol.37，No.11，p.2098.

［6］Fiss O M. Free Speech and Social Structure. *Iowa L. Rev*，1985，Vol.71，No.5，p.1405.

［7］Aleinikoff T A. Constitutional Law in the Age of Balancing. *The Yale Law Journal*，1987，Vol.96，No.5，pp.943-1005.

［8］Calvert C，Richards R D. Pyrrhic Press Victory：Why Holding Richard Jewell Is a Public Figure Is Wrong and Harms Journalism，A. Loy. *LA Ent. L. Rev.*，2001，Vol.22. p.293.

［9］Shackelford S. Fragile Merchandise：A Comparative Analysis of the Privacy Rights for Public Figures. *American Business Law Journal*，2012，Vol.49，No.1，pp.125-208.

［10］Warren S D，Brandeis L D. The Right to Privacy. *Harvard Law Review*，1890，Vol.5，No.4，pp.193-220.

［11］Gormley K. One hundred Years of Privacy. *Wis. L. Rev.*，1992，p.1335.

［12］Clavert C，Richards R D. Journalism，Libel Law and a Reputation Tarnished：A

Dialogue with Richard Jewell and His Attorney, L. Lin Wood. *McGeorge L. Rev.*, 2004, Vol.35, p.1.

[13] Perzanowski A. Relative Access to Corrective Speech: A New Test for Requiring Actual Malice. *California Law Review*, 2006, Vol.94, No.3, pp.833-871.

[14] Schauer F. Fear, Risk and the First Amendment: Unraveling the "Chilling Effect" 58B. *UL REV*, 1978, Vol.685, pp.725-31.

[15] Cason T N, Mui V L. A Laboratory Study of Group Polarisation in the Team Dictator Game. *The Economic Journal*, 1997, Vol.107, No.444, pp.1465-1483.

[16] Deutsch M. An Experimental Study of the Effects of Cooperation and Competition upon Group Process. *Human Relations*, 1949, Vol.2, No.3, pp.199-231.

[17] Hosmer L T. Trust: The Connecting Link Between Organizational Theory and Philosophical Ethics. *Academy of Management Review*, 1995, Vol.20, No.2, pp.379-403.

[18] King-Casas B, Tomlin D, Anen C, et al. Getting To Know You: Reputation and Trust in a Two-person Economic Exchange. *Science*, 2005, Vol.308, No.5718, pp.78-83.

[19] Delgado M R, Frank R H, Phelps E A. Perceptions of Moral Character Modulate the Neural Systems of Reward During the Trust Game. *Nature Neuroscience*, 2005, Vol. 8, No.11, pp.1611-1618.

[20] Zak P J, Kurzban R, Matzner W T. The Neurobiology of Trust. *Annals of the New York Academy of Sciences*, 2004, Vol.1032, No.1, pp.224-227.

[21] Dirks K T, Ferrin D L. Trust in Leadership: Meta-analytic Findings and Implications for Research and Practice. *Journal of Applied Psychology*, 2002, Vol.87, No.4, p.611.

[22] Mayer R C, Davis J H, Schoorman F D. An Integrative Model of Organizational Trust. *Academy of Management Review*, 1995, Vol.20, No.3, pp.709-734.

[23] Cohen J. Trust, Voluntary Association and Workable Democracy: the Contemporary American Discourse of Civil Society. *Democracy and Trust*, 1999, pp.233, 237.

[24] Tyler T R. What Is Procedural Justice?: Criteria Used by Citizens to Assess the Fairness of Legal Procedures. *Law and Society Review*, 1988, Vol.22, No.1, pp.103-135.

[25] Strobel P. From Poverty to Exclusion: A Wage-Earning Society or a Society of Human Rights?. International Social Science Journal, 1996, Vol.48, No.148, pp.173-189.

[26] Peterson W A, Gist N P. Rumor and Public Opinion. *American Journal of Sociology*, 1951, Vol.57, No.2, pp.159-167.

[27] Gangl A. Procedural Justice Theory and Evaluations of the Lawmaking Proces. *Political Behavior*, 2003, Vol.25, No.2, pp.119-149.

后 记

我曾经在一本书的后记中写道:"写后记是人生最大乐事之一,因为这意味着一个阶段的结束和一个新的开始。"现在,情况发生了一些变化,虽然这依旧意味着旧阶段的结束和新阶段的开始,但写后记似乎已经不再是人生的最大乐事之一,甚至不再是乐事。因为,每当一件事结束的时候,我总忍不住思考:这事儿做得咋样?自己有什么收获?自己给别人提供了什么?有没有对问题的思考、表述、论证、结论等各个环节做出一点自己认为说得过去的东西?虽然从学术的角度来看,作为阶段性成果的文章也被下载和引用过一些,一些结论好像也能自圆其说。从实践的角度来说,书中的一些观点也符合或暗合了某些实务的操作(不过总不好意思也不能说自己的观点被应用)。但整体来看,好像对上面那些问号的回应不甚令人满意。于是,快乐就随风而逝了。

没有办法,就这样安慰自己:总算是结项了吧,算是给自己一个交代,给单位和发包方一个交代,也是给为这本书的出版提供帮助的人们一个交代。交代必然伴随着感谢。首先,必须要感谢与我共同完成这本书的合作者,北京大成(厦门)律师事务所的郝媛媛律师和国家开发银行内蒙古分行的李辰。本书的第二章基本由郝媛媛完成,第七章基本由李辰完成,本书的第四章和第八章的某些内容,也有他们的奉献。对此,我深表感谢。其次,要感谢这个项目结项时的五位匿名评审专家,这五位专家以非常专业的态度认真对待评审,提出了具有针对性的高质量意见。从文字的翻译、表述到标题的表达,从内容资料的梳理到论证强度的提升,从内容的关联衔接到措施的可行性等等,都提出建设性的意见和建议。作为课题研究成果的本书在质量上若有所提高的话,那么就离不开这些批评者们诚恳、负责、友善的批评。虽然我不知道他们的名字,但他们对待工作的态度将督促我在未来的时间里以同样的态度对待他人和他人的成果。再次,要感谢我的学生王海洋,本书的定稿,离不开他认真负责的校对,从文字表达到注释和参考文献,他逐字逐句进行了校对和完善。最后,感谢我的同事和朋友们。感谢宋方青教授、王云清副教授、姜孝贤博士等,他们在工作中对我的支持和帮助,让我有相对充裕的时间完成本书的撰写。

感谢桑本谦、郑金雄、赵耀彤、程关松等友人，他们是课题组成员，对研究工作的完成提供了不可替代的帮助。尤其要感谢厦门大学社科处，它通过厦门大学创新团队"法理学前沿问题研究"为本书的出版提供了资助。

至于我的父母和家人，等我写出一本更好的书的时候，再把特别的爱和感谢专门献给他们吧。

郭春镇

2020 年 10 月